基于风险管控的
农业保险绩效评价研究

Performance Evaluation
of Agriculture Insurance Based on Risk Control

任金政　李士森◎著

中国金融出版社

责任编辑：黄海清　童祎薇
责任校对：李俊英
责任印制：陈晓川

图书在版编目（CIP）数据

基于风险管控的农业保险绩效评价研究/任金政，李士森著．—北京：中国金融出版社，2022.3
ISBN 978-7-5220-1407-4

Ⅰ.①基…　Ⅱ.①任…②李…　Ⅲ.①农业保险—研究—中国
Ⅳ.①F842.66

中国版本图书馆CIP数据核字（2021）第242220号

基于风险管控的农业保险绩效评价研究
JIYU FENGXIAN GUANKONG DE NONGYE BAOXIAN JIXIAO PINGJIA YANJIU
出版发行　中国金融出版社
社址　北京市丰台区益泽路2号
市场开发部　(010)66024766，63805472，63439533（传真）
网上书店　www.cfph.cn
　　(010)66024766，63372837（传真）
读者服务部　(010)66070833，62568380
邮编　100071
经销　新华书店
印刷　北京九州迅驰传媒文化有限公司
尺寸　169毫米×239毫米
印张　17.5
字数　240千
版次　2022年3月第1版
印次　2022年3月第1次印刷
定价　60.00元
ISBN 978-7-5220-1407-4
如出现印装错误本社负责调换　联系电话（010)63263947

序

政策性农业保险制度和政策的绩效评价，是一个重要课题。这项研究关系到农业保险的推进方向和推进速度，关系到政策性农业保险制度的不断完善。《基于风险管控的农业保险绩效评价研究》一书是这方面很有创意和独自特点的成果之一。

（一）

政策性农业保险制度的绩效，可以从某一个层面进行评价，也可以从多层面进行评价。近几年，研究农业保险绩效评估的作品，有的是从财政补贴的角度进行评价，有的是从某些种类，比如“大灾保险”试点的角度来进行评价。从整个种植业保险或者农业保险整体层面，对政策性农业保险绩效进行科学评价的作品还不多，评价思路和方法也还没有统一的认识和规范。

政策性农业保险不同于一般商业性农业保险，绩效评价的目的和意义有很大差异。后者因为只是商业保险公司的一项业务，虽然其绩效也可以有不同评价视角，但评价目标相对简单，也不需要特殊的评价方法，按照商业保险公司的一般评价方法来评价就可以满足需要。但是政策性农业保险作为国家一项重要的农业政策和制度，涉及的方面略显复杂，有三方参与主体，即农户、政府和保险公司。

其中政府这个重要主体的地位比较特殊，它替农户缴纳了大部分保险费（可以看作投保人之一），这种保险费补贴，不同于一般性救济或者援助，例如灾害救济。一般性救济或者援助带有慈善性质，是社会政策，强调的是社会性，因为不是合同行为，通常是“杯水车薪”，更谈不上这种救济或者援助的充分性，较少考察这种救助能不能满足被救济者需求的问题。而农业保险是经济政策，虽然也有社会属性，但它需要考虑损失补偿的充分性问题，也就是在一定约束条件下的目标最佳实现程度的问题。政府不仅关注农业风险管理的“事前”，即财政能安排多少资金补贴保险费和灾害发生之前的有效预防，更关心“事后”，也就是灾害损失发生后，这些为农业风险损失补偿所积聚的保险资金，能不能及时和足额发放到受灾群众的手里，较好解决农业再生产问题。也就是说，政府财政花在农业保险上的钱，有明确的政策目的和要求，那就是要尽可能地解决农业的风险保障，实现国家的粮食安全（食物安全）等政策目标。这些目标不仅有重要经济意义而且有重要社会意义和政治意义。花了钱能不能和在多大程度上满足政府的诉求和要实现的期望目标，是政府想要知道的。政府还想知道这个期望的达成要花多少成本。

对于参与农业保险经营的商业保险主体，他们有其获得必要的适当的利润和自身风险管控的目的和诉求，同时，政府也需要适当控制这种利润诉求的必要性。企业的基本诉求如果得不到满足，就会退出市场，而政府给予企业的利润过于宽松，其成本高于采用其他方法管理农业风险的成本，政府可能不会选择保险这种风险管理工具。在这两种极端情况下，农业保险市场都会基本消失。

农业保险的第三方参与者就是作为被保险人的投保农户。他们在这个农业保险系统中是主角（保险合同的一方当事人），但实际上，他们是比较被动的一方，也是消极的一方。在商业保险市场上，他们无力或者缺乏参与农业保险“游戏”的积极性，因为这种保险商品对他们来说比较“奢侈”，只是在政府帮助他们补贴大部分精算公平保险费的时候，才可能有大部分人参加（例如美国、加拿大、日本和中国），或者只是在政府强制他们参加而且给他们较多补贴的时候，他们才愿意参加（例如日本）。如何平衡政策性农业保险体系中博弈三方的诉求和利益，是维持这个系统良好和有效运转的重要条件。

（二）

鉴于农业保险的上述三方主体各有不同的诉求和目的，绩效评价就需要考虑各方的诉求和目标，同时又要对整体绩效进行评价。

《基于风险管控的农业保险绩效评价研究》一书，首先根据对我国农业保险发展现状和作用机理的分析，将功效、效果与效率三个角度和政府、农户与保险机构三个维度统一到同一研究体系中，区别于现有文献中单一角度、单一对象的绩效评价方法，构建了基于风险管控的三角度、三维度的绩效评价框架。在此基础上，综合运用模拟仿真、运筹优化、经济计量、统计分析等方法，从三个主体维度对我国农业保险进行了绩效评价。作者在层层论证基础上，认为“现阶段三个参与主体具有不同的风险管控目标，分别以安全风险管控水平、收入损失风险管控水平和赔付风险管控水平为目标，构建了基于风险管控的农业保险绩效评价框架”，并对影响绩效水平的主要因素进行了实证研究。我觉得作者的研究思路是非常清晰和缜密的，方法和指标选择是恰当的，分析结果也是符合实际的，这些结论对于农业保险制度评价和改善，有重要的参考价值。

这部作品不仅有广度而且有深度，研究的扎实和细腻，给我留下了深刻印象，无论是思路还是方法都不乏创意。

例如，在讨论政府维度的农业保险绩效评价的时候，作者基于张峭等人的研究，以“农业风险保障水平”作为基准，进而通过设计一个在直接物化成本保险的情境和一定补贴水平条件下的“需求保障水平”、“理论保障水平”和“实际保障水平”。通过“实际保障水平”与“理论保障水平”的比较，考察地区之间保障水平的差异。根据保费补贴数据，计算出各地区农业保险应该达到的理论保障水平。如果理论保障水平大于实际保障水平，则表明政府的部分保费补贴并未形成足够的保障水平，保费补贴的杠杆撬动效应存在提升空间，即农业保险的绩效水平有待提高。这种新颖的设计，既科学也合理。通过对风险保障水平的需求值、理论值和实际值进行绩效评价，其结果显示，我国农业保险的风险保障水平总体较低，且各地区存在较大差异，很多省份尚未实现农业直接物化成本的全覆盖，政府保费补贴的规模比率和技术效率都需进一步提高。

在农户维度的考察中，作者在多角度和多层面分析基础上，根据农业保险的赔偿和农业损失，计算得到各地区农户维度农业保险的绩效水平。进一步又使用“农业保险的排除度”这个指标，分析绩效水平的影响因素，较高的保险排除度意味着农户不能获得有效的保险产品和保险服务，农业保险对农户的其他影响不能有效发挥，农户维度农业保险的绩效水平较低，只有降低了农业保险的排除度，才意味着农户愿意并且能够获得有效的保险服务和产品，农业保险对农户的收入水平、农业生产行为以及消费行为的影响才能够显现，农业保险的绩效水平才能提高。

同样在“风险管控”的视角下，作者考察了保险经营机构的经营绩效。在对我国农业保险主要经营模式、机构和经营特征进行分析和总结的基础上，通过对比农业保险和非农财险的赔付风险，对我国农业保险进行了绩效评价，并从承保规模和空间相关性两个角度研究了影响农业保险赔付风险的因素。

当然，作者对农业保险综合绩效的水平测度，也同样不乏精彩之处。需要有兴趣的读者细细品读。作者在这些研究的基础上，提出了一系列提升农业保险绩效的路径和建议。

本书的这些亮点是我在其他类似研究中很少看到的。这种绩效评价的方法、思路和效果都是比较科学合理的，也具有较强的解释力和政策参考与采用价值。

（三）

任金政教授是我多年的老朋友。2003 年的时候，他和他的博士导师陈宝峰教授一起研究洪水保险、农机保险问题时，我们就相识和熟悉了。2006 年他博士毕业后，留在中国农业大学经济管理学院任教，也到美国普度大学农业经济系做过一年的访问学者。长期以来，他主要从事财务管理、风险管理和危机管理等方面的教学科研工作，在项目分析与风险管理尤其是农业保险领域有较多积累和建树，主持的国家自然科学基金、北京市社科基金项目和接受国务院扶贫办、农业农村部和水利部相关司局等机构委托的研究项目有 30 余项，公开发表论文 50 余篇。应该说是硕果累累，本书就是国家自然科学基金项目的阶段性成果。我经常能读到他的新作。

这本《基于风险管控的农业保险绩效评价研究》只是一系列研究成果之一，却是众多成熟作品的重要代表，也是农业保险研究园地中艳丽的鲜花之一，其研究的深度、学术价值和应用价值都值得肯定和赞赏。读者一定会从这部作品中领略到作者深厚的研究功底和作品的重要价值。

我作为一个农业保险问题研究爱好者，对于阅读和学习农业保险方面的作品有一种天然的亲近感和嗜好，特别是读到这么好的作品，觉得是一种惬意和享受。值此专著问世之际，我向作者致以衷心祝贺，也在这里向读者郑重推荐此书。

庹国柱

2021 年 6 月于北京

目 录

图目录

表目录

第一章　绪　论

第一节　研究背景及意义

一、研究背景

农业保险是国家农业支持政策的重要组成部分（庹国柱等，2018），是世界贸易组织允许各国支持农业的“绿箱政策”（王克，2014）。自2007年国家推行政策性农业保险试点以来，我国农业保险得到快速发展，2020年我国农业保险保费总收入从2007年的51.8亿元增长到2020年的814.93亿元，为农业生产提供的风险保障从2007年的1126亿元增长到2020年的4.13万亿元（是保费收入的50.68倍），三大主粮作物的承保面积占到当年播种面积的70%以上，为1.89亿户次农户提供了风险保障。快速发展的农业保险在为农业生产提供风险保障的同时，在粮食价格形成机制改革、农业供给侧结构性改革、农村金融制度创新等一系列农业改革进程中，也发挥着越来越重要的作用，正逐步成为国家对农业进行宏观调控的重要配套措施和抓手。

尽管从规模上看，我国已成为世界第二大农业保险市场，但仍存在各种发展瓶颈（庹国柱，2018），与农业发展的实际不完全适应，真实的绩效水平遭到质疑。我国处于农业保险发展的探索和试验阶段，受多种因素影响，我国农业保险主要是从供给侧进行推动的，发展重点依然是承保面积和农户覆盖率，即注重“量”而非“质”，发展方式“粗放”而非“精准”。这使得农业保险高速发展的同时，也出现了一系列的问题，例如，新型农业经营主体和服务主体参加农业保险的积极性不高（李丹，2016）、大部分受访农户认为农业保险并未起到理想的保障作用（中国人民银行库伦旗支行课题组，2016）、全国范围内的多年保险赔付金额远低于政府补贴金额（根据统计数据，历年累计赔付金额占各级政府累计补贴金额的约85%），也有保险机构发声“农业保险利润高得都无法对外讲”等，甚至主流媒体披露出近几年在某些地区出现了政府部门和保险机构违法套取国家保费补贴的问题，这些现象和问题说明我国农业保险的发展已经进入关键时期，处于政策改革的十字路口，急需对现有农业保险政策进行绩效评价，从供给侧完善和改革影响农业保险绩效水平的关键环节，提高农业保险在农业生产中的风险保障和政策支持作用。

农业保险的主要作用是支农惠农和为农业生产提供风险保障（Babcock，1996；刘素春等，2017），因此农业保险政策需要根据农业发展形势不断调整，才能实现可持续发展（黄延信等，2013；庹国柱等，2018）。近年来，我国农业面临着农业供给侧结构性改革、农产品价格形成机制和收储制度改革、农业补贴制度改革、农村金融创新、土地流转、新型农业经营主体的发展等诸多新形势，急需研究改进农业保险政策的方案，探索如何“持续推进农业保险扩面、增品、提标，开发满足新型农业经营主体需求的保险产品”（中央一号文件，2017），“加快建立多层次农业保险体系”（中央一号文件，2018），满足新时期农业发展改革对农业保险政策改进提出的迫切要求。2019 年习近平总书记主持的中央全面深化改革委员会审议通过《关于加快农业保险高质量发展的指导意见》，该文件指出我国农业保险在发展过程中仍存在一些困难和问题，与服务“三农”的实际需求相比仍有较大差距，需要围绕实施乡村振兴战略和打赢脱贫攻坚战，立足深化农业供给侧结构性改革，进一步完善农业保险政策，提高农业保险服务能力，优化农业保险运行机制，推动农业保险高质量发展，更好地满足“三农”领域日益增长的风险保障需求。

现有农业保险制度是政策改进的逻辑起点，需要对现有农业保险进行绩效评价，并以此为基础研究现有政策不能适应农业发展的具体缺陷和障碍，提出“精准”的政策改进方案。因此，绩效评价既是判断现有农业保险政策是否达到政策目标的重要依据，也是新形势农业保险政策的出发点，农业保险政策的改进必须建立在绩效评价基础上。不对现有农业保险政策进行全面“诊断”和“体检”，不采用科学、系统、精确的方式对农业保险进行绩效评价，不剖析和研究影响绩效水平的主要因素，盲目地设计农业保险政策改进方案势必会给农业发展造成严重影响。通过对现有农业保险的绩效评价及其影响因素的确定，从供给侧入手，提出既能“降低成本、提升效率”，又能满足农业发展的新形势（新型农业经营主体的快速发展、农业供给侧结构性改革等）和农业现代化发展新要求的农业保险政策，是农业保险相关研究的重要任务。

我国农业保险是政策性农业保险，政策性主要体现在政府通过保费补贴等方式促进保险发展，是农业保险的重要参与主体之一。因此政策性农业保险不同于一般的财产保险，在开展过程中除转移和分散风险外还具有多重目标，包括诸如增加粮食产量、提高农民收入水平、改变种植结构和方式、繁荣农村信贷市场以及保险扶贫等，这些目标在现有文献中都有涉及和讨论，因此选择哪个目标进行绩效评价成为关键问题。我们认为风险管控是现阶段我国农业保险最主要的目标，是农业保险最重要的基本功能（Wright，1990；张跃华，2007；张峭，2011），其他所有功能的实现要以风险管控作用的实现为基础和前提。所以，我们特别选择风险管控作为绩效评价目标，基于风险管控研究农业保险的绩效评价问题。

综上所述，急需对农业保险政策进行重新审视，在绩效评价的基础上提出切实可行的农业保险改进方案。然而，如何科学、系统地评价农业保险的绩效水平，哪些因素影响着农业保险的绩效水平，又怎样对现有农业保险政策进行改进呢？这些问题学界和业界都未有明确和统一的答案。因此，农业保险的绩效评价不仅是紧迫的社会问题，也是急需研究的科学问题。

二、研究意义

理论意义：有助于丰富农业保险及绩效评价的相关理论。区别于现有从单一角度、单一维度对农业保险进行绩效评价的研究方法，我们从风险管控视角入手将政府、农户和保险机构三个参与主体纳入同一系统，从功效、效果和效率三个视角，构建农业保险绩效评价体系，综合运用模拟仿真、运筹优化、经济计量、统计分析等方法，通过测度和对比农业保险绩效水平的理论值（应达到的功效水平）和实际值（实际取得的效果），对农业保险进行绩效评价，并在此基础上设计了农业保险绩效水平的提升路径。

实践意义：可为农业保险高质量发展的政策改进提供依据和参考。通过绩效评价，我们分析了影响绩效水平的主要因素，设计了适应农业发展新形势的农业保险政策完善和改进方案，为实现农业保险更高、更“精准”的风险保障作用提供参考，对提升保险实施绩效，顺利开展农业供给侧结构性改革和推进农业现代化快速发展具有参考意义。

第二节　研究对象及相关概念的界定

一、农业保险

（一）农业保险的概念

农业生产极易遭受自然灾害而引起产量波动，给农业生产者和整个社会造成损失，为减轻自然灾害的影响，农户能够利用保险机制进行风险的分散和转移（黄亚林，2015）。尽管我国在 1934 年就试办了耕牛保险，但农业保险的概念在我国学术界一直都存在争论，范畴比较模糊，因此，我们分析之前，有必要进行概念界定。

1. 本书中的农业保险是狭义范畴上的农业保险。农业保险历来存在狭义和广义之分，一般狭义上的农业保险包括种植业保险、养殖业保险、林业保险和渔业保险，保险标的物以农作物、畜类等农业生产对象为主，而广义上的农业保险还包括农业生产过程中的人身保险、健康保险和其他财产保险。我们对农业保险的界定参照我国2013年3月正式实施的《农业保险条例》中的规定，即农业保险是指保险机构根据农业保险合同，对被保险人在种植业、林业、畜牧业和渔业生产中因保险标的遭受约定的自然灾害、意外事故、疫病、疾病等保险事故所造成的财产损失，承担赔偿保险金责任的保险活动。

2. 本书中的农业保险是指政策性农业保险。农业保险有政策性农业保险和商业性农业保险之分，最主要的区别是政府在其中的地位和作用不同。在政策性农业保险中，政府是重要的参与主体，除制定一系列指导性和规范性政策外，还通过保费补贴等方式直接参与农业保险活动，对农业保险的存在和发展具有关键作用。统计数据表明，我国农业保险市场95%的份额为政策性农业保险（庹国柱等，2018），因此政策性农业保险是我国农业保险的主体。

（二）农业保险的参与主体

根据《农业保险条例》规定，我国政策性农业保险实行“政府引导、市场运作、自主自愿和协同推进”的原则，即政策性农业保险有三个参与主体，政府、农户和保险机构。中央政府和地方各级政府的财政、农业、税务、气象以及银保监会等有关部门通过各项政策对农业保险进行支持、引导、监督和管理，并且以保费补贴的方式直接影响农业保险的运行；农户或农业生产经营组织是农业保险的需求方，自主自愿选择购买农业保险的数量和产品；保险机构是农业保险市场的供给方，政府职能部门一般并不直接参与农业保险的经营，而是通过政策性农业保险公司、商业保险公司以及依法设立的农业互助保险等保险组织进行政策性农业保险的市场化运作。因此，应从政府、农户和保险机构三个维度对农业保险的绩效水平进行测度和分析。

由于三个参与主体不在同一个层次上，参与农业保险的目的也不相同，因此农业保险对三者的绩效是存在差异的。然而，三个参与主体农业保险的绩效水平是相互影响的，仅研究某个主体的绩效水平并不能从整体上掌握我国农业保险的运行状况。因此我们从第三方的角度，选择与三个主体都有密切关系的指标对我国农业保险进行综合绩效评价，使得保险政策改进过程能够更具系统性和整体性，兼顾到政府、农户和保险机构三者的利益。

（三）种植业保险与农业保险

种植业的发展对国民经济各部门有直接影响，对改善人民生活具有重要意义。我国种植业是农业的基础，为畜牧业和渔业提供饲料，并且种植业产值一般占到农业总产值的50%以上，尽管种植业对国民收入的贡献率会随着国家经济发展水平的提高而降低，然而种植业的产出尤其是粮食和油料等在保障人民生活水平、稳定国民经济运行乃至国家独立自强方面起着至关重要的基础作用。同时，由于我国是世界上自然灾害发生比较频繁的国家之一，再加上农业物质基础较为薄弱，耕作形式分散，抵御灾害的能力较差，最终导致各种自然灾害往往使我国种植业生产造成较大波动，并形成巨大的经济损失，因此，我国历来把对农业尤其是粮食作物的风险管理作为国家宏观经济调控的重要内容，甚至将种植业的安全和发展上升至国家战略。

农业保险包括种植业保险、畜牧业保险、林业保险和渔业保险，其中种植业保险是农业保险最主要的组成部分，无论是保费收入还是保费补贴都占有最大比例，应该成为农业保险绩效评价研究的重点。因此，我们在进行调研和相关理论分析时，将主要以种植业的风险特征和种植业保险发展特征为例进行分析。

二、风险管控

与风险管控相关的两个概念是风险管理与风险控制。风险管理（Risk Management）是指为了构建风险和回应风险所采用的各类监控方法和过程的统称，是决策者识别损失风险，并选择最适宜方法化解风险的过程。风险管理主要包括风险管理目标的确定、风险识别、风险评估、风险控制和效果评估五个步骤，其中风险控制（Risk Control）是指为了降低损失概率，缩小损失幅度的各种措施（宋明哲，2003）。

从风险管理和风险控制的含义来看，风险管理包含风险控制，风险控制是风险管理的一个关键步骤，风险管理中的识别和评估风险都是为了采取最合适措施进行风险控制，只有有效地控制风险才能取得较好的风险管理效果，达到风险管理目标，即在风险管理过程中，风险控制处于核心地位。对农业风险而言，保险是一种全面、有效、综合的风险管理工具（聂荣，2017），政府和农户选择保险作为风险管理的手段，旨在控制风险，降低种植业生产损失，达到恢复简单再生产的目的；而保险机构参与农业保险，也要采取最佳方式控制经营的赔付风险，达到持续经营和盈利的目的。因此，我们将风险管理与风险控制统称为风险管控，以便于分析我国农业保险运行过程中风险管理和控制的水平，进而对农业保险进行绩效评价。

通过我们后面的研究可知，现阶段，农业保险的各参与主体主要以风险管控为主要目标：政府参与农业保险的主要目的是推动农业保险的可持续发展，提高农业保险市场的风险管控水平，为农业灾害后的恢复生产提供风险保障；农户参与农业保险的直接目的是为农业生产和收入提供风险保障，降低因为自然灾害造成的财产损失，对收入损失风险进行风险管控；保险机构经营农业保险后将面临不同于一般财产保险的赔付风险，需要根据农业保险的经营特征进行风险管控，从而在风险可控的前提下实现收益最大化目标。

随着社会发展和经济变迁，政府对农业保险的目标要求会逐渐发生变化，从保障农业可持续发展，维护国家粮食安全，保障农户收入稳定增长等风险管控作用，逐步上升至具有促进农业现代化进程、增强中国农产品的国际竞争力、助推脱贫攻坚战略等效果。但是，农业保险的基本功用及其他政策目标均需要以风险管控效果为基础，因此我们基于风险管控对农业保险进行绩效评价。

三、绩效评价

绩效（performance）一词最早来源于人力资源管理、公共部门管理、工商管理和社会经济管理方面，“绩”就是成绩，“效”就是效率、效益（冯鸿雁，2004）。绩效常常和成绩联系在一起，是一个过程的概念，和评价的过程和时间相联系（王谦，2006）。社会经济管理中的绩效指单位将投入通过一个过程转化为产出，再转化为结果的工作（孙克姆·霍姆斯，2002）。

与绩效紧密相关的几个概念是效果、功效以及效率。效果（effect）指由某种力量、做法或因素产生的结果（莫衡等，2001），体现了静态性。绩效与效果的区别：（1）主客观性不同，效果是客观结果的测量，而绩效需要主观价值进行判断，不但涉及事件结果的测量，而且要将测量结果与主观选择的标准相比较；（2）关注范围不同，效果的关注重点在于结果，而绩效则关注整个过程，即包括投入、中间过程和结果。

功效（efficacy）指系统为达到目的应具备的功能和效率，是一个行动所获得的预期结果或者成效；效率（efficiency）源自物理学概念，指有用功率对驱动功率的比值，在经济管理领域指用最少的消耗以产生预期效果的能力，仍然是一种比率关系。根据三者的定义，绩效与功效、效率的联系与区别是，绩效具有方向性（由功效来确定），确保事件按照正确的路径进行，而效率只是客观的投入产出比率，如果行动中的方向错了（功效目标确定错误），则效率越高，危害越大。

综上所述，绩效评价是指运用一定的评价方法、量化指标及评价标准，对某项活动目标的实现程度进行测度。图1－1以农业保险的绩效评价为例分析了功效、效果、效率以及绩效评价等概念之间的关系。

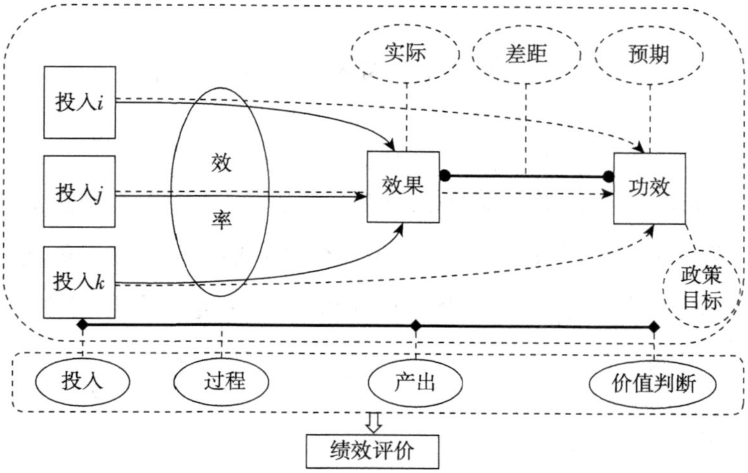

图1－1 农业保险绩效评价概念

通过政府补贴、农民缴费、保险机构人力物力的投入，农业保险得以开展，在投入之初，政府、农民和保险机构都有各自的目的，即农业保险应该达到的功效，但是该功效能否实现是不确定的，实际得到的结果即为农业保险的效果。也就是说，功效是预期的结果，效果是实现的结果，即功效是在政策或事件进行之初确定的方向（目标），效果是最终的实现，效率则是效果和投入直接的比率关系。由此可见，农业保险的绩效评价应该是过程性的、动态性的和系统性的，既要考虑政策的方向性（功效），又要测度农业保险的最终实现程度（效果），还要对保险效果与保险功效之间的差距进行价值判断，剖析原因，探索缩小两者差异的路径（效率），为完善我国农业保险制度提供依据和指导。

综上所述，我们的“农业保险绩效评价”是通过风险管控构建统一的绩效评价框架，测度农户、政府和保险机构维度上农业保险的理论值（功效），实际值（效果）及两者差距的形成原因（效率影响因素），并在绩效评价及其影响因素剖析的基础上，从农业改革的需求角度提出保险供给侧改革措施，实现农业保险发展由“量”向“质”、由“粗放”向“精准”的转变，达到降低成本、提高效率的目的。

第三节 国内外研究现状

通过分析绩效评价的相关概念可知，农业保险的绩效评价主要包括三个研究角度——功效、效果和效率，因此我们从这三个研究角度分别进行文献综述。在每个角度上，又分别按照农业保险的三个参与主体（政府、农户和保险机构）进行梳理。

一、农业保险的功效

国内外相关学者对农业保险的功效进行了大量的研究，由于侧重点和视角不同，研究结论也不相同。对政府而言，开展农业保险的目的是稳定农业生产、保障粮食安全（Alsan 等，1983；Ramaswami，1993）以及进行社会转移支付（黄英君，2009）。农业保险通过规避和转移农业风险（Miranda，1991；张峭等，2008），在不对社会生态系统造成二次风险的基础上（BirgitMüller，2017），为农业生产和农村经济发展提供风险保障（李军等，2004）以达到稳定农业生产和保障粮食安全的目的。另外，农业保险的发展离不开政府的财政补贴，农业保险以吸纳保费补贴的方式（替代灾害救济等突发性社会转移支付）实现平稳的社会转移支付，支持“三农”的发展。

对农户而言，最主要的目的是稳定收入和增加效用（张峭等，2008；王克，2014）。农业保险通过改善农户面临的风险环境（Wang 等，1998），促进农村信贷金融的发展（Boyd 等，2007；冯文丽，2007），进而增强农民的风险意识并转变其行为态度（黄正军等，2008），以达到稳定和提高农民收入（或效用）的目的。

对于保险机构而言，由于农业保险具有正外部性，属于准公共物品范畴（李军，1996），在没有政府补贴的情况下，农户和保险机构很难形成有效的保险市场，因此农业保险的发展可以有效推动农业保险机构的发展，通过探索农业保险经营方式来提高其经营效率，最终形成稳定、可持续的农业保险供给。

二、农业保险的效果

（一）政府维度

1. 保费补贴与社会福利。国内外的经验证明，农业保险与其他商业保险不同，必须通过政府推动才能够发展，我国农业保险也是在2007年国家进行补贴后才迅速发展起来的。然而国内外对保费补贴和社会福利关系的研究结果却不尽相同：部分学者认为保费补贴政策是必需的，而且能够增加整体社会福利，但是有的学者则认为保费补贴政策会带来社会福利的净损失。国外关于保费补贴与农业保险相互关系的研究如表1－1所示。

表1－1　国外保费补贴与农业保险相互关系研究的部分文献

研究方法	主要观点和结论	文献
理论研究（保费补贴的必要性及其社会福利效应）	农险补贴会降低社会整体福利，不应对农险保费实施补贴政策	Siarwalla 和 Valdes（1986）及 Glauber 和 Collins（2002）
	农业保险市场只有在政府干预的情况下才能得以存在，农险保费必须实施补贴政策	Smith（2012）；Gardner 和 Kramer（1986）
	农业保险具有准公共物品的特性，保费补贴能够增加整个社会福利，补贴是必要的	Mishra（1996）
实证研究（保费补贴对农业生产及社会福利的影响）	通过转移支付和降低风险两种效应，保费补贴政策增加了农作物种植面积	Jisang Yu（2018）
	较高的保险补贴，促使农民种植更多被补贴的作物，扭曲了农产品市场	Glauber 和 Collins（2002）

资料来源：根据相关文献进行汇总所得。

国内也对保费补贴的必要性进行了大量研究，观点也不完全一致。如龙文军（2003）等论证了农业保险准公共物品的特性，认为由于农业保险外部效应的存在，保费补贴是必要的，可以促进农业保险市场的发展进而增进全社会的经济福利。冯文丽（2004）、张跃华（2007）等从理论和实践的角度进行研究，结论同样认为农业保险的发展需要政府进行财政补贴。王克（2014）通过测算认为，在我国，政府提供45%以上的保费补贴是农业保险顺利推行的必要条件。但是，庹国柱（2003）的研究认为农业保险作用于农户的功能在微观和宏观层面上并不一定一致，农户由于购买农业保险而造成的产量增加并不一定会使农户的收入增加，甚至会降低他们的福利。冯文丽（2004）认为农业“风险”的自然属性和农业保险产品的正外部性和准公共产品特征，加上政府、保险公司和投保农户之间存在着信息不对称，易引发逆向选择和道德风险问题，从而会降低政府补贴效率。

2. 农业保险与粮食生产。降低农业风险，保障粮食安全是政府推动农业保险的主要目的之一，在国家安全指标中最容易衡量的是粮食产量，因此政府维度的农业保险绩效评价大都集中在农业保险和粮食产量之间的关系。

理论上，当农民抗风险能力很差时，他们更倾向于规避风险，而不愿意采用先进的农业生产技术（意味着更高的投入成本和更高的损失期望），因此会影响产量的提高（舒尔茨，1999），而农业保险提高了农民的抗风险能力，农民愿意采用先进的农业生产技术（MR Carter 等，2016），并且可以在风险较高的地区进行种植，增大播种面积，促进粮食产量的增加（张跃华等，2007）。另外，农业保险的财富分配效应和激励效应，使得农民有积极性扩大粮食播种面积和提高粮食单产水平，从而增加粮食产出（罗向明等，2011）。国外学者对农业保险与农业产出关系的理论观点并不一致，Ahsan 等（1982）和 Nelson 等（1987）认为农业保险能够增加农业产量，但也有学者认为由于道德风险的存在，农业保险对农业产出的影响有可能是负向的（Ramaswami，1993），而 Young 等（2001）则认为农业保险对农业产出的影响结果是不确定的。

在农业保险与粮食产量关系的实证研究方面，由于国外农业保险开展较早，相关学者已经对农业保险和农作物产出的关系作了深入研究，例如，

Orden（2001）利用美国 1998—2000 年的数据研究发现农业保险对提高农作物产出的影响在 0.28% ~4.1%。另外还有 Knight 和 Coble（1997）以及 Gluaber 和 Collins（2002）等人的研究成果，都认为农业保险有助于提高农作物的产出水平。

但是与此相反，在对国内相关数据的实证研究中，农业保险对粮食产量的影响具有不确定性。例如，张跃华（2007）通过对上海农业保险调研的数据进行研究，发现在我国“广覆盖、低保障”的农业保险政策下，农业保险对农业产量的影响是不显著的。聂文广等（2015）通过建立粮食产量的 C—D 生产函数，利用2004 年至2012 年省级面板数据研究了农业保险与粮食产量之间的关系，发现农业保险对东部和西部地区的粮食产量有促进作用，但效果并不明显，农业保险对粮食产量的弹性系数仅分别为 0.0152 和 0.0106，并且对粮食主产区的作用系数不显著。另外在极端气温条件下，由于存在道德风险，农业保险对粮食产量的影响作用是负向的（F Annan，W Schlenker，2015）。

因此，可以看出农业保险对粮食产量的促进作用在国内并不具有实证基础，农业保险影响粮食产量的理论分析有着严格的假设前提（张跃华，2007），也许，正如 Ahsan 等（1982）指出的，对于农业保险推广比较成熟的国家，农业保险的发展（才能）使得农产品产量增加，而现阶段我国偏低的农业保险保障水平并不能有效解决农户恢复再生产问题（柴智慧，2017），因此农业保险对农产品产量的影响并不显著。总之，农业保险对粮食产量的影响与很多因素有关，需要根据我国农业保险的实际情况在理论和实证上作进一步的研究。

（二）农户维度

国内外关于农户维度农业保险绩效的相关研究可以概括为：农业保险对农户的效用和收入的影响、对农业生产方式的影响、对种植结构的影响、对农村信贷市场的影响。

1. 农业保险对农户的效用和收入的影响。龙文军（2003）对农民行为进行了经济学分析，通过冯·诺曼—摩根斯顿效用模型，得出结论：农民的农业保险行为受多种因素的影响，要保证农民的投保，是需要多方共同努力才能完成的。Chen 等（2005）通过构建农户效用模型，对农户是否参加农业保险及其效用大小进行了估算，定量说明了农业保险可以给农户带来收益。汪必旺（2011）从农户效用角度对河南省农业保险的实施效果进行了分析，认为当前保险方案在各村不同农户之间的经济福利大小存在差异。王克（2014）对利用效用模型进行农业保险的绩效评价做了创新性的工作，他利用我国 5 省份 574 户农户微观数据，在农作物单产和价格服从多元正态分布的假设下，运用蒙特卡洛随机模拟技术构建标准化农户，从农户的视角出发，利用幂函数效用评估模型，对我国农业保险实施效果进行了模拟分析，结果表明中国农业保险增加了农民福利，但效果有限，并详细讨论了我国农业保险可能的改进方案。叶明华等（2017）通过分析安徽省 574 户农户的调研结果认为在土地流转的背景下，农户收入结构的变动已经成为影响保险效用的核心因素，保险意识的变化对农户保险效用的影响大于收入变动风险的影响。Ricome A 等（2017）引入了天气指数保险，其指数目前用于塞内加尔和西非的试点项目，结果表明，保险仅为位于最干旱地区的农民带来福利收益。

由于效用受到多种因素的影响，需要建立合理的效用函数，并且需要有大量的调研数据和较为复杂的数据处理方法，因此直接从农户效用层面衡量农业保险绩效的文献较少。相对而言，农业保险对农户收入影响的研究较多，国外文献方面，如：Yamauchi（1986）通过对日本青森县农户购买稻谷保险进行研究，证明农业保险能够稳定农民收入。Gine（2008）利用印度南部安德拉邦降雨指数保险的案例说明农业保险能够增加农户收入。Goodwin（2001）对美国在 1981—1999 年农作物收入保险对农民收入的影响进行了实证研究，结果认为农户每支付 1 美元就可以获得 1.88 美元的赔偿，农民的收入水平是增加的。但是在研究过程中也有一些学者得到不同的结果，例如，Glauber（2007）认为美国的农业保险对农场主的收入和农产品的产量影响是无法确定的。

国内相关文献利用的数据、方法和主要结果见表1－2。从表1－2中的文献来看，我国农业保险对农民收入影响的实证结果是不统一的，可能的原因是农业保险对农户收入的影响是多方面的，由于受到农户生产行为、道德风险以及福利耗散等因素的制约，农业保险对农民收入影响的最终方向难下定论（祝仲坤等，2015），并且在研究过程中变量和方法的选择也会影响到实证结果。这从另一个侧面也说明，农业保险对农户收入或效用的影响需要更深层次的研究。

表1－2　　农业保险对农户收入影响的部分文献

序号	文献	数据	方法	主要结论
1	邢鹂等（2007）	1978—2000年全国分省农业生产和价格数据	历史模拟方法	随着保障水平的提高，农民务农收入会趋于上升和稳定
2	梁平等（2008）	1986—2005年国家保险和农民收入宏观数据	协整格兰杰因果检验	农业保险和农民收入之间存在长期的协整关系，农业保险是农民收入增长的格兰杰原因
3	孙朋等（2011）	1983—2008年山东农业保险与农民收入宏观数据	协整格兰杰因果检验	农业保险和农民收入之间存在长期的协整关系，农业保险是农民收入增长的格兰杰原因
4	李赛男（2013）	2011年内蒙古调研数据	多元线性回归	农业保险对农民收入的影响并不显著
5	周稳海等（2014）	2008—2012年省级面板数据	动态面板GMM法	农业保险灾前效应对农民收入具有显著的负向影响，灾后效应对农民收入具有显著的正向影响
6	祝仲坤等（2015）	2007—2012年省级面板数据	面板数据模型	全国平均水平下，农业保险变动1%，负向影响农民经营性收入7.1%
7	唐德祥等（2016）	1982—2012年国家时间序列数据	协整模型格兰杰因果检验	农业保险与农民收入存在长期协整关系，农业保险对农民收入水平的冲击为正向效应
8	樊丰等（2017）	2001—2012年省级面板数据	面板数据模型	农业保险会提高农户收入的整体波动性

数据来源：根据相关文献进行汇总所得。

2. 农业保险对农户生产方式的影响。与政府的灾害救济政策相比，农业保险为农户的损失提供了更加稳定、及时和灵活的最低收入保障和成本补偿，起到收入稳定器的作用，使得农户在灾害发生时有能力和资金投入新的生产（邓磊，2005；冯文丽等，2007），因此农户参与农业保险后，在期望收益最大化的驱动下，有能力和意愿调整农业生产方式，包括改变种植结构，增加被承保作物的播种面积（Ahsan 等，1982；Hazell 等，1986；宁满秀，2006）；以及改变要素投入行为，增加风险增加型要素的投入，减少风险降低型要素的投入（Chamber，1989），例如增加化肥等生产要素的投入以换取更高的作物产量和收益（Horowitz 和 Lichtenberg，1993）。因此，农业保险对农户生产方式影响的相关文献主要集中在两个方面：一是种植结构的调整，二是要素投入的改变。Babcock 和 Hennessy（1996）运用蒙特卡洛模拟的方法，对爱荷华州农户风险态度、农业保险以及化学要素投入量之间的关系进行了分析，参加农业保险的农户会减少氮肥施用量，在农业保险的保障水平为90%时，高风险规避型的农户会减少约10%的化肥施用量。Smith 和 Goodwin（1996）运用联立方程对美国堪萨斯州的麦农购买农业保险和化学物质施用行为作了实证分析，表明购买保险的农户，其氮肥投入会降低5 美元/公顷。Horowitz 和 Lichtenberg（1993）利用递归模型研究发现，美国中西部参与农业保险的农户的化肥施用提高约19%，农药使用量提高约21%，除草剂等的施用也相对较多。Quiggin（1992）利用C—D 生产函数和 OLS 方法，研究了农业保险对美国中西部玉米和大豆种植的影响，结果表明农业保险会减少农户对农药和化肥的使用量；Tatyana（2017）通过实证分析发现，美国被保险作物种植面积增加会显著影响灌溉用水的增加，且大部分来自地下蓄水层，并且确认是由于农民种植了更多的靠地下水灌溉的棉花作物。

在国内，张跃华等（2006）通过对上海农户的调研发现，农业保险促使农户选择更加先进的生产方式，不过具体生产方式的改变还取决于农产品的特征；钟甫宁等（2006）以新疆玛纳斯河流域的棉花保险为例，以农户收益最大化为逻辑分析起点，构建研究模型，并运用联立方程组及340份调研农户数据，研究了农户参与农业保险对其农用化学要素施用行为之间的关系，实证结果表明，购买农业保险的农户将施用较少的农药，而使用较多的化肥与薄膜；张弛等（2017）基于1039个农户的调研数据，以有机肥投入为例研究了农业保险参保行为对农户投入的影响，结果显示农户购买农业保险后存在道德风险，农业保险对有机肥用量具有显著的负向影响（使用概率降低了3%～7%）。农业保险对农户生产行为，尤其是化学要素投入量的影响，通过长期积累会影响到农业生产自然环境和风险环境，因此具有重大的研究价值。然而国内对该方面的研究还较为欠缺，需要进一步加大理论和实证的研究力度（西爱琴，2015）。

3. 农业保险对种植结构的影响。由于多数国家实行保费补贴政策，因此农业保险会刺激农户种植保险补贴较高的作物，增加种植面积，优化种植结构（Griffin，1996）。例如，Wu（1999）对内布拉斯加州中部地区玉米种植的研究表明，当保费补贴提高时，农户会将原来用于干草种植的农地用于种植玉米，扩大玉米的种植面积；Yamauchi（1986）的研究表明日本的农作物保险使日本北海道地区水稻种植面积从1950年的13.1万公顷增加到1965年的20.3万公顷；Johnston等（2009）利用累计移动回归方法研究了美国北达科他州农作物种植结构的变化情况，结果发现农业保险实施后，与保费补贴较少的农作物种类相比，享受到更高补贴的农作物种植面积具有更加明显的增加；Keenton和Skees（1999）对1978—1982年以及1988—1992年两个时段美国六种主要农作物的面积变化进行研究，发现19世纪80年代的农业保险政策导致了5000万英亩农田面积的增加，进而证实了农业保险会增加被承保作物的种植面积；Tronstad（2014）研究发现，在美国较高的农业保险补贴将大大扩大棉花种植的面积。国内关于农业保险对种植结构影响的研究较少，大部分文献集中于种植面积对农业保险参保率的影响（宁满秀，2006）；刘蔚等（2016）和付小鹏（2017）的研究认为农业保险会显著增强农民的专业化种植倾向，弱化多样化种植行为。

值得注意的是，实证研究并不是一致地证明农业保险能够改变种植结构，增加承保农作物的种植面积，例如 Goodwin 等（2004）等认为农业保险可能对种植面积没有显著影响；Deal（2004）在其博士论文中利用 GMM 和工具变量方法研究了密西西比地区农业保险和棉花种植之间的关系，结果显示农业保险与棉花种植面积之间存在显著的负向关系。我们认为这主要是由于农户的农业生产决策是一个复杂的过程，受到农业生产条件（如地理、气候等）、种植习惯、农业保险条款等多种因素的影响，而在研究过程中没有或者很难对这些因素进行有效控制，需要进一步选择科学方法以期正确分析农险对种植结构的影响。

4. 农业保险对农村信贷市场的影响。农业保险还通过间接的路径对农户生产方式产生影响，农业保险使得农户更容易获得农业信贷，能够促进农村信贷市场的繁荣，而良好的农村信贷环境对农户的融资和扩大再生产都会产生积极影响，进而会影响到农户的生产方式和行为（Giné X 等，2008）。因此相关学者认为农业保险具有信贷支持功效（冯文丽，2007），并对农业保险与农村信贷市场的作用机理和相互关系进行了理论和实证研究。

在理论研究方面，国外学者较早对农业保险与农村信贷市场的关系进行了分析，Binswanger（1980）认为农业保险可以改变信贷抵押物的损失分布，在灾害发生时，农业保险可以保障抵押物的价值，降低违约风险，促进农村信贷市场的发展。随着我国农业保险的发展，近几年，国内相关学者开始根据我国的实际情况进行理论探讨，林杰（2008）认为农业生产风险会造成农业生产者禀赋的降低，进而影响农村信贷市场，而农业保险可以提高生产者禀赋，增加信贷市场对农业信贷的偏好。张浩（2010）分析了农业保险与信贷市场相互影响的机理，认为农业保险可以降低信贷机构的融资风险，而农业保险业务可以利用农村信贷机构的营业网点资源，两者之间相互促进。Sun 等（2013）的研究得到了与张浩（2010）相似的结论。同时，杨大光（2010）等人的研究也认为农业保险能够促进农村信贷的发展。李景波（2011）从农业保险对农业风险传导路径、农业投资收益预期、信贷抵押品价值的保障以及信贷放大效应等方面，分析了农业保险对农村信贷的促进作用。

虽然从理论上来看，农业保险对农业信贷市场具有正向促进作用，但是国内外相关实证结果却未得到一致结论。部分学者的实证结果支持农业保险促进农村信贷发展的理论分析，例如，Galarza 等（2011）在对秘鲁农业指数保险的研究中，认为保险减少了农户收入受到的外在冲击，降低了农户因为害怕失去抵押品而放弃贷款的概率。Pomareda（1986）利用巴拿马 1974—1980 年发放保险贷款和未保险贷款的相关数据进行对比研究，分析了农业保险和信贷的关系，结果认为农业保险机构可以提高借款人的经营绩效，减少还款逾期，降低贷款风险。刘祚祥等（2012）构建了农业保险与农村信贷之间的 S—W 模型，利用岳阳市辖内 6 县（市）的调查数据进行了实证研究，结果认为农业保险对农村信贷规模有显著的促进作用，能够增加农村信贷机构的收益并降低参保借款人的贷款利率与信贷风险。潘明清等（2015）利用我国 2007—2012 年农业保险与农村信贷相关数据和多元回归分析的方法，认为农业保险确实有利于农民扩大贷款规模，并降低不良贷款率。刘素春等（2017）研究了山东省农业保险与农业信贷的耦合协同发展关系，结果认为两者之间存在中度耦合，并且耦合协调度越来越高。

另外一些学者的研究发现，农业保险对农业信贷并没有显著影响。例如，Mosley 等（1995）对印度农业保险效果的分析发现，其农业贷款偿还效果并没有因农业保险的实施而得到改善。方首军等（2012）利用我国 1985—2009 年农业保险和农业贷款数据进行协整分析和格兰杰因果检验，结果认为，该时段我国农业保险与农业信贷不存在长期稳定的协同关系，相互之间也不存在格兰杰因果关系。祝国平等（2014）利用我国 2001—2009 年 227 个地级市的数据，建立面板数据模型，并进行估计，其结果表明当前我国农业保险与农业信贷的直接关系很小。

上述实证研究结果说明，在部分国家和地区，农业保险与农业信贷协同发展存在困境。对于我国来说，可能的原因是农业保险尚不能满足我国农业的发展，诸如收入保险、指数保险等还处于实验阶段，农业保险的风险分散程度有限，并且缺少与农业信贷协同发展的法律保障和运作机制，因此农业保险对农业信贷市场的促进作用具有很大的局限性（林杰，2008；顾银宽，2009；张浩，2010），农业保险与农业信贷的关系还需要从理论和实证层面做进一步研究与探讨。

（三）保险机构维度

我国农业保险实行“政府引导、市场运作、自主自愿和协同推进”的原则，在政府补贴和支持下采取保险机构承保的经营模式。而此模式下，坚持保险公司商业运营是我国农业保险可持续发展的市场基础（龙文军，2016），因此保险机构经营的安全和稳定是我国农业保险能够持续发展的关键因素。伴随着农业保险规模的快速扩大和政府对农业保险准入门限的放宽，我国农业保险市场也日趋活跃，越来越多的保险机构开始参与经营农业保险，从2007年的15家增长到2020年的30余家，河南、山东等省份的经营主体数量已经超过8家，农业保险市场“高寡占”的特征得到一定程度的缓解。

现有文献中对农业保险机构发展效果的相关研究较少。吴永辉（2009）以及张燕（2010）等对农业保险的发展情况作了描述性统计分析，黄琦等（2017）研究了农业保险发展的空间特征，认为我国农险市场存在高寡占的市场结构，地区差异显著，弱化了农业保险的普惠性本质。祝仲坤等（2016）的研究认为农业保险机构数量的增加，尤其是国外的中航安盟、日本财险、劳合社等机构进入中国农业保险市场，能强化市场竞争，激发农业保险经营机构的危机意识、创新意识和服务意识，增强农户的投保意愿，因此保险机构数量的增加和市场竞争的加剧将有助于扩大农业保险的市场规模，并利用我国2007—2013年的省际面板数据验证了该结论。可以看出，现有研究侧重于分析市场结构与市场规模以及绩效之间的相互作用和影响。聂谦等（2015）利用 Copula—ALM 模型构建并模拟了中国农业保险再保险共同体的运营模式，从共同体的存活率、盈余水平等对不同保费转移比例和是否购买商业再保险对其运营效果进行了评估，结果认为购买商业再保险的组合模式比内部分散模式更能解决农业保险中的高风险问题。

三、农业保险的效率

（一）政府保费补贴的效率

我国农业保险是在保费补贴以后才迅速发展起来的，对我国来说，保费补贴已经成为既定事实。因此，保费补贴的资金使用效率成为近年来国内相关学者关注的一个焦点。我们将相关文献利用的数据、方法和主要结论汇总到表 1－3 中。

表 1－3　农业保险补贴效率研究的部分文献

序号	文献	数据	方法	主要结论
1	郑军等（2014）	2011 年的各省农业保险及相关数据	回归分析	估计得到农业保险财政补贴对农业总产值的产出弹性，并利用该弹性衡量农业保险财政补贴的效率，分析财政补贴应具有的最优规模
2	钱振伟等（2014）	2013 年全国各省农业保险及相关数据	三阶段 DEA 方法	对我国 2013 年度农业保险保费补贴效率进行了分析和评估
3	李真真（2014）	2007—2012 年全国 15 个省保险保费和财政补贴	面板数据方法	财政补贴对农业保险保费收入具有显著影响，即会影响农业保险的参保率
4	黄颖（2015）	2009—2013 年全国各省农业保险及相关数据	Malmquist 指数和 DEA	我国农业保险保费补贴的规模效率和管理效率有待提高，技术效率的变化率和技术进步指数在下降，并分析了原因
5	赵君彦等（2015）	2007—2012 年我国 15 个省农业保险相关数据	DEA 方法	农业保险财政补贴效率逐年提高，但呈现规模递减趋势，并且各地区补贴效率不均衡，其原因主要是财政支持机制不完善
6	郑军等（2017）	2012 年省级截面数据	统计分析	经济发达地区的边际财富效应低于经济欠发达地区，发达地区比欠发达地区的高补贴会使得农业保险发展的区域差距进一步扩大

数据来源：根据相关文献进行汇总所得。

由于我国农业保险开展时间较短，数据不易获得，并且农业保险中的投入产出关系难以用确定的函数表达出来，因此大部分学者倾向于采用非参数的方法进行研究。但农业保险的发展受到多种因素的共同影响，如何改进评价方法的科学性和严谨性，更加准确地测量农业保险保费补贴的资金效率，对我国农业保险绩效评价研究具有非常重要的意义。

在农业保险开展之初，人们主要关注农业保险的有效需求以及农业保险保费补贴的必要性，然而随着农业保险的不断推进，人们逐渐认识到农业保险机构是农业保险市场的供给者，也是保险业务的实际执行者，他们负责具体保险条款的制定，农业灾害的勘察定损，农业风险防范的宣传和指导，因此农业保险机构能否长期、平稳发展关系到农业保险能否顺利开展，农业保险的经营效率对农业保险的最终效果有着至关重要的影响。

（二）农户的农业保险参与率

农业保险的推广和效果的实现离不开农户的认可和积极参与。很多学者对我国农业保险的农户参与率、支付意愿和满意程度进行了调研。例如，王阿星等（2008）对内蒙古鄂尔多斯的农业保险参与率进行了研究，认为农户的基本特征和遭受的灾害状况对农户的参与率具有较大影响；杨雪美等（2011）认为由于我国农户保险意识不强、补贴制度不完善以及信息不对称等问题，导致我国农业保险参与率不高；聂荣等（2013）对农业保险有效需求的影响因素及其机理进行了分析和实证研究，认为是否购买养老和医疗保险以及家庭年收入对农业保险的有效需求有负向影响，而政府救济、保险认知、家庭资产和受教育程度对农业保险的有效需求有正向影响；唐德祥等（2015）利用2007—2013年的省级面板数据对农业保险参与率和保费补贴之间的关系进行了实证研究，结果表明农业保险保费补贴政策对农户参保的激励效果不高，较低的保险保障和赔付水平抑制了农户的参保积极性；Yang X 等（2015）认为农作物生产灾害的多样性、农业保险重要性的意识以及是否使用过农作物保险等与农民参与的意愿显著正相关；初文丽（2017）通过对16个省份农业保险调研数据进行分析认为农户的农业收入水平、文化水平以及对农业保险的认知水平都与农户的参保率具有正向关系，而农户的总收入水平、农业收入占比以及自然灾害发生次数都与农户参保率没有显著的相关关系。

从上述研究成果可以看出，我国农业保险的农户参保率并不高，即使在政策强制或政府代办的情况下农户参与了农业保险，但并未形成较强的自愿性和积极性，尚需对影响农户参保率的因素进行更深入的剖析，提高农户对农业保险的参与率。

（三）农业保险机构的运营效率

保险机构是农业保险的提供者，对农业保险的运营效率有着决定性影响，农业保险保费补贴最终也是流向保险机构，保险机构的经营效率影响着财政补贴的绩效水平，因此国内学者开始对保险机构的经营效率进行研究，以期从供给方面寻找提高农业保险绩效水平的途径。

国内外对于保险机构运营效率的研究较多，但是专门针对农业保险机构的研究非常少。例如，为使文献梳理更有针对性，我们仅对国内农业保险公司效率研究的相关文献进行梳理。尚颖等（2012）利用 DEA 方法分析了河北省 2005—2008 年农业保险代理公司的经营效率，认为总体效率水平偏低。施红等（2012）利用 DEA 方法，以中国人财、中华联合等六家农业保险经营机构为研究对象，通过经济、技术、配置、纯技术以及规模效率五个指标，对我国不同组织形式、不同经营规模的农业保险机构的运作效率进行了评价，结果表明，政府的支持政策降低了农业保险的运作成本，使农业保险的经济效率高于其他保险市场，并且互助制农业保险的效率要高于股份制农业保险；卜振兴（2014）利用我国农业保险公司 2010—2012 年的相关数据进行了数据包络分析，结果认为 2010—2012 年农业保险机构经营效率呈先降后升态势，并且就技术效率而言，专业性农业保险机构高于综合性机构。祝仲坤（2015）同样利用 2010—2012 年中国农业保险机构数据和 SE—SBM 模型（改进的 DEA 模型）对经营效率进行了评估，得到了和卜振兴（2014）类似的结论，进一步，该文献利用计量模型分析了经营效率的影响因素，结果认为经营效率与经营年限无关，而农业保险业务的比重对经营效率有促进作用。李心愉（2015）利用2007—2012年13家农业保险机构的数据和DEA的方法对农业保险机构的经营效率进行了研究，认为目前我国农业保险机构的经营效率都较低，并且利用Tobit模型分析经营效率的影响因素后得出与祝仲坤（2015）类似的结论，即经营效率与经营年限无关，而与农业保险业务量的比重具有正相关关系。陈盛伟等（2017）基于山东省地市面板数据，利用面板门限模型对农业保险市场竞争与农业保险发展速度之间的关系进行了实证分析，结果认为市场竞争程度与农业保险发展之间存在非线性关系，最佳的竞争程度才能实现农业保险市场发展的最优效率。

综上所述，虽然相关文献运用不同的方法，对不同的数据进行了研究，但得到的结果都是类似的，即我国农业保险的经营效率不高，从根本上会影响我国农业保险保费补贴的效率及绩效水平。

四、文献评述

农业保险绩效评价相关文献的逻辑关系如图1－2所示。通过对文献深入剖析，我们得到四个结论：

1. 从研究结论来看，我国农业保险的效率较低，区域发展不平衡，农业保险效果的显著性不能得到数据的一致支持，未能完全发挥农业保险的功效，农业保险政策需要进一步完善，并且在“农业供给侧结构性改革”政策下，农业保险需要进一步改革和创新，以适应农业发展的新形势。因此，为改善农业保险现状，满足农业改革的要求，急需对农业保险政策改进方案进行深入系统研究。

2. 从研究角度来看，现有文献分别从功效、效果以及效率三个角度进行单独研究，较少考虑相互之间的联系，割裂了农业保险评价的系统性和整体性。改进农业保险政策，既要提高运行效率，又要减小实际效果与预期功效之间的差距，同时还要适应农业发展政策和形势需要，及时调整改革方向（功效定位）。因此，需要将三个角度的研究纳入统一框架体系，对农业保险进行绩效评价，并设计系统的农险政策改进方案。

3. 从研究维度来看，现有文献较少考虑农业保险运作过程中各参与主体之间的关系，农业保险涉及三个维度——政府、农户和保险机构，三个维度是紧密结合在一起的耦合系统，具有利益协同性（郭军，2016），农险政策的改进势必会对各参与主体都产生影响，再加上各参与主体之间的相互作用，需要将政府、农户和保险机构纳入一个框架体系进行绩效评价，从多个维度研究政策改进方案，实现农业保险政策的供给侧改革。

4. 从研究方法来看，现有绩效评价方法不能完全适应我国农业保险发展的特征，文献主要从农业保险对农户收入的影响、对农业生产的影响、对农村信贷环境的影响等方面进行效果研究，较少从风险管控的角度对我国农业保险利益相关方参与目标的达成度进行测度和研究，无法针对农险风险管控绩效水平的提高提出政策改进方案。因此我们以风险管控为核心，针对政府、农户和保险机构分别设计相应方法，并对农业保险进行综合绩效评价。

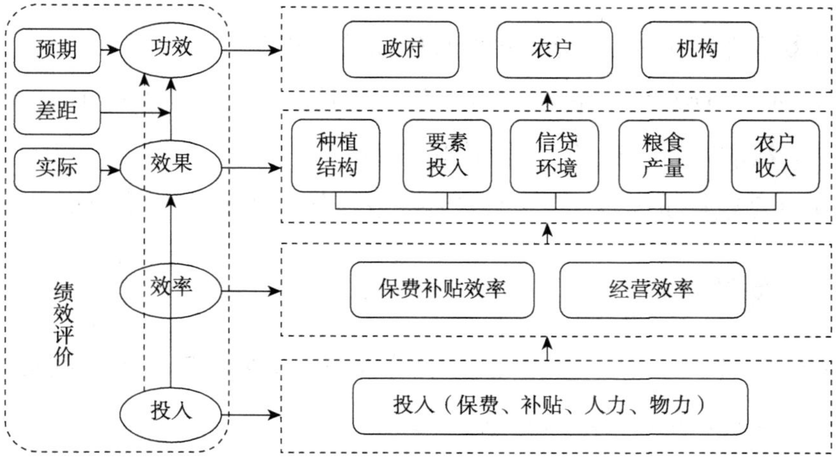

图 1－2 农业保险绩效评价文献的逻辑关系

基于上述分析，我们认为农业保险政策急需在绩效评价的基础上进一步改进，而功效、效果以及效率三个角度都应该成为绩效评价的构成内容，农户、政府和保险机构三个主体在农业保险运行过程中形成了一个有机整体，因此需从三个角度将三个参与主体纳入统一框架体系对农业保险进行绩效评价，才能设计出系统、精确、完整的农业保险政策改进方案。

第四节　研究目标、内容及技术路线

一、研究目标

我们研究的总体目标是构造农业保险绩效评价方法，测度各保险参与主体的绩效水平，分析影响农业保险绩效水平的主要因素，并设计农业保险的优化方法。为实现该总体目标，我们需要完成四个分解目标：

1. 在对农业保险作用机理分析的基础上，选择绩效评价切入点，构建绩效评价框架体系；

2. 针对每个参与主体选择合适的评价方法和评价指标，测度我国农业保险绩效水平，并对绩效水平的统计特征进行分析；

3. 剖析影响绩效水平的主要因素和作用机理，利用经济、计量和模拟仿真等方法对影响因素进行实证检验；

4. 在绩效评价的基础上，设计提升农业保险绩效水平的优化方法。

二、研究内容

我们按照“总—分—总”的逻辑结构安排主要内容，包括框架构建、绩效评价及提升路径设计三个部分（见图 1 – 3）。

第一部分：构建农业保险绩效评价的框架。

该部分为我们的第二章，在梳理我国农业保险发展现状，系统分析农业保险作用机理的基础上，以风险管控为切入点构建农业保险绩效评价模型。（1）分析农业保险现状。对我国农业保险实施过程中政府、农户和保险机构的发展情况、主要效果和存在的问题进行梳理和统计分析，为农业保险的绩效评价提供实践基础。（2）梳理种植业的风险特征。在对我国种植业风险的性质、来源和特征进行梳理和总结基础上，分析农业保险对种植业生产过程中的风险管控方式，作为构建基于风险管控的绩效评价框架的依据。（3）剖析农业保险作用机理。在对政府、农户和保险机构参与农业保险政策目标进行分析的基础上，剖析农业保险的作用机理，选择能够同时对各参与主体绩效产生关键影响的环节（即风险管控），构建绩效评价的理论模型框架。

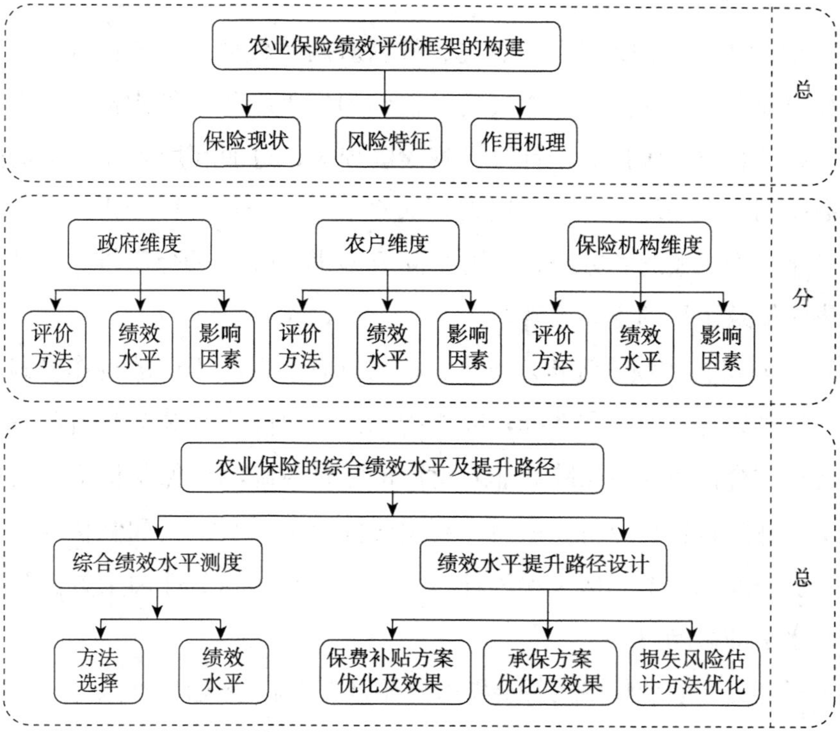

图 1－3 主要研究内容逻辑框架

第二部分：农业保险三个参与主体维度的绩效评价。

该部分分成在结构上平行的三个章节，即第三、第四、第五章，分别针对政府、农户和保险机构设计具体的绩效评价指标，根据评价指标的特征，选择和改进评价指标的计算方法，为精准计算绩效评价指标提供基础，进而测度各个维度农业保险的绩效水平并进行统计分析，在此基础上利用经济计量和模拟仿真等方法，分析各个维度农业保险绩效水平的影响因素。

1. 政府维度的绩效评价。首先，论证并选择农业保险的风险保障水平作为现阶段政府维度的绩效评价指标，并在信息扩散技术上优化计算风险保障水平的统计方法；其次，利用全国各省份种植业成本和保险的统计数据，计算农业保险风险保障水平的需求值和实际值，进而测度政府维度的绩效水平；最后，利用面板分位数模型分析绩效水平的影响因素，检验保费补贴资金的使用效率。

2. 农户维度的绩效评价。首先，根据对调研数据进行统计分析，论证和选择农业保险对农户灾害损失的补偿作用作为绩效评价指标；其次，利用全国各区域灾害统计数据计算人均灾害损失，进而利用农业保险的赔付统计数据测度农户维度农业保险的绩效水平，并进行特征分析；最后，借鉴金融排斥度的概念和方法，利用面板 Tobit 模型从农业保险排除度的角度分析影响绩效水平的主要因素。

3. 保险机构的绩效评价。首先，在剖析农业保险机构的运作模式和运营特征的基础上，论证和选择保险机构的赔付风险作为绩效评价指标；其次，通过综合比较农业保险和非农财险的赔付风险测度保险机构维度的绩效水平，并进行特征分析；最后，利用面板门限回归模型和蒙特卡洛模拟方法，从农业保险的承保规模和种植业风险的空间相关性两个方面研究其对绩效水平的影响。

第三部分：农业保险的综合绩效水平及提升路径设计

该部分为我们的第六章。在对政府、农户和保险机构三个维度绩效评价的基础上，利用“熵权 TOPSIS”法测度我国各省份农业保险的综合绩效水平，综合分析绩效水平的影响因素和新时期农业改革和发展的要求，从保费补贴方案优化、保险机构承保方案优化以及灾害损失估计方法优化三个方面，设计我国农业保险绩效水平提升的路径，为农业保险优化方法的研究提供依据。

1. 保费补贴方案优化和效果模拟。首先，通过对比政府救济与农业保险提出保费补贴方案的改进思路，将巨灾赔付从保险机构中分离出来，由政府承担，进而将保费补贴分为两类，一类用于政府的巨灾准备金，另一类用于补贴农业保险，在排除保险机构巨灾赔付后顾之忧的基础上，提高保费补贴的杠杆效率；其次，基于各省种植业保障的目标水平，利用农业保险的保额损失率等统计数据，在保费补贴规模不变的前提下，通过运筹优化模型测度各省农业保险的最优补贴额度；最后，测度优化的补贴方案对政府和农户农业保险绩效水平的影响效果。

2. 保险机构承保方案优化和效果模拟。首先，利用模拟数据提出农业保险承保方案的优化思路，从风险管控角度，对市场上保险机构的数量和承保区域的选择两个方面同时进行优化；其次，以河北省粮食作物保险为例，通过构建和求解运筹优化模型，对河北粮食作物保险市场上保险机构的数量和承保区域的选择进行了模拟；最后，基于我国农业保险机构发展的现状，提出了主要农业保险机构承保区域优化方案，并测度了承保方案优化对保险机构维度农业保险绩效水平的影响效果。进而，将保费补贴方案和保险机构承保方案优化对绩效水平影响的综合效果进行了分析。

3. 种植业灾害损失估计方法优化。首先，在对现有估计方法的优缺点进行梳理和分析的基础上，基于数据模拟仿真提出了种植业灾害损失估计方法优劣的评判标准；其次，在剖析我国种植业生产过程和单产数据统计特征的基础上，设计相应的灾害损失估计方法，并通过数值模拟证明所设计方法优于现有方法；最后，以我国粮食作物为例，对比不同方法在灾害性损失风险评估结果上的差异，为实现种植业风险的精准管控提供方法基础。

三、关键问题

对农业保险进行绩效评价，并分析农业保险绩效水平的影响因素，需要解决三个关键问题（见图1-4）。

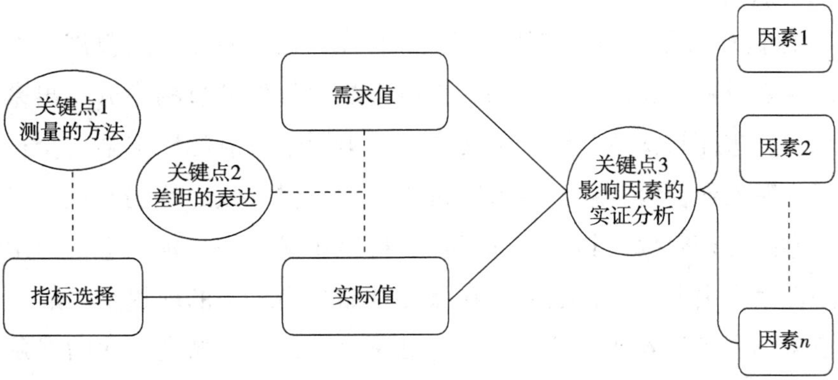

图1-4　农业保险绩效评价研究的关键点

（一）农业保险绩效评价指标的选择与测量方法的设计

在农业保险的运作过程中有三个参与主体，不同的参与主体在不同的时期具有不同的参与目的，即使在同一个时期参与目的也可能是多维的，因此需要在对农业保险作用机理深入剖析的基础上，选择现阶段各参与主体最为关注的目标作为切入点，针对每个参与主体选择具体的绩效评价指标，并根据指标的数据特征设计精准的测量方法。

（二）各参与主体需求值和实际值之间差距的表达

对农业保险绩效评价的关键是寻找“实际值”与“需求值”之间的差距，探索“努力”的“方向”，现有文献侧重于研究农业保险某一侧面的实际效果，没有对效果与绩效目标之间的差距进行量化研究。因此，利用保险的“需求值”和“实际值”之间的差距测度农业保险的绩效水平是我们研究的主要内容之一。

（三）农业保险绩效水平主要影响因素的定量分析

影响农业保险绩效水平的关键因素有哪些？这些因素对绩效水平产生影响的机理又是怎样的？这些问题对提出农业保险改进方案非常关键，因此研究农业保险绩效水平的影响因素成为我们的重点问题之一。我们拟对每个参与主体，采用经济计量方法、数理分析方法以及仿真模拟等方法，通过其对绩效水平的影响程度的估计及显著性检验，确定农业保险绩效水平的主要影响因素。

四、技术路线

我们按照提出问题、分析问题与实证和解决问题的思路，对研究内容进行分解，技术路线如图 1－5 所示。

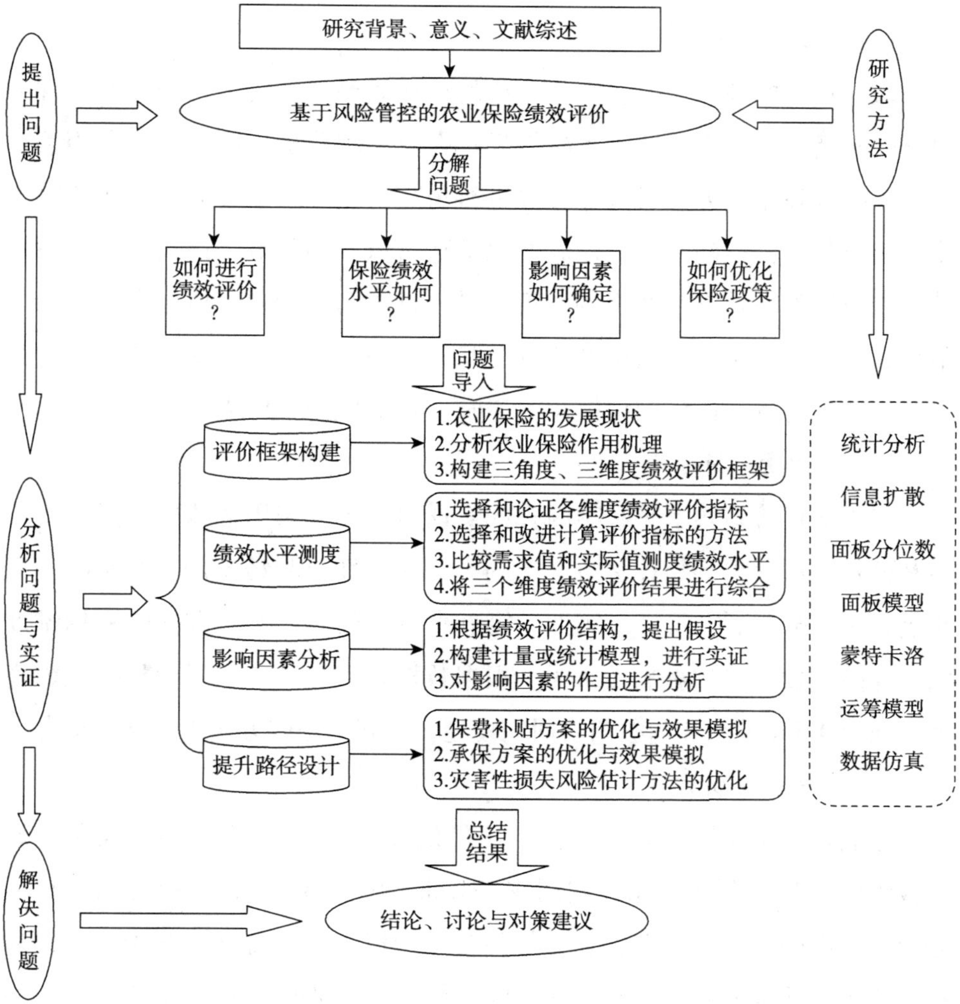

图 1－5　农业保险绩效评价的技术路线

第五节 研究方法、数据来源与创新

一、研究方法

本节只对主要方法进行概述，每种方法的原理、理论基础、对方法的选择与改进情况将在相应章节具体说明。

（一）模拟仿真方法

农业保险的绩效评价和优化方法的设计需要根据灾害、赔付等事件的概率分布情况，对不同情景下的效果进行对比和分析，因此需要利用蒙特卡洛模拟等技术和方法对农业保险进行仿真。该方法主要应用于我们第五章分析灾害损失空间相关性对农业保险赔付风险的影响，以及第七章农户获得农业保险转移支付效果的测度。另外，第七章设计种植业灾害性损失估计方法时，由于农作物单产的真实状态未知，因此根据单产的统计特征进行了数据仿真，以评判种植业灾害损失估计方法的优劣。

（二）计量分析方法

对农业保险绩效水平影响因素的实证检验需要采用合适的计量经济模型和分析方法，得到统计学意义上的影响显著性检验结果，并对影响的大小进行定量分析。在第三、第四、第五章分析政府、农户和保险机构维度农业保险绩效水平的影响因素时，根据数据特点分别建立了面板分位数模型、面板 Tobit 模型和面板门限回归模型，并利用相应方法进行结果估计。

（三）统计分析方法

我们多次采用统计分析方法，根据宏观统计数据、行业统计资料、研究报告以及微观调研数据，利用 MATLAB、STATA 等软件进行统计分析、分布拟合和图形展示，得到农业保险各项指标的统计特征，便于直观描述和对比农业保险的发展、效果和缺陷，能够在绩效评价过程中选择最为关键和重要的变量。

（四）运筹优化方法

农业保险绩效评价一般会涉及多个目标，需要赋予合理的权重获得综合绩效水平，我们在第四章和第六章分别采用了投影寻踪方法（Project pursuit）和理想解（Topsis）方法，以确定农业保险排除度和三个维度整体绩效评价的指标权重。另外，我们在第五章和第七章中还建立了运筹模型，以最小化农业保险机构的赔付风险和优化农业保险市场上保险机构的数量和承保区域的选择。

二、数据来源

在具体应用过程中会给出数据更详细的出处和处理方法，本节只进行简要介绍。

（一）宏观统计数据

限于研究条件和时间，我们对农业保险的绩效评价侧重于“平均评价”，即测度全国和各区域（省、自治区、直辖市）农业保险的绩效水平，因此我们主要利用国家和省级的宏观统计数据进行分析。数据主要包括：农业保险相关数据（保费收入、承保面积、赔付支出、保费补贴额度、保险机构等），经济发展相关数据（种植业产值、农民人均收入、农民受教育程度等），种植业相关数据（各类主要农作物播种面积、产量、成本、农作物灾害情况等）。这些数据一部分来自年鉴，包括历年《中国统计年鉴》《中国农业年鉴》《全国农产品成本收益资料汇编》以及部分省份的统计年鉴，一部分来自银保监会的统计资料（主要是农业保险的相关数据），还有一部分来自正式发表的相关文献，包括《中国农业保险市场年报》和期刊文献中出现的相关资料和数据。截至本书定稿之日，2020 年的相关数据还不能获取，因此我们只能针对 2019 年及以前的数据进行绩效评价的研究。

（二）微观调研数据

为分析农业保险在实践中的发展特征和对农户的影响，我们在2016年对山东、河北和河南三个省份1000余户农户进行了走访，获得了第一手的微观调研数据，2020年再次对河北省1000余户农户进行了调研，对调研数据进行了更新和补充，调研问卷见附件。调研数据主要包括农户的基本特征、种植业生产的基本特征、面临的风险特征、对农业保险的态度、农业保险对农户的影响和作用等。通过对调研数据的统计分析能够更加深入地了解农业保险发展的现状和实际效果，为绩效评价思路的设计和方法的选择提供现实基础。

三、创新之处

我们以风险管控为切入点构建了系统的逻辑框架，综合运用多种方法对农业保险的绩效评价开展研究，可能的创新之处主要体现在以下三个方面：

（一）从风险管控的视角对农业保险三个参与主体的绩效水平进行测度，并对影响因素进行实证分析，扩展和丰富了农业保险绩效评价的研究视角和内容。我们从三角度、三维度进行绩效评价，区别于现有文献侧重单一角度、单一维度的研究，将效率、效果以及功效统一到一个框架体系中，在系统剖析农业保险作用机理的基础上，以风险管控为切入点，针对政府、农户和保险机构选择不同的绩效评价指标，通过测度农业保险实际值与需求值的差距，同时对三个主体维度进行绩效评价，并对影响绩效水平的因素进行实证分析，较为全面和系统地研究了我国农业保险绩效评价问题，在研究视角上有一定创新。

（二）通过改进或设计相关方法，提高了绩效评价精度。在测度农业保险绩效水平和分析影响因素的过程中，通过改进信息扩散技术、构建保险机构赔付风险的优化模型、设计和提出农业保险排除度和区域相关系数的概念等方法，获得更精确的实证结果，在种植业风险测度方面设计了能更加准确估计种植业灾害损失的非参数加权局部线性方法。我们改进的方法、设计的模型和提出的概念能够应用于农业保险的其他相关研究中，丰富了农业保险的研究方法。

（三）以绩效评价为基础，设计了新的农业保险绩效提升路径，并模拟了绩效提升效果，为政策改进提供依据。基于对绩效水平影响因素和种植业发展形势的分析，从保费补贴方案优化、保险机构承保方案优化以及种植业灾害损失估计方法优化三个方面设计了农业保险绩效提升路径和具体措施，并测度了方案优化后农业保险绩效水平的变化情况，证明了提升路径的有效性，为农业保险政策改进提供依据和参考。

第二章　基于风险管控的绩效评价框架构建

政策性农业保险有三个参与主体，各参与主体具有不同的需求和参与目标，如何选择恰当的切入点构建绩效评价框架，在统一的视角和口径下测度政府、农户和保险机构的绩效水平，进而分析影响绩效水平的因素，是我们需要解决的首要问题。本章分析了我国种植业风险的基本性质，梳理了农业保险中不同主体的风险特征，总结了我国农业保险发展的概况和存在的问题，并在剖析农业保险作用机理基础上，结合三个参与主体的政策目标，设计了基于风险管控的农业保险绩效评价框架，为我们后面的研究提供基础。

第一节　农业风险的基本性质

一、农业风险的定义与来源

（一）农业风险的定义

风险是现代社会生活中使用非常广泛的重要概念，然而，目前业界和理论界对风险的概念尚未形成统一的定义（张峭等，2015）。表 2－1 列出了国外关于风险定义的几种主要观点。

表 2-1　　　　国外关于风险定义的主要观点

序号	学者	主要观点
1	Haynes	风险是财产损失的可能性
2	Leitner	不能预见的意外事故造成的损失
3	Cammack	风险是主观的不确定性
4	Eillet A. H	风险是客观的不确定性
5	Pefeffr	风险是人和风险因素的结合体

从表 2-1 中可以看出，当人们站在不同的立场，从不同的角度进行风险分析时，会对风险的概念产生不同的理解，有人认为在实际应用中“风险”等同于事件结果的“不确定性”（Hirsbleifer，1992），有人认为事件发生的概率已知时才叫作风险，而事件发生的概率未知则属于不确定性（Knight，1921），有人则利用不确定性定义风险，认为风险是一种客观存在的损失，其发生具有不确定性（孙祁祥，1996）。

从上面对风险的不同定义可以看出，由于研究对象和研究目标的差异，人们很难给出一个统一的风险概念，但有一点可以确定，即风险的外在表现一定是某种活动损失和收益的不确定性，并且满足以下属性：

不确定性。尽管不确定性并不意味着一定存在风险，但风险一定表现为某项活动结果的不确定性，若结果是确定的，或者能够由决策者完全控制，则该项活动不存在风险，也就没有对其进行风险研究的必要。正如 Knight（1921）在其名著 *Risk, Uncertainty and Profit* 中所给出的定义：风险是通过大数法则的统计方法能够经验地计算出发生概率的不确定性。

客观性。尽管由于心理、知识和风险偏好不同造成人们对风险的认识、感知和评估带有一定的主观性，但风险的发生是由客观环境决定的，风险损失的频率和幅度也是客观存在的，人们若不采取客观的风险管理措施，则风险不会随人们的主观意识而转移。

损害性。风险之所以受到人们关注，是因为风险对决策者而言是不利的。风险的存在不仅可能造成财产损失，甚至造成人员伤亡。无论如何定义风险，风险都意味着对人们利益的损害：或者是风险决策造成更高的成本，或者是风险的不确定性引起价值的减少，或者是风险造成人们效用的降低，因此风险对人们而言具有损害性，或者说不利性。

可测性。虽然某些心理学、人类学领域的学者认为受知识、经验、心理和精神的影响，不同的决策者对同一个风险会有不同的测量和判断，并且风险是指向未来的，但是我们认为依靠概率论与数理统计的相关理论和方法，决策者能够利用过去的信息对事件将来发生的结果进行合理的估计，通过综合损失程度和对应的发生概率两个维度衡量风险发生的概率。其中，无法判断和估计的不确定性不属于我们风险管理的研究范畴。

就种植业生产风险而言，由于农作物生产过程是多种自然、经济和社会因素共同作用的复杂系统工程，是人的劳动、农作物的生命机能、自然条件和市场环境等基本要素相互协调和共同作用的结果，任何因素的变化都会影响到种植业生产的结果，因此我们将种植业风险定义为：在未来特定的时间段（通常为一年）和特定的种植范围内，因人们无法控制的外在因素（自然灾害、市场波动等），使得农户实际收益低于预期的可能性，即我们对种植业风险和风险管控的研究，重点关注实际结果与预期结果的差异以及降低这种差异的手段和方式。

（二）农业风险的来源

农作物的生长需要依赖自然条件，并且在我国农业现代化进程中，种植业越来越受到技术、资本、政策和国内外市场等因素的影响，因此种植业需要应对多种风险。国内外学者对种植业风险的来源认识不同，并未形成统一标准（刘布春，2010），综合已有研究成果（Hardaker 等，1997；孙良媛等，2001；魏文迪，2007；刘布春，2010；李丹，2017），我们认为，在国家政策不发生大的变动时，种植业风险主要包括生产风险、市场风险和技术风险。

生产风险。生产风险指自然环境的不规则变化影响到农作物生长导致种植成本增加或者产量下降，使得种植业的最终收益偏离预期，产生灾害损失。短期内，种植业生产风险主要表现为气象风险和生物风险，主要包括干旱、洪涝、寒潮、冰雹以及病虫害等，这些灾害会对农作物造成生理损害，降低种植业的产量或质量；从长期看，种植业的生产风险主要包括地质风险和生态风险，如地震、土地沙漠化和盐碱化、环境污染、水土流失以及温室效应等，这些灾害虽然发生的频率较低，或者在较长时间内才会显现影响，但是其危害往往是毁灭性的，对种植业的基础设施和生态系统造成严重破坏，并且其不利影响是难以逆转的。

市场风险。不同于自给自足的生产方式，现阶段我国种植业生产和销售越来越市场化，受供需条件、通货膨胀以及国际市场的影响，种植业面临越来越多的市场风险。第一，由于种植业生产具有季节性，因此种植业产品的供给时间比较集中，短期内由于供给和消费时间上的错位，使得农产品价格出现较强的波动，形成风险；第二，农户往往按照上年度的价格安排生产，播种后不可能根据市场情况调整种植策略，根据经济学中的“蛛网理论”，农作物价格将会出现周期性的波动；第三，种植业属于资源密集型产业，现代化的种植业生产依赖种子、化肥、农药、机械以及农业设施，这些生产要素在种植业总成本中占有较大比重，其价格由市场决定，生产要素的价格波动也引起农户种植收益的波动，并且随着耕地、水资源和生态环境资源的紧张和价格的升高，种植业面临着越来越高的市场风险。

技术风险。在农业现代化进程中，种植业越来越倾向于采用新生产技术以提高生产效率和产量，但是在新技术的使用过程中容易给种植业生产造成损失风险。第一，无论是生产者还是消费者对新技术的接受都有一个过程，生产者利用新技术时由于知识和经验不足有可能操作失误造成产量或质量降低，即使技术应用成功，消费者有可能并不接受（如转基因农作物），使得农产品无法销售；第二，新技术可能会造成种植业更大的脆弱性，引发更大的自然风险，例如改良的高产农作物往往更易于遭受病虫害，而高效杀虫剂的使用又会影响到农作物种植的生态环境，使种植业面临更高的风险；第三，新技术在增加农作物产量的同时，由于“谷贱伤农”，会降低农产品的价格，使实际收入严重偏离预期收入，并且新技术的价格一般会比原有技术更高，提高种植业生产的成本和产品的价格，一旦发生灾害，意味着农户会有更大的经济损失，增加了种植业的风险损失水平。

二、农业风险的特殊性

我们以种植业的成本保险为研究对象，成本保险主要对种植业生产过程中的投入提供风险保障，因此我们重点分析种植业生产风险的特征。受农业经营环境以及农作物自身生理特质的影响，种植业生产风险除具有风险的一般特征外，还有本身的一些特殊性质，主要包括：

时空关联特征。种植业生产的风险主要来自自然环境，一定区域范围内种植业生产面临的气候和地理条件往往是相似的，经常同时发生灾害损失，并且某些地区可能处于灾害多发区，生产风险在时间上也具有关联性。种植业生产风险的时空关联特征造成农业保险的风险单位很大，风险难以在空间和时间上进行分散。“大数法则”要求保险标的物数量足够大，这样损失才能接近期望，风险才能得到分散，保险机构的经营才是可行的，但是种植业风险在很大区域内都是相关的，承保面积越大，保险机构的风险反而可能越大。因此，种植业风险的时空关联特征要求种植业参与主体必须重视系统性风险和巨灾风险的发生。

区域差异特征。我国幅员辽阔，不同区域农作物种植结构不同，生产条件不同，面临的自然环境不同，因此各区域之间种植业的灾害类型、损失程度和发生频率存在很大差异，例如北方地区容易出现冻害、长江以及黄河中下游地区容易发生洪涝灾害、西北地区经常发生旱灾，而沿海地区台风、赤潮等灾害发生频率较高。种植业风险的区域差异特征使得农业保险可以利用较大距离的跨区域承保进行风险分散，但与此同时也给农业保险行业的保险区划、费率精算以及承保区域的安排提出了要求和挑战。

灾害形成过程的复杂性。农作物的生长周期较长，并且具有一定的自我修复能力，所以从灾害性事件发生到最终损失发生往往存在较长时差，甚至某些风险事故最终并不一定导致损失，反而可能迎来丰收，例如黄豆的生长需要较多氮肥，当生长期遭受雷雨天气时，虽然容易形成洪涝灾害，但雷电形成的氮肥被黄豆吸收，可能会增加产量；或者一个地区的灾害造成另一个地区的丰收。同时种植业灾害性损失往往具有广泛的伴生性，即一种灾害可能会导致另一种灾害的发生，例如洪涝灾害发生后往往因为高温高湿的天气引发病虫害灾害，因此种植业灾害的形成过程极其复杂，这给农业保险机构保险条款的制定、灾害损失的勘察定损等工作带来较大困难。

信息不对称性。种植业风险受到农作物生物特性和生长规律的制约，相对于其他财产保险标的物，种植业风险更是暴露在自然环境中，灾害性损失的发生具有客观性，然而“人勤地不懒”，种植业的最终灾害损失还同时受到农户的耕作方式和精心程度的影响，农户在农业生产过程中的经营照顾作用对种植业风险具有较大作用。因此，农业保险面临着更大的信息不对称和农户的道德风险。

影响的外部性。外部性又称为外部影响或溢出效应，指某行为主体的行动和决策使他人或社会受损或受益的情况。种植业是全社会生存和发展的衣食来源，向国民经济的各个部门贡献着主要的原材料和生产要素，同时还承担着保护人们生活环境的职能。农户对种植业进行风险管控，将保障国家农业发展和国民经济的稳定，种植业灾害的发生，将会影响到全社会经济发展的稳定和效率。因此种植业风险具有强烈的外部影响。

部分可保性。保险是对风险进行管理和控制的有效手段，然而并不是所有的风险都是可保的。现实生活中，商业保险公司一般仅承保纯粹风险，即“只有损失的机会、没有获利的可能”的风险，原则上可保风险须满足六个条件，即必须有大量的风险单位能够满足大数法则、必须能够排除主观故意性、损失的结果必须是可测的、损失的概率分布是可以计算的、损失的发生具有分散性以及人们愿意并且能够支付保险费。种植业风险是一种纯粹风险，具有风险单位数量较多、灾害意外性、损失程度较大、损失金额能够衡量等基本特征，满足可保风险的部分要求，具有一定程度的可保性，但同时由于种植业风险灾害损失具有的时空关联、区域差异、信息不对称以及外部性等特征，农业保险在具体运作过程中存在一定的困难和瓶颈，影响到其风险管理和控制功能的发挥，阻碍着农业保险的可持续发展。

第二节 风险管控在农业保险中的作用

一、种植业风险管控的方式

种植业是弱质的高风险产业，灾害发生后将会对农户、国家和保险机构产生重大影响，因此需要采用各种手段对其风险进行预防、转移、分散和补偿，保障种植业的可持续发展。种植业生产风险管控的方式有很多，如农户风险自留、农业保险、再保险以及政府救济等，需要种植业生产和经营者对面临的风险进行识别和评估，根据风险损失发生的概率和损失程度，选择最有效的风险管理工具和手段，以最小的成本投入获得风险保障。

不同类型的种植业风险应采取不同的风险管控手段。对于损失程度较低而发生概率很高的风险，由于信息不对称，保险机构一般不愿提供这类风险的保险，同时由于损失在农户能够承担的范围内，农户一般更愿意选择风险自留，采用传统的风险管理措施，例如套种和间作的多样化种植、更加精细化的生产保护和更加有效的灾后管理等措施分散风险，降低风险带来的损失；对于损失程度较高同时发生概率较低的风险，一般由较大的自然灾害造成，超出了农户承担能力，影响到种植业生产恢复，传统的农业风险管理方式不再起作用，这种情况下农业保险则成为全面、有效和综合的风险管控工具。农业保险机构通过数理模型和保险精算方法确定损失分布，在政府推动下集合农户的闲散资金，利用大数定律的分散风险，补偿发生灾害损失的农户，并采用再保险的方式对保险机构自身的经营进行风险管控；对于发生概率非常低但损失程度异常大的巨灾风险，则需要构建巨灾分散机制，补偿巨灾发生后农户的损失，为种植业巨灾后的恢复生产提供支持。

综上所述，根据损失的程度和发生的概率，种植业的不同风险类型及风险管控方式选择如图 2－1 所示。

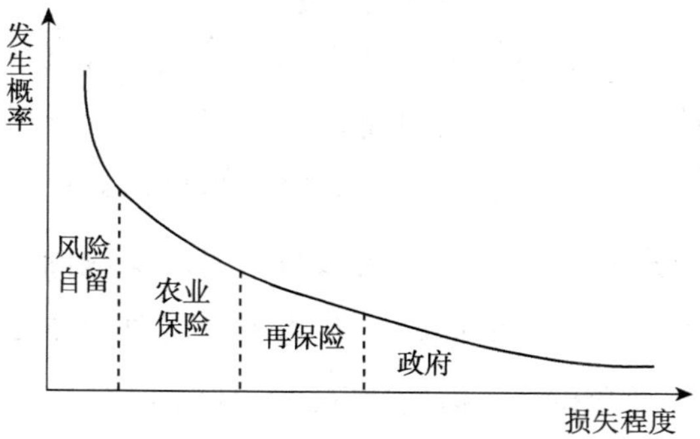

图 2－1　不同类型种植业风险的风险管控方式

尽管存在多种风险管控方式，但现阶段，农业保险是对我国种植业风险进行管控的最有效和最主要的方式。主要原因有以下几个方面：

1. 随着农业现代化进程的不断推进，在农业供给侧结构性改革、土地流转、新型农业经营主体数量不断增大的情况下，种植业的种植目的、种植结构、生产方式以及成本构成都发生了较大的改变，传统的“间作套种”等应对自然灾害的方式由于“机会成本”较高已经被农户逐步放弃。

2. 随着国家对农业风险和保险的宣传、农村合作医疗制度和养老保险制度的建立以及农民文化程度的提高，我国农民的风险意识逐步增强，对“保险”尤其是由政府推动的政策性保险有较好的认可度，越来越多的农户愿意采用购买保险的方式进行风险管控，这可以通过近几年我国农业保险规模的快速增长得到证明。

3. 过去占主导地位的灾害救济方式，由于政府财政预算的限制和“事后补偿”的不稳定性，因此对现代农户灾害损失的补偿效用较小，而农业保险能够通过市场优化资源配置，稳定财政预算和支出，降低灾害救济过程中政府的行政压力，更大程度地弥补农户的灾害损失，成为新时期我国政府大力支持的农业风险管理方式。

4. 我国已经形成了仅次于美国的第二大农业保险市场，越来越多的保险机构参与承保种植业风险，逐步形成了良好、有序的竞争性市场，新的保险品种不断出现，能够应对现代种植业的主要风险。

5. 对于种植业的价格风险和收入损失风险，尽管发达国家主要依靠期货等市场进行风险对冲，但对我国而言，农产品期货市场上的参与主体是较大的农产品经销商、农产品加工企业以及各种投机机构，很少见到农户或者能真正代表农户利益的组织直接参与，因此从我国现实情况看，农户很难通过农产品期货市场分散风险，因此还是需要依靠发展价格保险和收入保险对种植业的价格和收入损失风险进行风险管控。

基于上述分析可知，农业保险在种植业生产和发展中发挥着重要作用，是现阶段我国种植业风险管控的最主要和最有效的手段，因此应以风险管控为核心剖析农业保险的作用机理，研究各参与主体与风险管控的关系，为绩效评价理论框架的构建提供理论依据。

二、农业保险的作用机理

（一）农业保险的功能

类似于对风险概念的界定，业界和理论界对保险的定义和功能也有不同观点。现代经济学之父亚当·斯密认为“通过将个人损失分散到大量投保人中，保险依靠整个社会给个人财产提供安全”（《国富论》）；其后瓦尔拉斯在对国民经济进行一般均衡分析中认为保险是转移和消除国民经济活动中不确定的手段；我国《辞海》中对保险的定义是：将保险费集中起来建立保险基金，用于补偿因自然灾害或意外事故所造成的经济损失；我国《保险法》对保险界定为：投保人支付合约规定的一定数额保险费，而保险机构将赔付合约规定的事故造成的经济损失。综合来看，人们对保险是一种风险管理手段的基本含义并无异议。

学者对保险功能的观点总体上可以分为单一功能论和多元功能论。单一功能论认为，保险本质是集合同类危险一定数额资金并建立基金，对某种特定危险造成的财产损失提供经济保障的危险转移机制，保险在英文中的原意为通过规律性地缴纳一定的保费以获得遭受损失时的赔付（safe-guard against loss in return for regular payment），即保险最自然和最基本的功能是对经济损失的补偿（卓志，2004），包括分散风险、补偿损失、积蓄保险基金和监督危险（林宝清，2004）。多元功能论认为，在现代社会中，保险具有社会保障、资金融通和社会管理功能（张洪涛，2014）：保险的社会保障功能主要指保险的风险管控职能，体现在经济损失补偿、风险分散并保障社会稳定等方面；资金融通功能指保费的积累与运用；社会管理功能指保险业扩展到社会的诸多层面，人们能够运用保险的方式解决社会问题。我们认为保险在不同发展阶段具有不同功能，在保险发展初期，其基本功能是通过经济损失的补偿与赔付进行风险管理，它是保险的“价值本源”，其资金融通、社会保障等功能都是基本功能的派生和发展，是保险发展到一定历史阶段的产物，保险只有在较好地实现了风险管控功能之后，才可能具备实现其他派生功能的基础条件。

农业保险在我国经历了多个时期和多种形式的探索和试行，但都未能在全国大规模实施，2007 年后才在保费补贴等一系列政府支持政策下得到较快发展。目前，我国农业保险处于发展的初期阶段，我国农业保险财政补贴和重点发展的保险品种主要是成本保险，主要是为了自然灾害发生时补偿农业经济损失。因此，风险管控是现阶段我国农业保险的基本功能。

首先，政府、保险机构和农户参与农业保险的目的、行为和结果都与风险管控相关，即现阶段农业保险三个参与主体主要功效目标的实现都以风险管控为关键环节。从三个主体参与目的来看，政府为了实现粮食安全、保障社会的稳定和发展对农业保险保费进行补贴，推进农业保险发展；农户为了降低风险、减少生产损失，通过缴纳一定数额保费参与农业保险；

保险机构参与农业保险的目的是通过提供风险管控保险服务获取利润。从三个主体的行为来看，政府参与农业保险后，会努力提高财政资金使用效率，最大程度提高杠杆率，以最低财政预算达到对农业生产最高的风险管控水平；农户投保后可以增强保险意识，进行科学决策并提高生产管理方式，进而提高农业风险管控水平；保险机构采用宣传方式，推出新的保险产品，以降低赔付金额，提高经营利润；从三个主体的参与结果来看，三个主体为努力实现参与农业保险的目标，都将通过不同方式提高风险管控水平。

其次，风险管控是农业保险产生社会影响和效果的必要路径，粮食产量的增加、政府转移支付的实现、农户种植要素投入的改变、农户收入水平和效用的提高以及农村信贷市场的发展等与农业保险相关的效果都是以种植业风险管控水平的提高为基础的（见图2-2）。

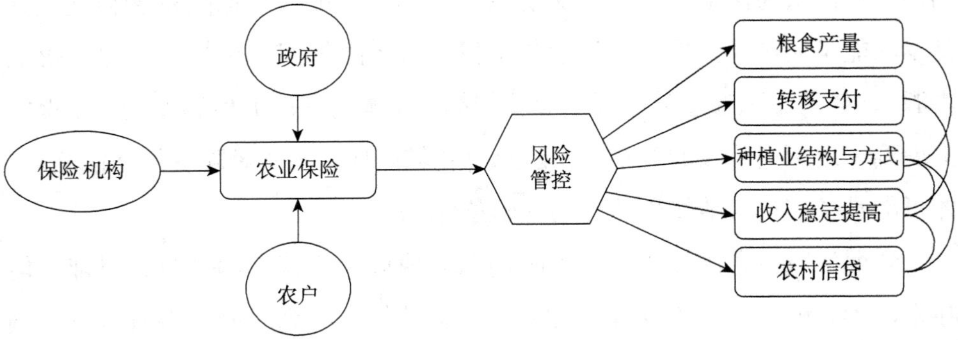

图2-2 风险管控与农业保险其他效果的关系

1. 风险管控与种植业生产和粮食产量的关系。理论意义上，在“存在风险”的环境下，“购买保险”后的生产行为会发生改变，均衡状态的人均资本投入量高于未购买保险时的情景（廖朴，2015），即面对种植风险，农户最优种植业资本投入高于未购买保险时的情景，因此购买农业保险后，粮食产量应该增加。但是种植业产出提高的前提是农业保险真正起到了风险管控的作用并达到了一定的程度，否则农户就仅仅是支付了保费，资本投入并未得到有效增加，其原因是，资本投入的增加在实际中并不是一个连续的变量，例如采用某种新的机械必须投入 1 万元，而农业保险的风险管控水平仅达到使农户多投入 0.5 万元的程度，则投资不可能有实际的增加，种植业的产出水平和粮食产量也就不会有实际意义的增加，即只有农业保险的风险管控水平提高到一定程度后才有可能引起粮食产量的增加，这可能是我国农业保险与粮食产量直接关系不显著（张跃华，2007）的重要原因。

2. 风险管控与政府的转移支付。由于农业保险保费的较大比例来自政府，当保险机构进行损失赔偿时，保费补贴会以赔偿的方式转移支付给农户，因此转移支付是农业保险的重要社会效果之一。但农业保险转移支付的实际效果由保费补贴撬动的风险管控水平决定：较高的风险管控水平意味着农户从灾害损失中获得更多的赔偿，也即更多的财政补贴转变为对农户的转移支付，若保费补贴能够撬动的风险管控水平较低，农户因灾害发生而获得保险机构的赔付较少，则政府保费补贴转移支付的效果会受到影响。

3. 风险管控与种植结构和方式。种植业中新的种植结构和生产方式往往意味着更高的损失风险，例如新型农业主体为了便于机械化操作提高效率、利用规模化种植降低成本和形成有影响力的市场供给方，往往种植单一的作物品种并加大高科技生产要素的投入，容易引发系统性风险和巨灾风险，这种损失风险阻碍着种植结构和方式的进一步改革，只有农业保险的风险管控达到相应的水平后，种植结构和方式才可能会出现明显的改变。

4. 风险管控与农户收入水平的稳定提高。农业保险对农户收入水平均值的影响源自农户种植结构和方式的改变以及转移支付，农业保险对农户收入水平标准差的影响源自损失补偿，因此种植业的风险管控是农户收入水平稳定的前提和基础。当风险管控水平较低时，农业保险尚未影响农户的生产，转移支付效果也并不明显，农户收入水平将不会显著提高，农业保险的风险管控水平达到一定程度后，农业保险才会具有较为明显地促进农户收入水平的作用。

5. 风险管控与农村信贷市场。农户之所以难以获得信贷支持，最重要的原因是缺少风险保障的可抵押物（牛浩，2014），农业保险对农户种植业生产的风险管控作用，能够增强农户还款能力（叶明华等，2014），降低农村金融机构的信贷风险，提高农业信贷供给者的积极性（顾银宽，2013），繁荣的农村信贷市场使农户更容易获得农业贷款，促进农户改变生产方式和结构，有利于农户收入水平的提高，增加其参与农业保险的意愿和能力。

（二）不同参与主体的风险管控

风险意味着成本，较高的风险意味着较高的成本（Harrington，2005），研究风险的目的，是在风险可测的基础上，利益主体基于自身的风险管理目标，在风险识别、测量和分析的基础上，能够通过科学有效的风险管理工具对风险进行管理和控制，利用风险分散和转移等手段平衡风险和收益之间的关系，最终获得利益（效用、利润等）的最大化。若风险不能管理和控制，那么对风险研究就失去了经济价值和政策意义。农户和政府通过农业保险稳定收入和支出，将风险转移给保险机构，而保险机构利用大数法则以及再保险等方式将风险逐步分散，并获取相应的利润，因此对农业风险管理而言，就是研究各参与主体如何实现和达到风险管理成本、风险以及未来收益的平衡。

从上面对农业保险功能的分析可以看出，风险管控在我国农业保险中具有基础地位和关键作用，我们通过剖析三个参与主体（政府、农户和保险机构）在农业保险中风险管控的目的、行为和结果，以及风险管控过程中三个参与主体的相互作用和影响，对农业保险的作用机理进行研究。

1. 对政府而言，对种植业进行风险管控是稳定“三农”，实施乡村振兴战略的稳定器。我国是自然灾害多发的国家，而小面积分散化的耕作方式限制了农户在农业生产中采用较为先进的农业生产技术，农业基础设施较为薄弱，频繁发生的自然灾害给农业生产造成巨大影响，减少了农民收入，降低了农产品供给量，破坏了农业生产的物质条件，直接危害到粮食安全和社会稳定，需要对农业生产风险进行有效的管理和控制，降低各类风险对农业的影响。中央政府和地方各级政府通过财政补贴和各类优惠政策推动农业保险的发展，利用保险业的先进理念和手段对种植业生产进行风险管控，达到事前预防、事中控制和事后补偿的效果。保费补贴政策使政府的财政支出更加平稳，不再因为灾害而产生较大波动，同时使政府职能部门从繁重的灾害救济工作中得以解脱，有利于政府职能的转变。

农业保险的风险管控为贫困地区的脱贫工作起到重要的保障作用，具有农户收入损失风险化解的减效应（郑军等，2018）。贫困地区通常是生产条件落后、自然灾害频发的地区，农户收入水平较低，受灾难以及时有效地恢复生产，传统的灾害救济或政府扶持属于事后风险补偿，农户对于能不能获得救济和能获得多少救济资金并不确定，不能降低农户脆弱的风险恐惧感，因此大部分贫困农户不敢积极投资于新的农业生产技术和农业生产项目，不利于贫困地区的脱贫，制约着社会主义新农村建设的均衡发展。通过农业保险的灾害补偿作用，保证农户在灾害发生后仍然能够恢复生产，在事前增强农户采用新技术、投资新项目的信心，并且有了农业保险的保障作用，农户更容易获得农业信贷的支持，保证扶贫资金的安全和滚动使用，促进和带动农业生产的增效和增收。

2. 对农户而言，当面对风险时农户会自发地采取减少风险的手段，例如利用种植多样化、减少种植面积增加其他劳动收入等方法“平滑”家庭收入，不同的风险分散手段需要投入不同的成本，当成本投入过大而从中获得收入或效用较小时，农户将不会选择方法分散和管理风险。

近年来，随着农业供给侧结构性改革的深入，我国不断涌现各类新型农业经营主体，农户在不断创新农业生产方式、扩大种植规模、提高收入水平的同时，也承担了越来越大的农业风险，传统的“自给自足”“邻里拆借”或者等待“政府救济”的风险管理和控制方式不能起到应有的作用，客观上需要新的风险管理方式和控制机制，以确保生产和生活的安全和稳定。在政府补贴的情况下，农户只缴纳少量的保费就能参加种植保险，并通过农业保险能将农户的“自担风险”转嫁给农业保险机构，由保险机构利用专业的技术和手段集中管理和分散风险，因此农业保险已经成为农户有效规避和管控农业风险的重要方式。

3. 对保险机构而言，在农业保险运作过程中，政府和农户通过缴纳一定额度的保费将种植业风险转移给农业保险机构，农业保险机构利用大数定律在时间和空间上对损失进行平滑，尽力降低农业保险的经营成本，对运营中的风险进行管理和控制，实现风险和利润的均衡优化。然而由于农业保险标的物的特殊性造成农业保险机构具有较其他保险机构更高的风险（见图 2－3）。

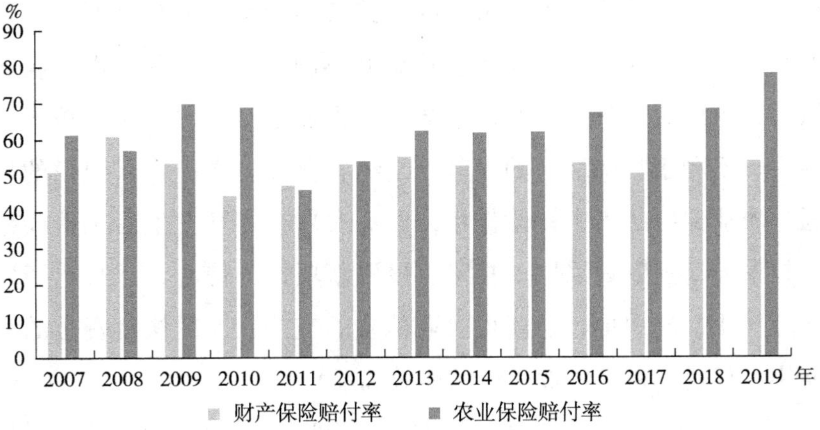

图 2－3　2007—2019 年中国财产保险与农业保险赔付率的对比

从图 2－3 可以看出，农业保险的赔付率远高于保险行业总体情况。2007—2019 年，我国保险业总体赔付率的最大值和均值分别为 60.30% 和 52.98%，农业保险分别为 100% 和 70.60%，农业保险赔付率的波动（标准差为 0.11）也大于我国保险业的总体水平（标准差为 0.03），即使在 2007 年开始实施农业保险保费补贴政策后，我国农业保险赔付率的均值也高达 64.28%。高赔付率意味着农业保险经营机构面临着相对于其他保险更高的经营风险，即政策性农业保险在解决了支持政策和保费补贴的问题之后，能否提高保险机构的风险管控水平就成为我国农业保险能否持续发展的关键问题，也是现阶段突破农业保险经营瓶颈的重要手段。

农业保险运作过程中的风险影响到农业保险发展的可持续性，降低了对种植业生产的保障作用，因此应该对风险的特殊性进行风险管控。即根据不同参与主体的风险管控目标，对其现有风险进行测度，在剖析影响因素的基础上，运用一系列风险管理工具和手段对各参与主体的风险进行风险重组和优化，寻找各种风险的平衡点，降低农业保险的整体风险。

在农业保险中，政府、农户和保险机构是三个参与主体，既有利益的一致性，又由于各自有着不同的目标和行为方式，在风险管控的行为和结果上存在一定的冲突和矛盾。

4. 政府和保险机构：政府鼓励与推广农业保险不仅在于提高经济效益，而且更重要的是实现全社会福利最大化（罗向明，2012）。此外，农业保险可以平滑种植业生产收入，补偿农户损失，推动经济发展和保障社会稳定。因此，政府在支付一定额度的财政成本后（保费补贴引起的财政支出增加和相关优惠政策造成的财政收入减少都可以视为财政成本），会希望保险机构提供更多的、农户愿意参加并能够负担得起的保险产品，以最大程度将灾害救济的风险转移给农业保险机构。但同时，保险机构只是普通市场经营主体，其最终目标必然是追求利润最大化，针对农业保险高投入、高损失特点，农业保险机构为稳定经营、降低风险并最终实现利润最大化，必然收取较高的保费，而由于我国农户的收入水平较低以及农业保险公共物品的性质，农户不愿或不能支付更高的保险费用，当政府和农户缴纳的费用较低时，保险机构选择将保险资源投放在运营风险最低、利润最大的农业保险品种上，同时将会尽量降低提供的风险保障水平，不能完全实现政府的政策目标。

5. 保险机构和农户：农户缴纳保费投保以后，风险转移给农业保险机构，保险机构根据种植业风险厘定费率，费率确定后在一定的时限内不会发生变化。保险机构将种植业损失控制在预计范围内，以维持经营稳定。但是，种植业的高风险特征，再加上保险市场信息不对称，保险机构很难对农户进行有效监管，使得投保农户为追求自身利益而减少风险管理，甚至以欺诈手段夸大损失以获得更多赔付（罗向明，2012），因此农业保险机构除了预防通常的经营风险，还要花费大量的成本管控农户道德风险。信息不对称使得保险机构和农户在风险管控上存在一定利益冲突。

6. 农户和政府：政府的支持使得农户更有意愿和能力利用农业保险分散风险，农户进行保险投保也有利于政府的风险管理政策目标的实现，因此政府与农户追求的目标是一致的。但是，政府财政收入的有限性，种植业保费补贴的增加意味着其他政策目标投入的减少。所以，应该优先对种植业的哪种风险（成本、价格、收入等风险）进行管控，即保险品种与补贴金额是政府关注的重点。对于农户，他们希望得到政府更多的保费补贴，没有补贴或者补贴比例过低可能会挫伤农户购买保险积极性，在政府救济的风险补偿方式仍然存在的情况下，他们将不愿选择农业保险进行风险管控，以致灾害发生后政府不得不进行灾害补偿，导致财政支出超过预算。

因此，“风险管控”是农业保险的主要功能和关键环节。风险意味着成本，较高的风险意味着较高的成本（Harrington，2005），农业保险的目的，是在风险可测的基础上，利益主体基于自身的风险管理目标，在风险识别、测量和分析的基础上，通过科学有效的风险管理工具对风险进行管理和控制，利用风险分散和转移等手段平衡风险和收益之间的关系，最终获得利益（效用、利润等）的最大化。风险管控下的长期可持续发展应该是我国农业保险的核心目标（叶明华，2016），是现阶段我国农业保险的直接目的，其他效果，如农户收入的增加、转移支付、信贷作用、扶贫功能等都处于派生性或引致性的地位，农业保险的运作过程只有有效地实现了风险管控，其他所有的目的和功效才能实现。

综上所述，农业保险运行框架及作用机理如图 2－4 所示。从中可以看出农业保险有三个参与主体，每个参与主体按照各自目的或政策目标参与农业保险。政府为保障国家粮食安全，促进农业生产，稳定农业经济和提高农村保障水平，积极引导和促进农业保险的发展，通过财政补贴和税收优惠，降低农户缴费比例，提高农户的参保意愿，控制了种植业生产和发展中的风险；农民为稳定收入，在政府保费补贴的激励下参与农业保险，农业保险增加了农民风险意识，改变了农业的微观生产行为，并在灾害发生后对农户损失进行补偿，控制了农户收入波动风险；保险机构为降低赔付风险，追求利润，在农业保险运营过程中加强宣传，提高农民的风险防范意识，而且根据实际需要，不断提高保险精算水平，推出新的农业保险产品，这些手段最终也能够降低农业保险经营中的风险，提高我国农业保险运营过程中的风险控制水平。

所以我们选择风险管控的视角对我国农业保险进行绩效评价，研究如何改进农业保险政策才能提高风险管控水平，才能更多和更好地实现其资金融通和社会管理的功能。

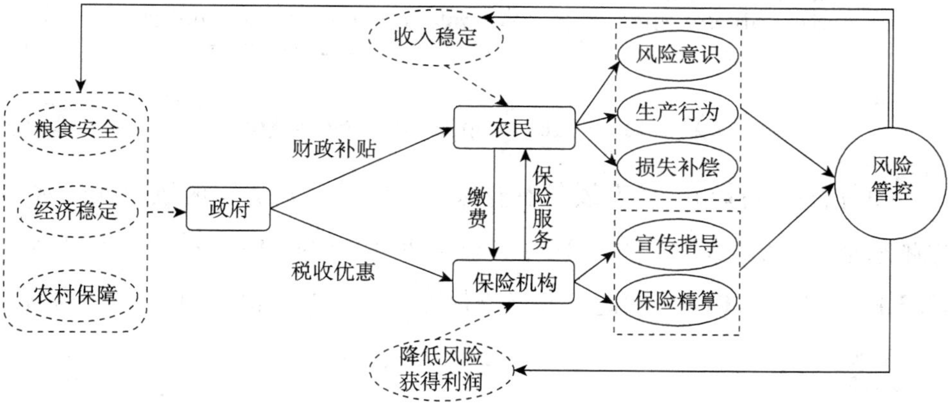

图 2－4　农业保险运行框架及作用机理

第三节　我国农业保险的发展特征

一、农业保险的现状

（一）总体情况

自 2007 年我国实施保费补贴政策以来，我国农业保险实现了快速发展，按 2021 年统计数据，我国农业保险的保费规模已经超越了美国，成为全球最大农业保险市场。2007—2020 年我国农业保险保费收入、赔付支出和简单赔付率情况如图 2－5 所示。

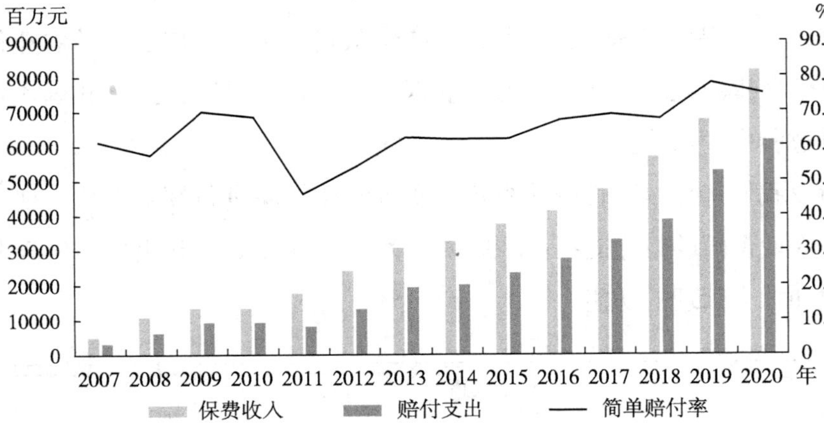

图 2－5　2007—2020 年中国农业保险的发展情况

随着农业保险市场的发展，农业保险为农业经营提供的风险保障水平也越来越高，从 2007 年的 2.31% 增长到 2019 年的 30.63%，13 年提高了 12.3 倍。2007—2019 年我国农业保险保障水平及变化情况如图 2－6 所示，

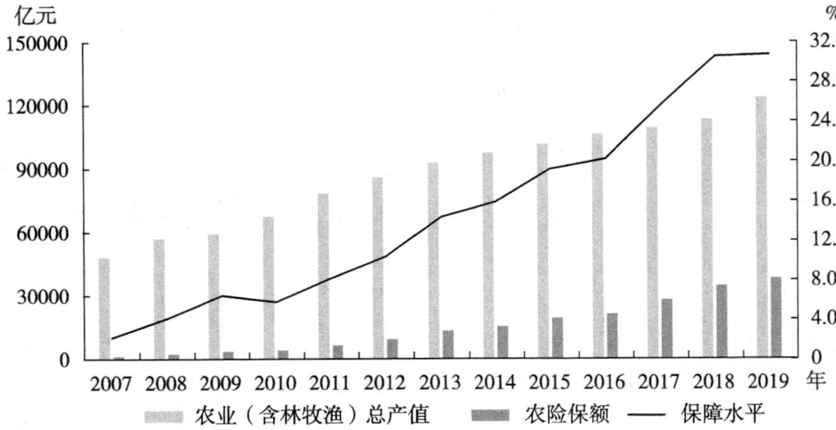

注：保障水平 ＝ 农险保额 / 农业（含林牧渔）总产值。

图 2－6　2007—2019 年农业保险保障水平情况

其中保障水平定义为农业保险总保额与农业总产值之比。

（二）政策的变化情况

2002 年修订的《中华人民共和国农业法》明确规定我国要“逐步建立和完善政策性农业保险制度，鼓励商业性保险公司开展农业保险服务”，农业保险制度的建立在我国实现了有法可依，从那时起，经过不断的探索、试点和完善，我国农业保险市场逐步发展，形成了中央政府主导和地方政府配套的全方位、多层次的农业保险政策体系，中央各部门将农业保险作为重要的农业支持和保护政策已经基本形成共识，地方政府也相应下发促进农业保险发展的专门政策，在涉及农业的相关文件中，农业保险的作用越来越受到重视。

2004—2021 年，我国连续出台了 18 个中央一号文件，均含有农业保险相关内容（即使 2011 年以水利改革发展为主题的中央一号文件也专门提到要鼓励和支持发展洪水保险），同时，为适应各个时段的实际情况，我国政府还适时提出、制定和通过相应的规定、政策和法律法规，以指导和规范我国农业保险的发展。农业保险发展过程中国家政策的出台和变迁的主要情况如图 2－7 所示。

从图 2－7 中可以看出，尽管我国从 20 世纪 30 年代开始进行农业保险的实验，但是中间历经多次的试办（20 世纪 30 年代）、停办（战争期间）、再次试办（新中国成立初期）、再次停办（“文化大革命”期间），以及改革开放初期的恢复和因为保险公司市场化改革后农业保险的萎缩，农业保险在我国的推行历尽艰难，究其原因主要是我国缺少发展农业保险的政策和法律依据。2002 年 12 月 28 日修订后的《中华人民共和国农业法》经第十一届全国人民代表大会常务委员会审议通过，其中第四十六条规定“国家逐步建立和完善政策性农业保险制度”，这是第一次将农业保险写进国家法律条文，是我国农业保险发展史上的里程碑。

2002 年后有关部门根据农业发展的需求逐步制定出相应的支持政策和措施：从保费补贴试点开始（2004 年），推动成立了上海安信、吉林安华

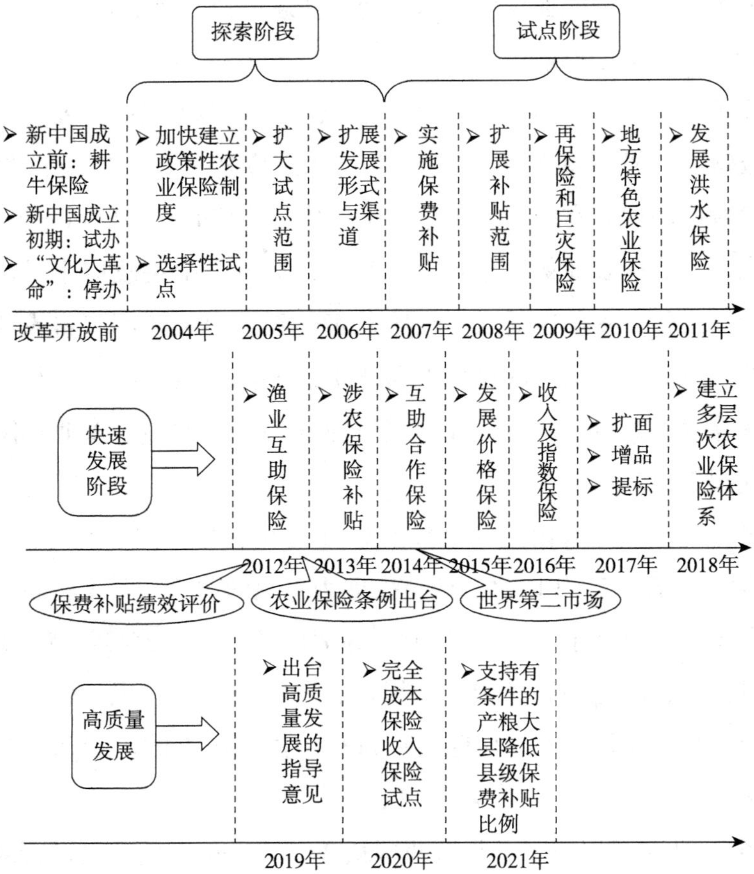

图 2－7　我国农业保险相关政策的发展情况

等专业农业保险公司（2004 年）以及首家相互制的阳光农险公司（2005 年），稳步推进了政策性农业保险的发展，大范围拓展了农业保险业务，“探索建立适合我国国情的农业保险发展模式”（“国十条”，2006 年），为我国农业保险的发展做出了全面的政策规定，指明了农业保险的发展方向。进而，通过扩大保费补贴的区域和险种范围，提高补贴比例，建立“再保险和巨灾保险分散机制”（2013 年将财政补贴、税收优惠以及农业大灾风险分散机制明确写入《农业保险条例》），使我国农业保险得以快速发展，并在 2014 年形成了亚洲第一、世界第二的农业保险市场。

2017 年以后，在国家提出的“提标、扩面、增品”和“加快建立多层次农业保险体系”的政策导向下，各地政府和保险机构不断探索保险模式和创新保险品种，加快农业保险供给侧结构性改革。2019 年 5 月习近平总书记主持的中央深化改革委员会审议通过的《关于加快农业保险高质量发展的指导意见》提出要“立足深化农业供给侧结构性改革”，“进一步完善农业保险政策，提高农业保险服务能力，优化农业保险运行机制，推动农业保险高质量发展”，这一文件的出台意味着我国农业保险正式进入高质量发展的阶段，亟须探讨在高质量发展目标下，如何优化和健全我国农业保险政策体系，使农业保险能够更好地满足为“三农”领域提供风险保障和服务需求。

当然，国家支持农业保险发展政策应该首推保费补贴政策。以种植业为例，我国农业保险保费补贴的范围包含了主要粮食作物、油料作物和经济作物，补贴地域也逐步实现了全覆盖，补贴比例不断提高，并且逐步实行地域差异补贴政策，即按照不同地理位置进行不同补贴比例。2016 年国家出台了《关于加强对产粮大县三大粮食作物农业保险支持力度的通知》，提高了对三大粮食作物的补贴力度，因而稻谷、小麦、玉米三大粮食保险的覆盖面和风险保障水平得到提高。

在扩大补贴范围、提高补贴比例的同时，国家加强了保费补贴资金管理，并对其使用效率进行评价，积极探索提高财政资金使用效率的途径。2011 年，财政部明确提出要“开展农业保险保费补贴绩效评价试点工作”（财金〔2011〕73 号），并将内蒙古自治区和四川省作为首批保费补贴绩效评价试点省份。此后，又在 2012 年（财金〔2012〕2 号）和 2013 年（财金〔2013〕7 号）的文件中，将试点省份逐步扩展为山西、内蒙古、黑龙江、江苏、浙江、安徽、湖北、湖南、海南、四川 10 个省份。除财政补贴外，还采取了税收优惠的财政支持政策，主要包括免征营业税和印花税。另外，农业保险机构的大灾准备金，其金额低于本年保费收入 1/4 的部分将免除企业所得税，剩余部分企业所得税再减免 10%。

（三）农业保险的市场发展

近年来随着国家降低农业保险经营的准入门槛，越来越多的财产保险机构和新兴主体加入农业保险经营的行列，农业保险市场集中度不断降低，2019 年全国已经有 30 余家保险机构参与经营农业保险（见表 2－2）。

表 2－2　2019 年农业保险市场各保险机构的市场份额情况

保险机构	市场份额	累计	保险机构	市场份额	累计	保险机构	市场份额	累计
人保	45.16%	45.16%	大地	0.89%	96.85%	安邦	0.11%	99.72%
中华	13.80%	58.96%	北部湾	0.84%	97.69%	大家	0.08%	99.80%
太保	8.78%	67.74%	锦泰	0.42%	98.11%	大地营业部	0.07%	99.88%
国寿财险	7.43%	75.17%	永安	0.22%	98.33%	浙商	0.05%	99.92%
阳光农险	4.14%	79.31%	中煤	0.22%	98.55%	国任	0.04%	99.96%
安华	3.93%	83.24%	泰山	0.18%	98.73%	天安	0.02%	99.98%
国元	3.79%	87.03%	阳光产险	0.18%	98.91%	黄河	0.01%	99.99%
平安	2.45%	89.48%	安诚	0.16%	99.06%	华安	0.00%	100.00%
中原	2.21%	91.69%	华农	0.15%	99.21%	都邦	0.00%	100.00%
中航安盟	1.96%	93.65%	太平	0.15%	99.36%	恒邦	0.00%	100.00%
安信	1.27%	94.92%	诚泰	0.12%	99.49%	英大	0.00%	100.00%
紫金	1.03%	95.95%	燕赵	0.12%	99.61%			

数据来源：根据 2020 年《中国保险年鉴》整理得到。

从各省来看，我国农业保险市场集中度呈现明显的区域差异，部分省份农业保险市场竞争程度已经较大，例如河南、山东等省份经营主体的数量已经超过 8 家，HHI 指数都已经降低为 20% 左右，但是部分省份参与农业保险经营的保险机构仍然较少，例如西藏、青海等省份仍然只有一家保险公司在经营农业保险。2019 年主要农业保险机构的份额如表 2－3 所示。虽然农业保险市场在逐渐扩大，但是市场竞争的加剧给保险机构赔付风险带来负向影响。农业保险标的物受到自然灾害影响，不同区域容易同时发生损失，因此农业保险不同于一般财产保险，容易诱发系统性风险和巨灾赔付风险（张峭，2015），研究显示我国农业保险整体赔付水平和波动幅度都远高于财产保险（叶明华，2015）。

表 2－3　　2019 年主要农业保险机构在各省的承保比例情况　　单位：%

省份	人保财险	中华联合	太保产险	国寿财险	阳光农险	安华农险	国元农险	平安产险	中原农险	中航安盟	小计
北京	60.99	7.35	15.61	5.88	0.00	4.40	0.00	2.42	0.00	0.04	96.69
天津	48.77	11.94	25.19	14.10	0.00	0.00	0.00	0.00	0.00	0.00	100.00
河北	51.74	18.76	17.77	9.10	0.00	0.34	0.00	0.02	0.00	0.00	97.73
山西	48.73	0.00	8.83	29.56	0.00	0.00	0.00	0.00	0.00	0.00	87.11
内蒙古	36.98	19.17	7.73	3.02	0.00	22.95	0.00	0.57	0.02	0.02	90.46
辽宁	50.70	22.13	2.61	0.31	0.00	12.35	0.00	0.03	0.00	9.92	98.05
吉林	32.78	0.39	0.78	0.28	0.00	46.58	0.00	0.00	0.00	19.16	99.98
黑龙江	23.79	0.11	0.11	7.65	60.19	0.49	0.00	4.48	0.00	0.00	96.82
上海	2.35	0.00	0.00	0.16	0.00	0.00	0.00	0.00	0.00	0.00	2.50
江苏	65.51	6.79	6.17	2.85	0.00	0.00	0.00	0.00	0.00	0.00	81.31
浙江	62.82	2.85	12.85	3.11	0.00	0.00	0.00	1.89	0.00	0.00	83.52
安徽	18.40	0.01	0.13	3.73	0.00	0.00	77.69	0.00	0.00	0.00	99.98
福建	93.71	1.11	0.07	4.86	0.00	0.00	0.00	0.00	0.00	0.00	99.76
江西	72.89	0.04	8.31	15.51	0.00	0.00	0.00	0.00	0.00	0.00	96.76
山东	41.47	22.06	9.91	11.83	0.00	6.21	0.00	4.22	0.00	0.00	95.70
河南	18.43	13.65	12.44	11.64	0.00	0.00	7.08	3.74	30.82	0.00	97.80
湖北	68.38	10.31	9.64	3.63	0.00	0.00	2.40	4.07	0.00	0.00	98.43
湖南	38.53	27.75	15.14	13.35	0.00	0.00	0.00	5.17	0.00	0.00	99.94
广东	60.86	14.89	7.32	5.15	9.93	0.09	0.00	0.25	0.00	0.00	98.49
广西	38.86	0.16	25.27	5.70	0.00	0.00	0.00	0.39	0.00	0.00	70.39
海南	59.73	0.00	32.99	0.27	0.00	0.00	0.00	4.82	0.00	0.00	97.81
重庆	68.94	6.29	1.67	5.41	0.00	0.00	0.00	0.22	0.00	0.00	82.52
四川	47.03	15.70	4.34	3.01	0.00	1.24	0.00	4.59	0.00	16.13	92.04
贵州	51.87	0.00	11.82	15.86	0.00	0.00	5.42	14.71	0.00	0.00	99.68
云南	44.78	0.02	16.07	23.70	0.00	0.00	0.00	9.30	0.00	0.00	93.88
西藏	86.88	0.00	5.71	1.62	0.00	0.00	0.00	5.79	0.00	0.00	100.00
陕西	46.07	16.42	3.74	8.43	0.00	0.00	0.00	4.92	0.00	11.99	91.57
甘肃	58.88	21.69	3.51	9.62	0.00	0.00	0.00	1.08	0.00	0.00	94.78
青海	81.55	0.00	3.40	5.60	0.00	0.00	0.00	0.00	0.00	0.00	90.55
宁夏	80.02	0.00	7.18	0.02	0.00	0.00	0.00	4.12	0.00	0.00	91.34
新疆	44.31	40.95	7.92	5.66	0.00	0.00	0.00	1.18	0.00	0.00	100.02
均值	45.16	13.80	8.78	7.43	4.14	3.93	3.79	2.45	2.21	1.96	93.65

数据来源：根据 2020 年《中国保险年鉴》整理得到。

综合分析我国农业保险发展趋势，根据国家相关政策的要求，在“十三五”时期我国农业保险将会更加突出“为农业现代化服务”的核心思想，通过进一步调整保费补贴政策，降低产粮大县的补贴比例，进而刺激保险需求；通过进一步深化改革农业保险市场准入制度，提升保险机构业务专业化和服务精细化水平，进而推动“需求化导向”保险产品的创新；通过加大农业保险基层服务的投入，提高农业保险服务的可得性和便捷性，使农业保险由“政府推动”逐渐过渡为“农户自愿”。

为实现农业保险的上述改革，全面落实“十三五”关于“深化农村金融改革，完善农业保险制度”的规划要求，需要认真剖析农业保险存在的问题，在绩效评价的基础上，设计农业保险政策改进方案。

二、农业保险存在的问题

从我国农业保险发展的整体情况来看，尽管在国家不断出台新的支持政策和加大财政补贴力度的推动下，农业保险的市场及其提供的风险保障水平都有了较大程度的发展和提高，但是相对于我国种植业发展水平以及农户的需要而言，其经营效率和服务水平还需要进一步提高，现有的农业保险还不能满足我国农业供给侧结构性改革的需要。

（一）“低保障”使农业保险的风险保障能力低，灾害补偿作用有限

尽管从总保费收入水平看，我国已经是全球第二、亚洲第一的农业保险大国，但与发达国家相比，我国农业保险的风险保障能力仍处于较低水平。根据《中国农业保险保障水平研究报告》（中国农业保险保障水平研究课题组等，2017）统计数据，从农业保险保障总额占种植业总产值比例看，中美主要农作物保障水平存在较大差距，2015 年我国水稻、小麦和玉米三种主要粮食作物保障水平分别为 18.62%、21.11% 和 23.52%，是美国相应农作物保障水平的 1/4 ~ 1/3，即使与我国种植业生产成本相比，保障水平也仅覆盖物化成本的 3/4 左右，随着人工成本和土地成本的上升，保险对农户的灾害补偿作用非常有限，从长期来看势必会降低农业保险的

政策效果。

（二）财政补贴方式有待优化，资金使用效率急需提高

保费补贴是农业保险迅速发展的必要条件，从我国农业保险发展数据来看，财政补贴对农户参保的作用非常明显，但长期以来，我国财政体制存在“重分配、轻管理”的现象，而保费补贴作为一项惠农政策，其最优的补贴规模、补贴方式、补贴对象以及最终的补贴绩效等，尚未形成完整的考核体系，财政补贴资金的经济绩效仍有待观察。

从补贴作物类别看，虽然我国农业保险保费补贴的农作物包括粮食、油料以及经济种类的11种农作物，但与发达国家相比仍有较大差距，据统计，美国、加拿大和日本进行保费补贴的农作物种类分别达到了150多种、100多种和30多种，因此我国当前财政补贴的保险作物类别还太少。一些地方特色的种植业，若没有保费补贴政策支持，将很难实行农业保险，甚至影响地方品牌农业的形成以及地区扶贫政策的发挥。从财政补贴资金的运用效果看，尽管财政补贴资金对农业保险的保障水平具有一定的杠杆作用，但2007年以来农业保险的总体赔付额度一直低于财政补贴资金额度的现象一直让人质疑，若这些资金直接用于灾害救济，则农户能够得到比现有情景更多的灾害补偿。因此财政对农业保险保费补贴、对农作物品种的选择、对不同区域补贴比例的确定、对补贴资金的使用方式等都需要进行优化，以提高财政资金的使用效率。

（三）尚未形成合理的市场竞争秩序和科学的业务管理规范

不同的农作物风险特征差异较大，并且种植面积分布广泛，农户种植规模小，居住地区比较分散，这给保险机构的风险分区、费率精算、集中展业、勘察定损和理赔等工作都造成较大影响，增加了保险机构的经营成本，因此农业保险的开展必须考虑规模效应，一方面降低承保的平均成本，另一方面能够充分利用大数定律，分散“地域邻接”造成的系统风险。然而，近年来我国种植业未发生特别巨大的自然灾害，保险机构的赔付水平较低，很多保险机构看到有利可图纷纷进入农业保险市场，容易形成盲目

和无序的市场竞争，一味扩大承保区域范围和保险规模，忽视在不同地域和不同险种之间进行有效的风险管控和分散，一旦发生巨灾风险，保险机构将面临破产。另外，保险机构在扩大规模时，一定程度上忽视了保险业务的管理质量，降低了保险服务水平，致使农户对投保、勘察定损和理赔都存在一定程度的不满意，降低了农业保险的实际效果。

现阶段，我国开展农业保险的主要目的是对农业生产风险进行管控，为国家粮食安全、农户生产稳定提供风险保障，然而上述问题导致农业保险未能有效地实现对农业生产风险的管理和控制，保险机构自身的经营风险也未能实现有效的管理和控制，影响到我国农业保险的可持续发展。因此，提高农业保险的风险管控水平是目前我国农业保险发展的关键环节，同时也是突破我国农业保险改革瓶颈的迫切需要。

第四节　农业保险绩效评价的框架

一、风险管控与绩效评价的基本思路

从文献综述中可以看出，绩效评价并没有一个可以遵循的一般路径，需要根据评价的对象进行具体分析，绩效评价的方法和步骤也是仁者见仁、智者见智。从上文的分析可知，农业保险的绩效评价是基于农业保险的作用机理，选择能够将各参与主体纳入统一系统的关键环节，根据各参与主体的主要目标，设计能够对测度农业保险的预期目标和实际达成度之间差距的指标和方法，并对差距形成原因进行剖析的过程。因此，我们认为农业保险的绩效评价可以按照如下四个步骤进行：（1）明确农业保险开展的动机和目的；（2）确定绩效评价的主体；（3）针对参与主体选择恰当的指标和方法；（4）对比农业保险预期目标和实际效果。绩效评价的思路如图 2－8 所示。

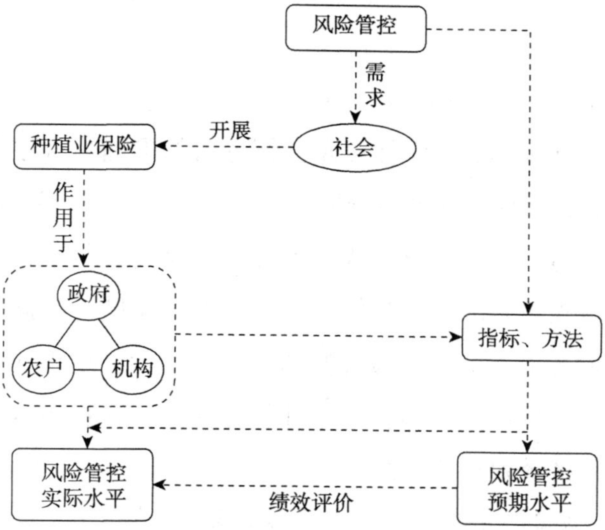

图 2－8　农业保险绩效评价基本思路

（一）明确农业保险开展的动机和目的

任何社会实践都存在一定的动机、目的，这是我们对农业保险进行绩效评价的“准绳”，绩效水平的高低及其改进方向都要以农业保险开展的目的为指导方向。尽管农业保险对各参与主体的影响效果是多种多样的，但是根据上文的分析可知，风险管控在农业保险中具有基础的地位和作用，农业保险的影响和效果实现途径需要通过风险管控，当农业保险的风险管控水平未达到理想水平时，农户无法稳定和提高自己的收入水平，保险机构无法在可接受的风险状态下稳定经营获得收益，政府也无法实现对种植业生产提供足够风险保障的政策目标。因此，我们对农业保险的绩效评价应该基于风险管控的角度进行研究，通过风险控制将农业保险的三个参与主体纳入到同一个系统中，构建出可行的统一的绩效评价理论框架体系。

（二）明确农业保险绩效评价主体

由于风险具有主体性，不同的参与主体具有不同的风险管控目标，因此基于风险管控对农业保险进行绩效评价，需要首先明确农业保险的参与主体。我们研究的农业保险为政策性农业保险，是在政府政策推动和支持下才发展起来的，因此农业保险的参与主体包括政府、农户和保险机构。

（三）不同主体绩效评价指标和方法

绩效评价指标选择的科学性以及计算方法的准确性直接影响着绩效评价的可信程度，因此明确了农业保险的动机和目的以及绩效评价的主体后，如何选择科学的指标和方法就成为绩效评价准确与否的关键步骤，同时也是我们研究的重点内容。尽管我们从风险管控的角度对不同的参与主体进行绩效评价，但各参与主体风险管控的动机、行为、结果和影响因素是不同的，因此绩效评价选择的指标以及计算方法也会存在差异，需要根据不同主体采用不同的绩效评价方法。

（四）对比农业保险预期目标和实际效果

根据评价指标、计算方法和相关数据测算农业保险各参与主体风险管控的预期目标和实际效果，深入剖析造成两者差距的影响因素和影响机理，完成对农业保险的绩效评价。该步骤需要根据参与主体进行具体分析，此处不再进行详细论述。

二、风险管控与不同主体的绩效评价

根据上述基本思路，我们对三个农业保险参与主体采用平行的绩效评价结构，即分别确定三者风险管控的目标值，现在达到的风险管控的实际水平，并分析目标值与实际值差距形成的原因，最后利用综合评价方法将三个主体的绩效水平进行综合评价。基于风险管控的三个参与主体农业保险绩效评价的具体指标和方法，分析如下。

政府维度的农业保险绩效评价。从国家出台的一系列政策、文件可以看出，政府参与农业保险旨在推进农村社会保障制度建设和促进农业稳定发展（施红，2016）。在农业保险保费补贴试点的第二年，原保监会在《关于做好2008年农业保险工作保障农业和粮食生产稳定发展的指导意见》（保监发〔2008〕22号）明确指出我国农业保险的目标是保障粮食安全与农业稳定发展；2012 年出台的《农业保险条例》也明确提出农业保险活动是为了“提高农业生产的抗风险能力”；中共中央《关于落实发展新理念加快农业现代化实现全面小康目标的若干意见》（2016 年中央一号文件）指出要加大农业保险的支持力度，在新形势下构建国家粮食安全战略。

因此，现阶段政府参加农业保险的主要政策目标是通过保费补贴、税收优惠等一系列支持政策推动农业保险发展，利用保险手段有效提高种植业的安全风险管控水平（通过农业保险的保障水平体现），保证我国种植业生产的安全和发展。

农业保险市场能够为种植业提供数倍于政府补贴的风险保障额度，即保费补贴具有杠杆效应，例如 2015 年，政府通过 184 亿元的财政支出撬动了种植业 4525 亿元的风险保障水平，杠杆效应达到 24. 59。杠杆效应越大，相同的保费补贴能够得到的保障水平越高，越能满足种植业生产安全和发展需要，因此从财政支出机会成本的角度考虑，政府期望杠杆效应越大越好。然而在农业保险实际运作过程中，保费补贴的杠杆效应受到多种因素影响，不同地区、不同时间政府财政补贴能够撬动的保障水平并不相同（见图 2 –9）。

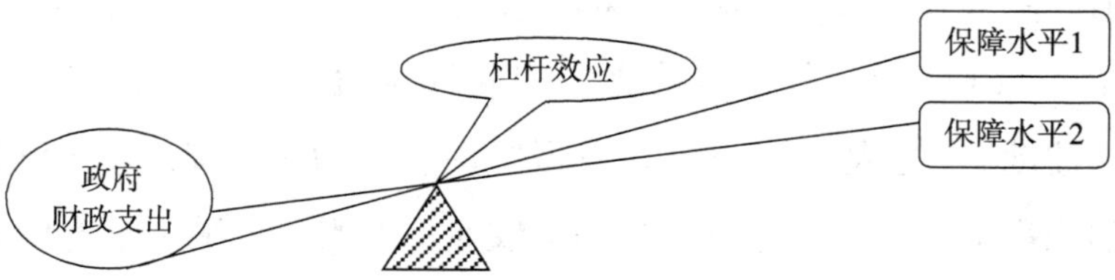

图 2 –9　政府财政支出对种植业保障水平杠杆效应

种植业的风险保障水平必须达到一定程度，才能实现种植业安全和发展的目标，即政府维度的绩效水平由农业保险需求的保障水平和实际保障水平之间的差距所决定。从图 2 –9 可以看出农业保险的保障水平与政府财政补贴的额度成正向关系，与杠杆效应也成正向关系，即政府维度农业保险的绩效水平由政府的补贴额度以及杠杆效应共同决定。

我们主要对2007—2015年我国农业保险进行绩效评价，其间农业保险以成本保险为主，因此可以通过计算我国不同地区种植业成本，测度我国农业保险需要达到的保障水平，并利用农业保险的统计数据测度现在我国农业保险所达到的实际保障水平，通过对比需求的保障水平与实际保障水平达到绩效评价的目的。保费补贴政策是政府介入农业保险付出的主要成本，通过研究保费补贴与种植业保障水平之间的关系，分析财政资金的使用效率和影响因素，进而提出如何在现有财政支出水平下提高农业保险的保障水平，也就是提高政府维度绩效水平的对策。

农户维度的农业保险绩效评价。农户生产过程中面临各种自然灾害，造成产量和收入的降低和波动，影响农户效用，因此农户购买农业保险主要目的是稳定和提高收入水平。随着我国种植业成本不断提高，农户农业生产的利润越来越低，粮食生产的利润甚至出现负数，因此农户进行农业生产的积极性受到严重挫伤。农业保险不但是分散种植风险的重要机制，而且是国家对农户进行补贴的经济手段，农户每缴纳1单位的保费必须获得大于1单位的赔偿，否则农户没有参保的积极性，面临较大的生产风险时将会选择改变种植结构，减少粮食种植面积，甚至放弃种植，因此农业保险不但要降低农户收入的波动性而且要提高实际收入水平。

如图2-10所示（其中均值为农户收入均值，方差为农户收入方差，代表收入波动），当农户未购买农业保险时，其收入可能性集合用曲线A所围成的阴影部分表示。尽管农户购买农业保险需要缴纳一定比例的保费，但是根据张祖荣（2017）以及李士森等（2018）的研究结果可知，农户将会获得超过保费支付的赔偿。因此在财政补贴下，农户购买农业保险后的收入可能性集合扩大，由曲线B表示。U_1为农户购买保险前的效用无差异曲线，该曲线与收入可能集合相切于Q_1点，农户购买保险后，由于农业保险的转移支付作用和风险补偿作用，农户具有更高的收入期望和更低的收入方差，农户的效用无差异曲线由U_2表示，与购买保险后的收入集合相切于Q_2点，Q_2位于Q_1的左上方，意味着农户的效用水平得到提高。

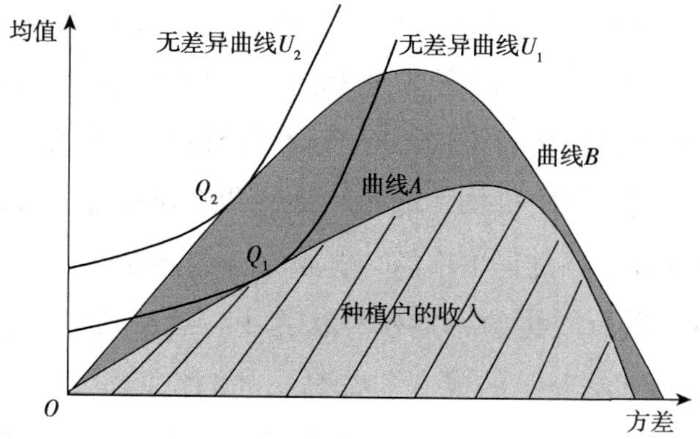

图 2－10　农业保险对农户收入的影响

因此，农户购买农业保险的根本目的是改变自己的收入分布（提高收入均值，降低收入方差），如购买保险后，收入分布未发生明显的改善（效用未得到提高），则农户将会放弃农业保险，农业保险对农户将不会产生任何绩效作用。农户收入分布的改变主要体现在农业保险对农户灾害性损失的补偿作用上，所以可以收入损失风险管控水平（即农业保险对农户灾害损失的补偿作用）作为农户维度绩效评价的功效目标。

农业保险具有收入影响效果的前提是农户愿意并且能够参与农业保险。受到种植业分散化经营、耕地规模较小、农户风险意识不强以及几千年来我国农民生产习惯的影响，农户对于参与农业保险并不积极，2007 年前只有极少数探索性试点地区开展农业保险，2007 年后虽然中央政府大力推动，但受到地区财政和具体政策的影响，各地区农业保险的发展并不均衡，农业保险参与率存在较大差异，即使农户在政策的要求下参与了保险，其享受到的保险服务（政府补贴、保障水平、赔付额度等）也不一样，这种无法获得种植业全部服务的“保险排除”势必影响农户收入水平稳定提高的效果。因此，现阶段我们可以利用“农业保险排除度”的概念研究农户维度绩效水平的影响因素。

保险机构维度的绩效评价。根据各地农业发展的具体情况，我国农业保险呈现出不同的运营模式，但基本原则都是“政府推动、市场运作”，因此无论以何种形式运营的保险机构都应该是独立核算和自负盈亏的，其参与农业保险经营的主要目标应该是风险可控情况下的收益最大化。只有当收益率大于0时，保险机构才能够正常经营农业保险，否则保险机构将逐步缩减农业保险业务并退出市场，农业保险市场萎缩。

我国种植业以分散化的小规模经营为主，这使得农业保险机构开展承保、勘察定损以及理赔的成本非常高，利润空间很低。并且农业保险的标的物容易发生系统性风险和巨灾风险，相对于普通财产保险而言，经营农业保险的保险机构面临更大的经营稳定性风险和破产风险，即使在较短时期内农业保险机构获得较高利润，仍然存在一次巨灾赔付将全部累计收益全部亏损掉，甚至破产的风险，因此农业保险机构的目标是在农业保险业务的风险和收益之间寻找平衡关系，在风险可控的前提下实现收益最大化。

由于标的物的特殊性，农业保险经营风险主要来自赔付风险，并且赔付支出状况直接决定着保险机构收益，较小赔付支出意味着较高收益，因此可以选择赔付风险管控水平作为保险机构维度绩效评价的目标。财产保险在我国已经运营较长时间，发展较为成熟，农业保险是一种特殊的财产保险，因此在政府补贴下，农业保险机构的运营风险应该至少达到其他财产保险的运营状态，即可将“非农财险”风险和收益作为农业保险的目标值。通过研究农业保险赔付率的分布情况可以测度其经营风险和收益的实际值，并进行农业保险的绩效评价。保险机构的赔付风险取决于种植业风险特征，因此通过剖析种植业风险的承保规模、空间相关性等因素影响保险机构经营风险和收益的原因，并设计新的承保方案，提高农业保险中保险机构维度的绩效水平。

综上所述，基于风险管控构建农业保险的绩效评价框架如图 2 - 11 所示。

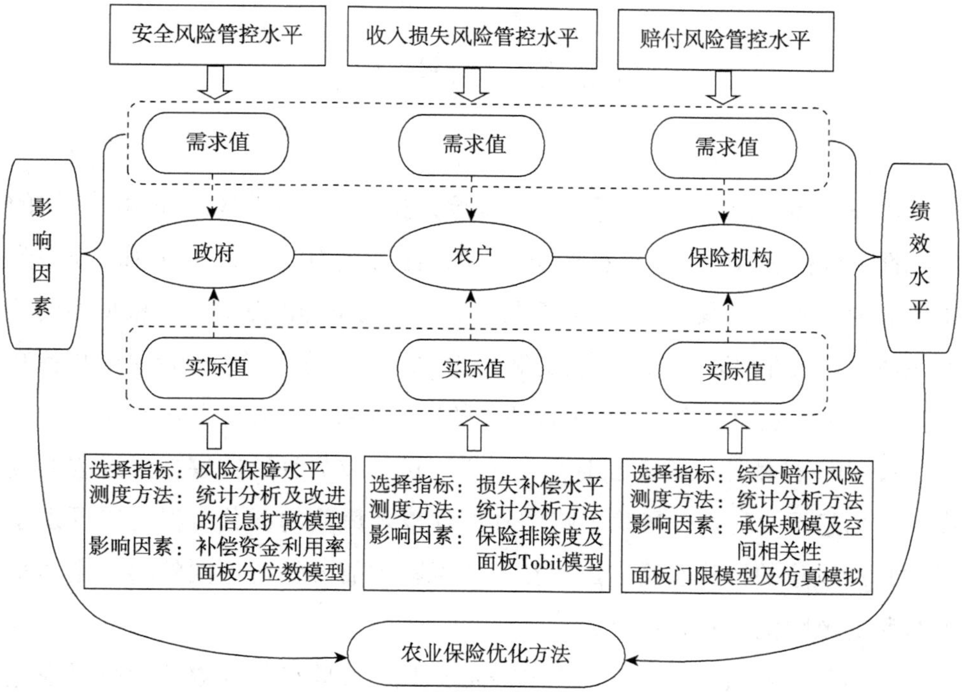

图 2－11　基于风险管控的农业保险绩效评价框架

从图 2－11 中可以看出，对农业保险运营过程三个参与主体而言：第一，政府作为农业保险的促进方，通过各种政策支持和推动农业保险发展，其根本目的是提高种植业的风险保障水平，保障种植业的安全发展，为国家社会和经济的稳定奠定基础，可以基于“安全风险管控水平”对农业保险进行绩效评价；第二，农户作为农业保险的需求方，通过缴纳一定比例保费购买保险服务，其根本目的是降低收入的波动性，并通过获得政府保费补贴政策的转移支付稳定提高自己的收入水平，可以基于“收入损失风险管控水平”对农业保险进行绩效评价；第三，保险机构作为农业保险执行方，其根本目的是通过参与保险市场获取收益和利润，同时又是种植业风险的最终承受者，面临较大经营风险，因此农业保险机构需要科学管控风险，在可接受的风险范围内实现收益的最大化，因此可以基于“赔付风险管控水平”对农业保险进行绩效评价。

第五节　本章小结

本章阐述了种植业风险的定义与来源，梳理了种植业风险和测度方法的特殊性，分析了风险管控在农业保险中的地位和作用，总结了我国农业保险的发展现状和存在的问题，在剖析农业保险作用机理的基础上，根据不同参与主体参与农业保险的动机、目的和行为方式初步确定了绩效评价的指标和方法，构建了农业保险多维度绩效评价的框架体系。主要得出以下结论：

1. 由于种植业风险存在时空关联性、区域差异性、灾害形成过程的复杂性、信息不对称性、风险影响的外部性以及风险的部分可保性等区别于其他财产风险的特殊性质，因此在农业保险中需要针对不同的参与主体采取特殊的风险测度和管控方式。

2. 风险管控在农业保险中具有核心地位，风险管控在农业保险对农业生产、农户收入水平、农村信贷等方面具有重要作用，政府、农户和保险机构等参与主体通过风险管控的链接作用形成一个有机整体，可以并且应该将风险管控作为构建不同维度农业保险绩效评价指标的基础。

3. 2007 年至 2020 年，我国农业保险在政府的配套支持政策、保障水平以及市场结构方面都有了较大发展，农业保险在农业生产和改革中发挥着越来越重要的作用，但与此同时，我国农业保险的风险保障水平、保费补贴政策和资金效率以及保险市场都存在一定缺陷和问题，需要进一步改进和完善。

4. 现阶段三个参与主体具有不同的风险管控目标，分别以安全风险管控水平、收入损失风险管控水平和赔付风险管控水平为目标，构建了基于风险管控的农业保险绩效评价框架，我们的后续研究可以通过三个平行章节对政府维度、农户维度和保险机构维度的进行农业保险绩效评价并研究影响绩效水平的主要因素。

第三章　政府维度的绩效评价：安全风险管控水平

政府是农业保险的推动者、监管者和最终风险保障的提供者，在农业保险中具有重要地位和作用。本章以农业保险的安全风险管控水平为评价目标，首先根据农业对风险管控水平的需求、农业保险的理论保障水平以及实际保障水平，设计了政府维度绩效评价指标；其次改进并利用信息扩散模型更加精确地分析了农业保险赔付数据的统计特征，测度了政府维度农业保险的绩效水平；最后基于面板分位数模型，实证分析了保费补贴对农业保险保障水平的推动作用。

第一节　政府的定位与目标分析

一、政府的责任定位

不同于商业保险，政府是农业保险发展的重要参与主体，需要与市场互动，通过系列政策解决农业保险发展问题（张祖荣，2017）。从国外农业保险发展实践来看，没有政府的财政补贴，农业保险难以持续经营和发展（Smith，2012），Kramer（1983）和 Wright 与 Hewitt（1994）等通过对美国等国家农业保险制度的研究发现，农业保险市场只有在政府干预下才能得以存在。我国农业保险也是在 2007 年后保费补贴政策的推动下快速发展起来的，政府是我国农业保险的推动者、监管者和最终风险保障的提供者。

政府是农业保险的推动者。农业保险具有福利外溢性和准公共物品的特殊属性，农户的缴费意愿低于市场形成的保费价格，并且由于种植业风险在时间上和空间上都具有相关性，传统的商业保险难以按照纯市场方式承保，因此国内外所有农业保险都是在政府进行干预和补贴之后才得以存在和发展的（庹国柱，2005）。为了国家安全和社会稳定，政府在政策上鼓励和宣传农业保险的优点，提高农业保险社会关注度，增强农户风险意识和投保意愿，通过保费补贴、税收优惠以及其他相关政策鼓励和引导保险机构参与经营农业保险，搭建服务平台及时发布灾害、气象、市场价格等重要信息，缓解农业保险中信息不充分和不对称的问题，并且通过强化法律和制度建设，营造稳定的宏观经济和市场经营环境，增强农业保险市场信心，促进承保机构的有序竞争和规范经营。

政府是农业保险的监管者。政府虽然推动了农业保险市场的建立，但并不是直接管控种植业风险，而是由农业保险机构进行具体运营和操作，坚持保险公司商业运营是我国政策性农业保险持续发展的基础。但是农业在国家经济生活中处于特殊地位，一旦市场出现混乱将会导致严重的社会危机，因此政府需要对农业保险市场进行严格监管，协调各保险主体之间的关系，解决市场主体与政府行为目标不一致问题，组织保险主体进行经营风险的再分散，从社会全局的高度管理农业保险市场的整体运营，使其真正为种植业的改革和发展提供保障作用。

政府是最终风险保障的提供者。农业保险本质是将农户生产风险转移给保险机构，保险机构利用空间和时间将风险进一步降低和化解，但是由于农业保险的巨灾风险无法完全消除，当损失超过保险市场承受能力时，市场失灵，保险机构将会破产，农户无法获得经济补偿，最终影响到其再生产能力和消费水平，造成公共风险，影响社会的稳定性，这时政府必须为农业保险提供最后的风险保障，即通过灾害救济以及社会救助等方式保证农业保险市场的持续发展。

总之，政府的支持政策对农业保险发展具有重要作用，农业保险最主要的成本投入来自政府的保费补贴和各项支持政策，没有政府的引导和支持，就没有农业保险的持续发展，因此，本章首先从政府维度对农业保险进行绩效评价。

二、政府参与农业保险的政策目标

政府参与农业保险的方式是以保费补贴形式投入大量财政预算资金，因此必然要从农业保险中得到回报，即政府参与农业保险的政策目标。从国际经验看，随着社会发展和经济变迁，社会对农业保险的需求会发生变化，政府参与农业保险的政策目标也会随之调整。我国种植业目前正处在结构性改革和加速实现农业现代化的进程中，政府对农业保险的政策需求将会逐步增多，部分学者（庹国柱，2018）认为我国农业保险的政策目标应包括：维护国家粮食安全，降低农业生产成本，控制农产品质量，保障农户收入稳定增长，促进农业现代化进程，增强中国农产品国际竞争力，以及发挥农业保险扶贫作用等。

然而政府实现政策目标的前提为农业保险的发展，若种植业未能达到一定发展水平，政府的任何政策目标都将是“无源之水，无本之木”。因此我们认为政府参与农业保险最直接和最首要的政策目标是推动农业保险发展达到一定水平，在此基础上同步或逐步实现相应社会功能。保险业发展水平最常用的衡量方法是保险密度和保险深度，但是由于农业保险的特殊性，这两个概念不适用于衡量农业保险发展水平，主要原因如下：

1. 计算保险密度和保险深度的关键数据是保费收入（保险深度 = 保费收入/国内生产总值；保险密度 = 保费收入/人口数量），从我国保费补贴实际情况看，农业保险的保费收入主要来自政府补贴（各区域平均占到保费收入的 74% 以上，各地区 2018 年各级保费补贴情况见表 3 - 1），农户保费也是在政府补贴政策推动下缴纳的，因此农业保险的保险深度和保险密度更多反映了政府政策的强度。

2. 由于种植业风险的特殊特征和农业保险的特殊运营方式，仅利用保险深度或者保险密度可能仅能反映一个地区农业保险发展规模，不能反映农业保险的实际效果。从政府参与农业保险目的看，政府的关注重点是农业保险能够为农户和种植业生产提供的保障金额、损失发生后提供的赔付金额，然后才是保费收入以及保险行业资产结构等情况。

表 3－1　　2018 年各省各级保费补贴占农业保险保费的比例　　单位：%

省份	比例	省份	比例	省份	比例	省份	比例
北京	65.88	上海	67.77	湖北	71.12	云南	57.81
天津	72.75	江苏	72.92	湖南	68.85	陕西	76.37
河北	77.54	浙江	80.77	广东	77.24	甘肃	82.34
山西	83.31	安徽	77.26	广西	78.61	青海	85.66
内蒙古	78.66	福建	70.75	海南	59.31	宁夏	77.01
辽宁	73.74	江西	74.26	重庆	70.67	新疆	71.40
吉林	73.42	山东	76.23	四川	72.90	均值	74.36
黑龙江	74.00	河南	79.03	贵州	83.26	变异系数	0.08

数据来源：张峭，等．中国农业保险保障分析与评价［M］．北京：中国金融出版社，2020。数据中不包含西藏。

3. 农业保险是国家对种植业生产中自然灾害的主要风险管理方式，是最重要的非价格农业保护工具之一，其作用是有效管控种植业生产风险并进行经济损失补偿。我国农业保险在参保面积、保费收入等方面取得较好成绩，但是因为损失补偿额度小而遭受“不解渴”“不顶用”的批评和指责。因此，我们尝试利用“农业保险风险保障水平”衡量农业保险的发展水平，研究农业保险达到何种程度才能够“解渴”和“顶用”，并探讨政府支持力度以及农业保险风险保障水平的适度规模。

目前，农业保险风险保障水平尚无明确定义，我们只能参考学界相关研究成果对其概念进行辨析。张峭等（2018）认为“保障水平”是某种保险工具能够为其服务领域提供的风险保障程度，社会保障水平可以利用社会保障支出总额占国内生产总值比重进行测度（穆怀中，1997），徐倩

（2003）对我国的医疗保障水平进行了研究，认为医疗保障水平可以采用医疗总费用占国内生产总值的比值来考察，王晓军（2009）以退休人员基本生活消费需求为标准对我国养老保险保障水平进行了研究。在农业保险中，保险机构对保险事件造成的财产损失承担赔偿责任，以降低农户损失程度，保障种植业恢复再生产。因此，我们认为风险保障水平是农业保险能为农户提供风险保障的程度和大小，即种植业生产过程中农户能够获得的最大赔偿水平。

从上面定义可以看出，保障水平刻画了种植业生产能够稳定获得的市场价值，无论灾害是否发生以及灾害损失多大，农户收入能够拥有的保障底线。保障水平与保障额度和种植业的产值有关，因此可以利用农业保险的保额与农业产值之间的比率来衡量保障水平的大小，如式（3－1）所示。

$$\text{农业保险风险保障水平} = \text{农业保险保障额度} \div \text{农业产值} \quad (3-1)$$

该比值越大意味着农业保险的保障能力越强，政府保费支出的效果越好，农户的收入越有保障。一个国家和地区的社会保障水平应该“适度”，与生产力发展水平和经济承受能力相匹配（穆怀中，1997）。同样，农业保险风险保障水平也不是越高越好，要与国家和地区的财政支持能力、相关法律法规的完善程度、农业保险机构的发展以及种植业的发展形势相适应，超出政府的财政支撑能力和保险机构的赔付能力，一味追求保障水平的增加，势必会影响到农业保险的可持续发展，最终会降低农业保险的保障水平。

尽管经过多年的发展，我国农业保险已经发展出“成本保险”“收入保险”“指数保险”等多种不同的保险产品，然而我国政策性农业保险的主要目的仍是为农业生产风险提供最基本的（直接物化成本）风险保障，保证其简单再生产（不是扩大再生产）的可持续进行（庹国柱，2018），即现阶段我国农业保险以成本保险为主，农业保险对生产过程中成本的保障水平是政府的主要政策目标，因此我们可以按照该政策目标，利用农业保险风险保障水平的概念设计政府维度绩效评价的方法和指标。

第二节　政府维度绩效评价方法的设计

一、绩效评价指标的选择

政府实行保费补贴推动农业保险发展，其根本目的在于为农业生产提供风险保障，农业保险的风险保障水平越高，其发展程度就越接近政府支持农业保险的政策目标。农业成本保险以农户农业生产成本为保障对象，为农户灾后恢复生产提供资金支持，因此农业成本保险的最低保障水平为农户的生产成本。我们将覆盖物化成本的保障水平定义为我国农业保险需要的保障水平 T^*，则可以通过考察 T^* 与实际保障水平 T^0 的差距对农业保险进行绩效评价。

将政府维度农业保险的绩效水平定义为实际保障水平与需要达到的保障水平之比，如式（3－2）所示。

$$PL_g = \frac{T^0}{T^*} = \frac{T^0}{\overline{T}} \times \frac{\overline{T}}{T^*} \tag{3-2}$$

其中，$\overline{T}$ 为现有补贴水平下，农业保险的理论保障水平。为更深入地分析农业保险绩效差距的形成原因，我们将政府维度的绩效水平分解为技术效率和规模比率，即将实际保障水平与理论保障水平之比（$T^0/\overline{T}$ 定义为补贴资金使用的技术效率 E_t，将理论保障水平与需求保障水平之比（$\overline{T}/T^*$）定义为补贴资金投入的规模比率 E_r。那么，$PL_g = E_t \times E_r$，政府维度农业保险的绩效水平受补贴资金使用的技术效率和补贴资金投入的规模比率两个因素的影响，即 E_t 越小意味着财政资金的使用效率越低，保费补贴的杠杆作用越弱，对政府而言，农业保险的绩效水平越差；当 E_r 小于 1 时意味着政府的现有补贴额度不足以为种植业的灾后再生产提供最低的保障，并且 E_r 越小农业保险的保障水平越低，越不利于政府政策目标的实现。

将公式（3－2）增加一个中间变量——理论保障水平（$\overline{T}$），将实际保障水平与需求保障水平之比（T^0/T^*）进一步分解为规模比率和绩效效率，能够更深入分析农业保险发展现状和保障水平不足的根源。我国农业保险为政策性保险，大部分保费是由政府财政预算提供的，即一个区域的保额与保费是在保险机构和政府协商下事先给定的，然而保险机构为降低赔付风险并增加利润，将尽量降低保额或增收保费，以至于政府补贴的保费可能并未全部用于种植业灾害赔付或补偿保险机构的运营成本，而是成为保险机构的超额利润。因此，根据农业保险的赔付数据，利用逆向思维，通过保费补贴数据反算出各地区农业保险应该达到的理论保障水平。如果理论保障水平大于实际保障水平（$\overline{T} > T^0$），则政府的部分保费补贴并未形成足够的保障水平，保费补贴的杠杆撬动效应存在提升空间，即农业保险的绩效水平有待提高。

综上所述，政府维度农业保险绩效评价的基本思路如图 3－1 所示。

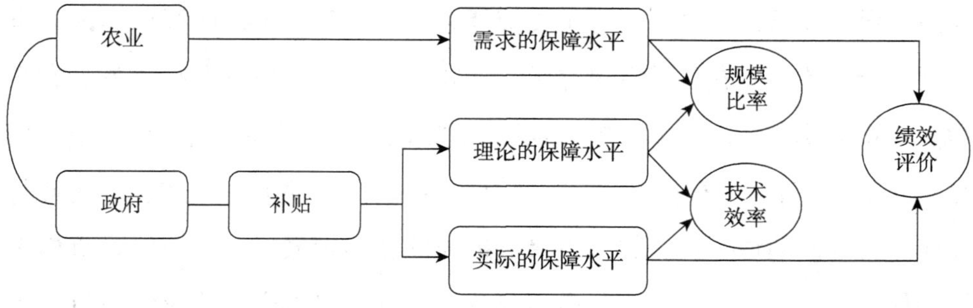

图 3－1　政府维度绩效评价方法的设计思路框架

从 PL_g 的定义式来看，从政府维度对农业保险进行绩效评价需要计算三个指标：农业保险需要达到的保障水平（T^*）、实际保障水平（T^0）以及理论保障水平（$\overline{T}$）。三种指标的计算方法如下：

1. 需要达到的保障水平。我们认为农业成本保险需要达到的保障水平应为农业生产成本的全覆盖。在研究过程中，我们以农业总产值与农业增加值之间的差额测算农业生产过程中的中间投入，以中间投入量代替农业生产成本。

2. 实际保障水平。根据农业保险保障额度等统计数据可以得到各地区的实际保障水平。2007—2015年农业保险的保障额度来自保监会，2018年和2019年保障水平参考自《中国农业保险保障分析与评价》（张峭，2020）及其后续研究成果。基于现有数据，利用SPSS软件缺失值分析功能中的期望—最大似然估计法（Expectation - Maximization）进行估计得到。

3. 理论保障水平。种植业成本保险运营过程中，农业保险机构根据农业保险保额损失率大小以及自身经营的安全和稳定厘定保险费率，并按照该费率水平在收取农户缴纳的保费和获得政府的保费补贴后为种植业生产提供风险保障。因此，农业保险的保费收入、保障额度以及赔付情况存在如下关系：

假设农业保险的保障金额为T，赔偿金额为L，则保额损失率$s = L/T$，假设保额损失率的期望与标准差分别为$E(s)$和$std(s)$，并根据我国农业保险的保额及赔付数据，利用相关统计方法，计算得到各区域保额损失率的期望与方差，则农业保险的费率一般由$r = E(s) \times (1 + k + d)$确定，其中$k = std(s)/E(s)$为财务稳定系数，$d$为附加费率（在本研究中假定附加费率$d = 0$），即农业保险的费率不但与简单赔付率的期望正相关，而且与保额损失的波动情况正相关，当保额损失的波动较大时，农业保险机构为财务稳定和安全起见，一般会提高农业保险的费率水平。假设保险机构农业保险的保费收入为I，则存在关系：保费收入(I) = 保障金额(T) × 费率(r)，农业保险的理论保障额度应等于保费收入与费率之比：$\overline{T} = I/r$。假设农业保险保费补贴额度为B，在保费中所占比例为α，则保费收入$I = B/\alpha$，即当政府支出的财政资金为B时，农业保险应达到的理论保障水平为$\overline{T} = B/\alpha r$，即只要确定费率（$r$）即可计算得到农业保险的理论保障水平。

二、指标计算方法的改进

农业保险保额损失率的精确估计是测度农业保险理论保障水平的前提和基础。我国农业保险规模化开展的时间较短，仅能获取 2007—2015 年的省级时序数据，数据量较少，统计学上将样本量较小的情况称为信息不完备，这种情况降低了基于传统概率统计理论估计结果的可信度。因此如何利用更科学、更恰当的方法对现有数据的统计特征进行精确估计是农业保险的技术难题。

计算样本数据的统计量主要包括参数方法和非参数方法两大类，国内外最初主要利用参数方法对农业保险的相关数据进行研究，即通过选择若干备选分布形式对样本数据进行拟合，挑取拟合效果最好的分布作为样本的总体分布，进而计算相关统计量。但是参数方法受到样本量的影响，并且受备选分布形式影响较大，估计结果可靠性弱。非参数方法是目前国际上较为新颖的研究保险数据统计特征问题的方法，主要包括自抽样法（Bootstrap）、核密度估计法（Kernel Estimation）以及信息扩散模型（Information Diffusion Model）。其中信息扩散模型作为一种典型的非参数方法被越来越多地应用到风险评估中。

信息扩散技术利用模糊统计技术，通过将现有样本转化为模糊样本进行信息扩散，能够充分利用现有样本中所蕴含的信息，提高概率分布估计的精度和可靠性，越来越多的学者利用该技术研究农业保险的相关问题。我们在模拟基础上，对信息扩散方法进行选择和改进，进一步提高估计精度，并采用改进后的方法研究农业保险保额损失率统计特征。信息扩散技术的基本原理是对样本值进行模糊数学处理构造论域，将单值样本值扩展为集值样本，增加可利用的数据信息量。假设现有一组观测样本点 $x_i(i=1,2,\cdots,n)$，则每个样本点可以作为其所在空间的“信息代表”，类似于热力传导，它是对周围空间的点是有影响的，可以将自身的信息传递到空间中的其他点上，并且距离越近的点影响越大，越远的点影响越小，即信息扩散的“就近原则”。假设想要获取信息的空间中的点集为 $U=\{u_1, u_2, \cdots, u_j, \cdots, u_m\}$，则 U 即形成了现有样本点的论域，各样本点按照就近原则将自身所带信息传递给 U 集合中的所有点，实现信息扩散，实现增大可利用样本容量的目的。

信息扩散方法的“就近原则”有多种实现形式，其中正态扩散是最常用形式，即信息按照正态分布的概率密度函数进行传递，如式（3-3）所示。

$$f_i(u_j)=\frac{1}{h\sqrt{2\pi}}\exp\left(-\frac{(x_i-u_j)^2}{2h^2}\right) \tag{3-3}$$

从式（3-3）的定义可以看出，x_i 与 u_j 的差距越大，传递给 u_j 的信息越少。其中 h 为扩散系数，由样本集合中的最大值 b、最小值 a 和样本点个数 n 通过式（3-4）计算得到（黄崇福，2012）。

$$h=\begin{cases}0.8146\times(b-a) & n=5\\ 0.5690\times(b-a) & n=6\\ 0.4560\times(b-a) & n=7\\ 0.3860\times(b-a) & n=8\\ 0.3362\times(b-a) & n=9\\ 0.2986\times(b-a) & n=10\\ 2.6851\times(b-a)/(n-1) & n\geqslant 11\end{cases} \tag{3-4}$$

按照上述方法可以得到在每个 u_j 的概率值，如式（3-5）所示，即每个样本值点对点 u_j 所蕴含信息的影响总和。

$$\widetilde{P}(u_j)=\frac{1}{nh\sqrt{2\pi}}\sum_{i=1}^{n}\exp\left(-\frac{(x_i-u_j)^2}{2h^2}\right) \tag{3-5}$$

从正态信息扩散方法的基本原理可以看出，论域空间布点位置的选择对概率分布的估计有较大影响。现有文献中的一般做法是在样本点的最小值和最大值之间均匀地选择 u_j，即若要将样本量扩展为 m 个，则第 j 个点 $u_j=a+j\times(b-a)/m$。然而这种均匀布点的做法容易受到现有样本点取值的影响，未考虑现有样本点取值位置的信息。假如有 $A-I$ 的样本空间，现在共有 7 个样本可供利用，其位置分布如图 3-2 所示。若按照均匀布点的方法选择 $A\cdots I$ 等 9 个点进行信息扩散，则忽略了现有样本点分布的紧密和稀疏情况：在 $C-E$ 之间样本点多，而在 $A-B$ 和 $H-I$ 之间样本点少，在其他空间则完全没有样本点。

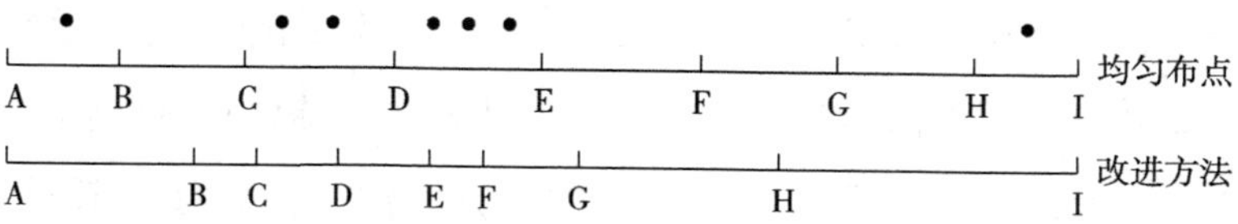

图 3-2　信息扩散模型样本点位置分布

根据最大似然估计原理，概率最大的事件最可能出现，因此现有样本点出现的位置代表着最可能发生的位置，即现有样本点代表了总体分布的特征，总体中样本点应该具有类似的疏密程度，若均匀地选择信息扩散点，则估计结果更接近现有样本点，而容易造成对总体估计的偏差，降低估计精度，因此需要改进信息扩散点确定和选择的方法。我们认为，样本点中在空间上分布较为紧密的点，总体在该位置分布较为紧密的概率较大，应该设置更多的信息扩散点，而分布较为稀疏的样本点，总体分布在对应位置上的全部样本点也应该较为稀疏，应该设置相对较少的信息扩散点，即图中改进方法的布点方式。

我们利用仿真方法对均匀布点方法与改进方法的差异进行比较，验证改进方法的优势。首先根据种植业风险一般具有厚尾性的分布特征，生成一个总体分布（例如自由度为 2 的 t 分布），每次从总体分布中随机抽取 n（以 5 为步长，取 5～100）个样本，在每种样本量状态下模拟 1000 次，比较两种方法信息扩散后估计得到的标准差分别与样本和总体之间的差异。

由信息扩散模型计算得到统计指标与样本点之间的差异用式（3-6）表示，由信息扩散模型计算得到统计指标与总体之间的差异用式（3-7）表示，其中 χ_k、$\tilde{\chi}$ 以及 χ^* 为信息扩散模型、样本点以及总体分布的统计指标，包括期望、标准差、峰度以及分位数等。

$$MSE = \sqrt{\sum_{k=1}^{K} (\chi_k - \tilde{\chi})^2 / K} \tag{3-6}$$

$$MSE = \sqrt{\sum_{k=1}^{K} (\chi_k - \chi^*)^2 / K} \tag{3-7}$$

利用 MATLAB 编程得到标准差估计的差异如图 3－3 所示。从图 3－3 中可以看出，对于标准差而言，第一，随着样本容量的增加，标准差的估计值与总体和样本之间的差异越来越小，即样本量越小，估计误差越大，因此在小样本情况下，必须选择更精准的估计方法，提高估计效果；第二，估计值与总体的差异大于与样本的差异，即估计一定是以样本为依据的，样本质量的好坏直接影响估计的结果；第三，均匀布点的信息扩散所得估计值更接近于所选择的样本，而布点方法改进后，其估计值与总体的差异更小，因此改进后的方法使得增大样本容量后更符合真实的总体分布。

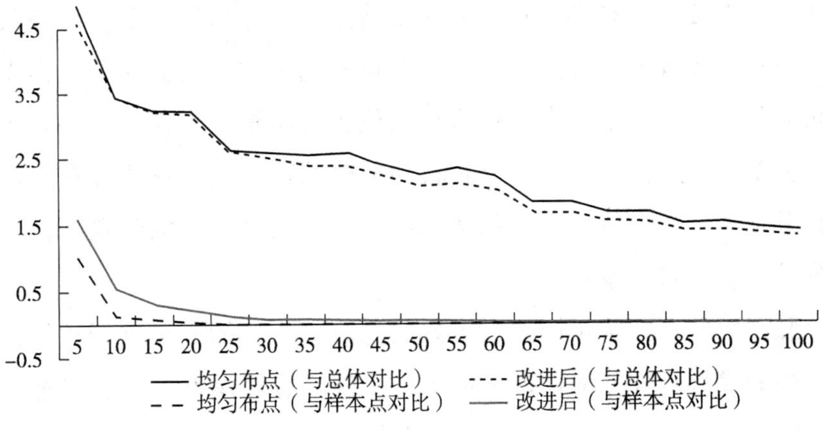

图 3－3　不同布点方法信息扩散模型对样本标准差估计的差异性

对于农业保险而言，保额损失率的均值、峰度（决定着分布的形状）以及较高分位数都有重要意义。因此我们利用两种方法对这三个指标的估计差异进行研究，对比结果如图 3－4 所示。从图中可以看出，对均值、标准差、峰度和 95% 分位数的估计，新的布点方法比均匀布点方法更优，与总体的真实统计量差异更小。均值估计的差异性最为明显，尤其是对于样本量小于 30 的小样本情况，随着样本量的增加，两种方法的差异逐渐缩小。

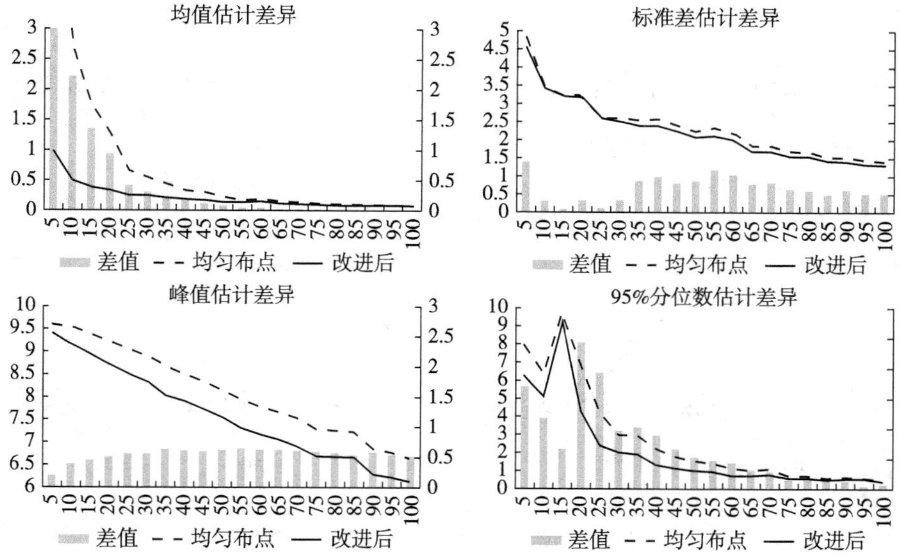

图 3－4　不同布点方法信息扩散模型对样本的基本统计量估计结果的比较

估计小样本统计量的非参数方法除信息扩散技术外，常用方法还包括 Bootstrap 法和核密度估计法，为选择最优方法估计农业保险保额损失率的统计量，我们将直接利用样本计算得到均值的方法、Bootstrap 法、核密度估计法以及信息扩散模型方法进行对比（总体仍然选择自由度为 2 的 t 分布，并随机抽取样本 1000 次），具体如图 3－5 所示。

从图 3－5 可以看出，对于均值估计而言，当样本量小于 20 时，信息扩散模型具有明显优势，样本量超过 30 后，几种方法的估计误差基本相同；对于标准差估计而言，当样本量小于 10 时，信息扩散模型略优于 Bootstrap 法，样本量超过 10 后，Bootstrap 法估计得到的标准差与总体的差异更小；对于峰值的估计值而言，信息扩散模型始终优于其他方法；对于 95% 分位数的估计则信息扩散模型与 Bootstrap 法基本相同，都优于另外两种方法。

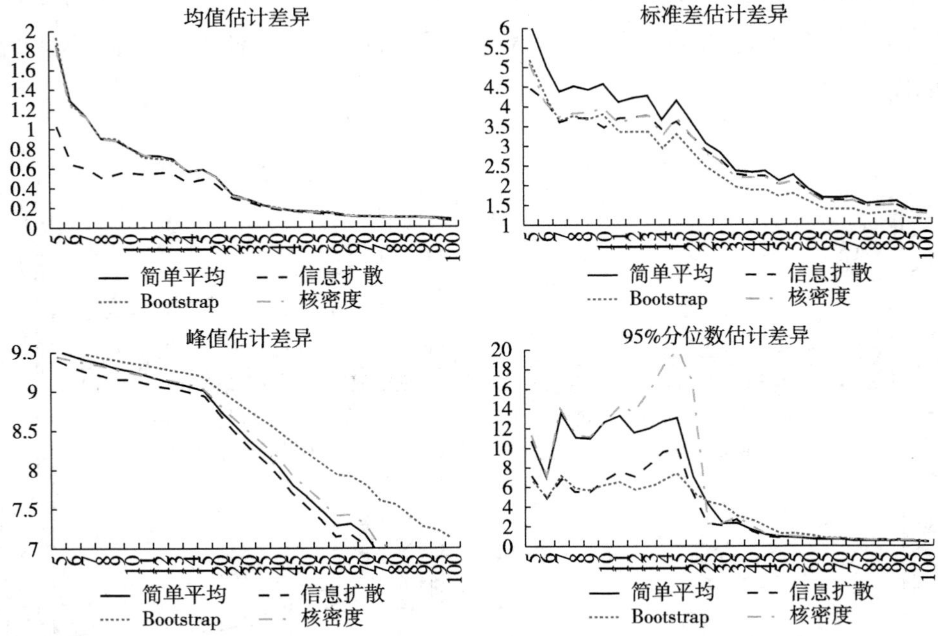

图 3－5　信息扩散与其他非参数方法估计结果的比较

综上所述，由于农业保险的样本量较小，为提高估计精度，增强绩效评价的可靠性，我们选择改进后的信息扩散模型估计保额损失率的相关统计量。

第三节　政府维度农业保险绩效水平的测度

一、理论费率的计算

（一）计算步骤

根据农业保险理论保障水平计算方法的设计，我们可以根据农业保险保障金额和赔付金额的时间序列数据得到我国各地区的保额损失率，由保额损失率确定较为合理的各地区保险费率，进而根据各地区的保费收入测度农业保险的理论保障水平。农业保险理论保障水平的计算步骤如下：

步骤 1：根据 2007—2019 年各地区农业保险赔付金额和保障额度的统计数据，计算得到各地区农业保险保额损失率的时间序列；

步骤 2：编写 Matlab 程序，利用改进的信息扩散模型估计各地区农业保险保额损失率的期望和标准差；

步骤 3：根据估计得到的保额损失率的期望和标准差，利用公式 $k = std(s)/E(s)$ 计算得到各地区农业保险的财务稳定系数；

步骤 4：根据财务稳定系数，利用公式 $r = E(s) \times (1 + k)$ 计算各地区的费率；

步骤 5：根据保费补贴额度和补贴比例，利用公式 $\overline{T} = B/\alpha r$ 计算各地区的理论保障水平。

（二）各地区保额损失率统计特征的估计

根据上述计算步骤，利用统计数据计算得到全国各地区农业保险保额损失率的均值、标准差和财务稳定系数如表 3－2 所示。

表 3－2　全国各省（自治区、直辖市）农业保险保额损失率的基本统计数据　单位：%

省份	均值	标准差	变异系数	省份	均值	标准差	变异系数
北京	2.35	0.47	20.14	湖北	2.65	0.87	32.92
天津	2.62	1.00	38.33	湖南	2.07	0.92	44.70
河北	1.85	0.49	26.67	广东	1.29	0.55	42.51
山西	1.80	1.72	95.54	广西	1.01	0.76	74.91
内蒙古	3.28	1.72	52.39	海南	1.75	1.03	58.81
辽宁	2.36	1.43	60.58	重庆	1.09	0.86	79.03
吉林	3.19	1.17	36.71	四川	1.45	0.87	59.56
黑龙江	4.87	1.51	31.07	贵州	1.99	2.86	143.45
上海	2.11	0.64	30.46	云南	1.16	1.32	114.16
江苏	2.03	0.51	25.02	西藏	3.45	4.82	139.72
浙江	0.67	0.38	57.07	陕西	1.53	1.88	122.88
安徽	2.21	0.65	29.26	甘肃	1.98	1.70	85.66
福建	0.40	0.28	70.45	青海	2.27	2.18	95.98
江西	0.63	0.27	43.53	宁夏	3.25	0.89	27.26
山东	1.93	0.81	41.96	新疆	4.37	0.87	19.92
河南	2.86	1.58	55.37	平均	1.77	0.51	28.90

数据来源：根据 Matlab 计算结果整理得到。

从表3－2中可以看出，各地区保额损失率的统计特征存在较大差异：保额损失率均值最大的是黑龙江，为4.87%，最小的是福建，为0.40%，最大值是最小值的12.2倍；保额损失率标准差最大的是西藏，为4.82%，最小的是江西，为0.27%，最大值是最小值的17.9倍；变异系数（财务稳定系数）最大的是贵州，为143.45%，最小的是新疆，为19.92%，最大值是最小值的7.2倍。

为更直观分析不同地区农业保险保额损失率分布的差异，我们以河北、山东、贵州三省为例，利用信息扩散方法作出三个省份保额损失率的概率分布图（见图3－6）。

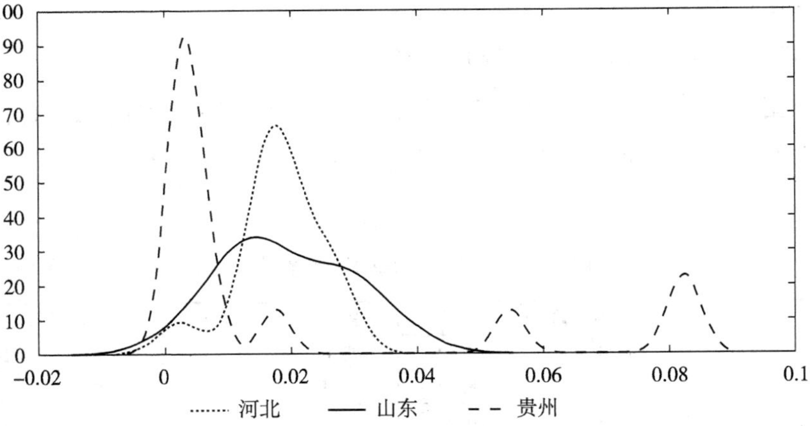

图3－6　河北、山东、贵州保额损失率分布拟合

从图3－6中可以看出，河北和山东省农业保险的保额损失率具有相近均值（两个省份的均值分别为1.85%和1.93%），而河北省分布更加集中（山东省的标准差比河北省高0.32）。贵州省的均值（1.99%）虽然与河北和山东相差不多，但是具有非常大的标准差（是河北和山东的5.84倍和3.53倍），根据理论保障水平的计算办法可知，在补贴额度和保费收入持平的情况下，由于河北和山东省保额损失率标准差比贵州省小，因此农业保险应该达到的理论保障水平要比贵州省高。

二、绩效水平及其分解

（一）技术效率的测度结果

利用保额损失率统计特征的计算结果，通过 Matlab 编程计算得到 2007—2019 年全国各地区农业保险的技术效率如表 3－3 所示。

从表 3－3 可以看出：（1）各地区的技术效率差距较大，2019 年技术效率最高的省份为贵州，达到 6.24，技术效率最低的省份为江西，仅为 0.58。技术效率大于 1 意味着政府保费补贴的杠杆效应较强，少量的保费补贴即能撬动农业保险较高的风险保障水平，财政资金的使用效率较高；技术效率小于 1 意味着政府的财政支出未达到政策目标，财政资金的使用效率有待进一步提高。

表 3－3　各省（自治区、直辖市）农业保险技术效率测度结果

省份	2007	2009	2011	2013	2015	2017	2019
北京	0.90	0.73	0.81	1.10	1.29	1.12	0.94
天津	1.16	0.80	0.78	0.81	0.75	0.79	0.81
河北	0.80	0.50	0.44	0.54	0.68	0.74	0.71
山西	1.07	1.10	0.62	1.60	2.62	2.60	2.40
内蒙古	0.57	0.58	0.66	2.27	2.08	1.98	1.79
辽宁	4.37	0.67	1.51	1.27	1.24	1.14	0.86
吉林	0.90	0.67	0.55	0.85	1.19	1.20	1.41
黑龙江	0.83	0.73	0.70	0.90	1.51	1.38	1.44
上海	0.76	0.93	0.41	1.20	0.80	0.93	0.74
江苏	1.62	0.51	0.50	0.55	0.60	0.79	0.60
浙江	0.39	0.93	1.57	1.10	1.18	1.15	0.75
安徽	0.60	0.60	0.62	0.69	0.86	1.12	1.28
福建	0.19	3.81	1.52	1.31	1.19	1.42	1.33
江西	0.23	1.40	1.20	0.96	0.76	0.82	0.58
山东	1.77	1.30	1.18	1.00	0.83	0.83	0.72
河南	1.68	0.83	0.83	0.99	1.12	1.03	1.10

续表

省份	2007	2009	2011	2013	2015	2017	2019
湖北	0.74	0.54	0.54	0.87	1.32	1.29	1.10
湖南	0.49	0.80	1.28	1.27	1.22	1.17	1.16
广东	1.07	0.69	1.48	1.07	0.89	0.85	0.76
广西	0.80	0.53	1.72	1.73	1.88	1.42	1.37
海南	1.11	2.44	1.94	1.83	1.18	1.17	0.54
重庆	0.57	0.48	3.15	1.99	1.90	1.91	1.62
四川	0.51	0.45	0.58	1.42	1.71	1.39	1.63
贵州	0.88	0.95	1.70	4.22	7.32	6.76	6.24
云南	0.48	0.45	4.80	4.26	3.67	3.61	2.24
西藏	12.59	1.38	0.29	4.03	3.72	1.90	1.14
陕西	0.68	0.71	0.65	2.14	3.44	3.54	2.56
甘肃	0.66	0.62	0.64	1.45	1.92	2.13	1.72
青海	0.77	0.75	1.54	2.32	3.59	3.03	1.91
宁夏	1.16	1.00	0.71	0.71	0.71	0.79	0.77
新疆	1.21	1.25	0.70	0.71	0.73	0.91	0.78
均值	1.34	0.94	1.15	1.52	1.74	1.64	1.39

数据来源：根据 Matlab 计算结果整理得到。

（2）保额损失率的统计特征对农业保险的理论保障水平和技术效率有较大影响，例如，贵州省在2008—2010年的简单赔付率均高于100%（分别为128.01%、158.78%和188.70%），在其他年份也经常出现赔付率的较大波动，造成保额损失率具有较大的标准差（可参见图3－6）。按照所设计的测算方法，相同保费水平下，贵州能够达到的理论保障水平较低，否则出现差额赔付时容易造成保险机构的经营风险。

我国农业保险以成本保险为主，目的是为农业生产过程中的成本提供风险保障，保障农户能够恢复生产，因此农业保险的最低保障额度应能够覆盖农业生产成本，并在具备条件的地区逐步提高保障水平，实现农业产值的覆盖，为农户的收入提供风险保障。

（二）绩效水平的测度结果

我们以农业总产值与农业增加值之间的差额测算农业生产过程中的中间投入，以中间投入量代替农业生产成本。各地区 2019 年农业总产值、中间投入及其占比情况如表 3－4 所示。

表 3－4 2019 年各省（自治区、直辖市）农业总产值及中间投入情况

单位：亿元

省份	农业总产值	中间投入	占比	省份	农业总产值	中间投入	占比
北京	281.7	164.8	58.50%	湖北	6681.85	2667.55	39.92%
天津	414.35	222.55	53.71%	湖南	6405.06	2554.56	39.88%
河北	6061.46	2333.96	38.50%	广东	7175.89	2697.59	37.59%
山西	1626.54	751.04	46.17%	广西	5498.81	2004.91	36.46%
内蒙古	3176.34	1282.84	40.39%	海南	1689.4	571.4	33.82%
辽宁	4368.25	2101.35	48.11%	重庆	2337.81	756.51	32.36%
吉林	2442.73	1109.33	45.41%	四川	7889.35	2951.35	37.41%
黑龙江	5929.97	2661.77	44.89%	贵州	3888.99	1480.99	38.08%
上海	284.84	171.54	60.22%	云南	4935.73	1839.53	37.27%
江苏	7503.15	2891.25	38.53%	西藏	212.81	70.71	33.23%
浙江	3355.25	1219.35	36.34%	陕西	3536.8	1438.6	40.68%
安徽	5162.13	2092.93	40.54%	甘肃	1887.58	790.38	41.87%
福建	4636.56	1945.46	41.96%	青海	454.35	148.35	32.65%
江西	3481.29	1345.49	38.65%	宁夏	584.85	287.15	49.10%
山东	9671.67	4194.57	43.37%	新疆	3850.65	1962.25	50.96%
河南	8541.77	3681.07	43.09%	全国	123967.93	50391.13	40.65%

数据来源：农业总产值数据来自《2020 年中国统计年鉴》。

利用各地区保障额度与农业生产成本之间的比例关系，我们可以计算得到 2007—2019 年政府维度农业保险的绩效水平，并根据式（3－2）分解得到规模比率，如表 3－5 和表 3－6 所示。

表3-5　全国各省（自治区、直辖市）政府维度农业保险绩效水平　单位：%

省份	2007年	2009年	2011年	2013年	2015年	2017年	2019年	按农业总产值计算
北京	14.07	44.46	54.21	83.70	116.00	138.26	165.29	96.70
天津	1.34	4.74	7.21	19.18	25.25	40.56	51.57	27.70
河北	2.79	8.36	8.15	19.19	31.18	39.15	47.27	18.20
山西	3.34	3.06	8.38	33.57	64.02	87.58	104.17	48.10
内蒙古	9.62	25.90	25.26	115.56	118.07	113.86	110.61	44.67
辽宁	1.12	8.38	13.80	18.48	24.25	28.21	30.35	14.60
吉林	25.11	12.93	11.34	18.21	30.78	51.23	66.28	30.10
黑龙江	6.36	15.19	13.00	20.20	30.30	29.98	36.76	16.50
上海	26.65	42.37	42.97	108.24	117.75	129.98	134.67	81.10
江苏	1.40	6.56	8.10	13.66	13.88	19.10	28.81	11.10
浙江	4.27	22.07	36.92	53.20	76.41	73.92	73.47	26.70
安徽	1.38	20.70	22.08	28.85	34.25	50.29	57.96	23.50
福建	2.25	86.86	50.91	55.36	55.78	62.61	60.77	25.50
江西	2.83	50.16	79.85	74.50	63.14	79.33	77.88	30.10
山东	2.50	6.61	3.59	8.61	11.95	16.63	22.60	9.80
河南	1.56	4.81	3.05	11.42	14.00	24.55	32.49	14.00
湖北	2.40	6.70	5.18	8.59	11.10	13.79	19.29	7.70
湖南	12.45	27.04	36.22	42.99	53.70	60.20	60.93	24.30
广东	2.80	3.14	9.12	20.52	21.71	26.73	29.00	10.90
广西	1.58	4.27	6.36	19.24	43.13	58.11	74.60	27.20
海南	2.31	24.48	19.81	51.38	35.21	39.06	33.41	11.30
重庆	1.24	7.98	62.21	58.08	56.56	66.49	67.68	21.90
四川	11.66	15.18	21.57	72.70	82.63	82.32	64.16	24.00
贵州	5.10	3.30	1.69	22.27	76.25	90.77	118.43	45.10
云南	5.92	8.85	128.98	149.75	134.60	115.26	81.03	30.20
西藏	9.09	4.35	9.03	103.34	146.71	141.97	140.07	46.54
陕西	3.30	4.69	3.68	32.51	47.72	62.44	74.25	30.20
甘肃	2.50	1.76	6.51	42.34	66.35	80.70	98.87	41.40
青海	4.62	2.98	31.74	63.57	156.82	186.65	233.68	76.30
宁夏	2.11	10.28	6.70	20.22	24.13	40.51	53.97	26.50
新疆	39.00	58.67	22.15	28.13	32.94	41.18	50.83	25.90
均值	6.86	17.64	24.51	45.73	58.60	67.47	74.23	31.22
变异系数	1.26	1.11	1.11	0.77	0.70	0.62	0.62	0.67

数据来源：根据 Matlab 计算结果整理得到。

表3-6　全国各省（自治区、直辖市）政府维度农业保险的规模比率　单位：%

省份	2007年	2009年	2011年	2013年	2015年	2017年	2019年	按农业总产值计算
北京	15.61	60.96	67.33	76.09	90.19	122.94	175.33	102.57
天津	1.16	5.91	9.30	23.74	33.58	51.02	63.50	34.10
河北	3.48	16.61	18.40	35.57	45.91	53.08	66.91	25.76
山西	3.13	2.78	13.44	20.99	24.41	33.72	43.40	20.04
内蒙古	16.88	44.36	38.02	50.81	56.76	57.37	61.89	25.00
辽宁	0.26	12.52	9.12	14.58	19.55	24.67	35.43	17.04
吉林	28.04	19.22	20.63	21.47	25.82	42.70	47.12	21.40
黑龙江	7.69	20.73	18.68	22.45	20.06	21.77	25.45	11.42
上海	35.26	45.46	104.13	89.88	147.88	139.91	183.13	110.28
江苏	0.86	12.90	16.16	24.74	23.17	24.26	47.79	18.42
浙江	10.89	23.80	23.56	48.25	64.88	64.13	98.51	35.80
安徽	2.28	34.28	35.38	41.56	39.74	44.73	45.18	18.32
福建	11.63	22.79	33.46	42.27	46.93	44.13	45.67	19.16
江西	12.28	35.87	66.82	77.97	82.54	97.27	133.32	51.53
山东	1.42	5.08	3.04	8.63	14.44	19.96	31.32	13.58
河南	0.93	5.77	3.66	11.52	12.47	23.84	29.51	12.72
湖北	3.26	12.49	9.54	9.92	8.42	10.72	17.51	6.99
湖南	25.49	33.86	28.38	33.76	43.94	51.30	52.61	20.98
广东	2.63	4.54	6.15	19.21	24.40	31.34	38.11	14.33
广西	1.96	8.06	3.69	11.10	22.99	40.98	54.40	19.84
海南	2.08	10.04	10.22	28.02	29.76	33.50	61.38	20.76
重庆	2.19	16.55	19.76	29.20	29.72	34.84	41.86	13.55
四川	22.71	33.86	37.42	51.36	48.33	59.09	39.41	14.74
贵州	5.79	3.48	0.99	5.28	10.41	13.42	18.97	7.23
云南	12.31	19.72	26.87	35.15	36.67	31.96	36.16	13.48
西藏	0.72	3.16	30.68	25.64	39.41	74.80	122.41	40.67
陕西	4.88	6.64	5.67	15.22	13.86	17.63	28.98	11.79
甘肃	3.81	2.85	10.22	29.12	34.57	37.94	57.48	24.07
青海	6.02	3.96	20.60	27.36	43.65	61.62	122.60	40.03
宁夏	1.81	10.26	9.45	28.35	33.96	51.61	69.78	34.26
新疆	32.31	46.92	31.45	39.53	44.92	45.17	64.98	33.11
均值	9.03	18.88	23.62	32.22	39.14	47.14	63.23	27.51
变异系数	1.10	0.82	0.93	0.63	0.70	0.61	0.66	0.84

数据来源：根据Matlab计算结果整理得到。

各地区的绩效水平、技术效率以及规模比率的均值和变异系数随时间的变化情况如图 3 -7 所示。

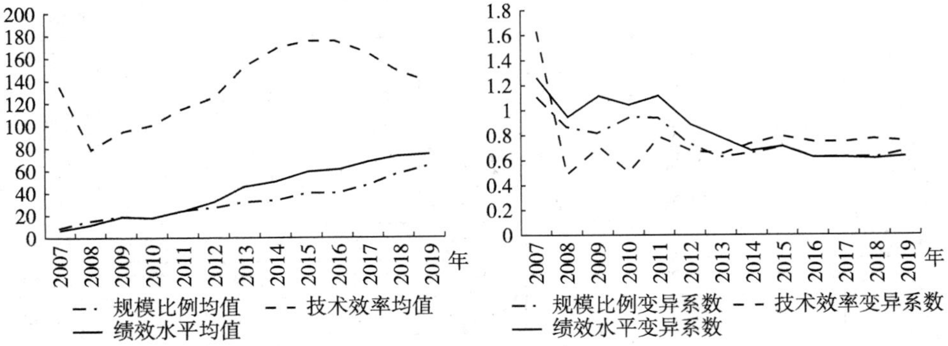

图 3 -7　政府维度绩效水平、规模效率及技术效率各地区均值及变异系数变化情况

从表 3 -5、表 3 -6 以及图 3 -7 的展示结果可以看出：

1. 从各地区的均值情况来看，2007—2019 年政府维度农业保险绩效水平呈现逐年增加的趋势，对农业生产成本的保障水平从 6. 86% 增长至 74. 23%，增长了 9. 82 倍。规模比率也呈现逐年增加的趋势，从 9. 03% 增长至 63. 23%，但技术效率呈现先增后降的趋势，2015 年后技术效率在逐年降低，这从一个侧面反映出保费补贴资金的使用效率存在一定问题，急需调整保费补贴政策，提高财政资金的杠杆效率，撬动更高的农业保险保障水平。随着绩效水平的增加，各省之间的差异性逐渐降低，说明农业保险在各地区的发展有趋于平衡的趋势。

2. 总体而言，政府维度农业保险绩效水平仍然较低。2019 年各区域政府维度农业保险绩效水平的均值为 74. 23%，即平均而言农业保险为农业生产成本提供了 74. 23% 的风险保障，绝大部分省份（24 个省份）的农业保险未完全覆盖农业生产成本（绩效水平低于 100%）。若按农业总产值计算，则绩效水平更低，各区域平均仅为 31. 22%，即农业保险保障水平仅为农业产值的 31. 22% 提供了风险保障。各地区规模比率的均值为 63. 23%，意味着在现有技术效率水平下，若达到农业生产成本的全覆盖，各级财政保费补贴还存在较大差距，需要进一步提高财政支持力度。若达到农业产值的保额全覆盖，则规模比率更低，仅为27.51%，保费补贴额度的差距更大。同时2015年后技术效率的降低提醒我们还需要警惕财政资金使用效率问题。

3. 绩效水平超过1的省份有7个，分别是北京、山西、内蒙古、上海、贵州、西藏、青海。绩效水平超过1意味着农业保险提供的风险保障水平高于种植业的直接物化成本，即这7个省份农业保险的风险保障水平分别是种植业直接物化成本的1.65倍、1.04倍、1.10倍、1.35倍、1.18倍、1.40倍和2.34倍。从技术效率和规模效率来看，7个省份绩效水平较高的原因并不一致，西藏和青海的技术效率和规模效率都大于1，说明补贴资金撬动较高风险保障水平的同时，补贴规模也超过了成本保险需求的规模；北京市和上海市的绩效水平尽管为1.65和1.34，但都是靠较高的补贴规模实现的，若上海市补贴资金的技术效率能从0.74提高至1，则农业保险将会为直接物化成本提供将近2倍的风险保障；贵州和山西保费补贴的杠杆效应较强，技术效率达到6.24和2.4，较少的财政资金获得了较高的风险保障水平。然而，尽管7个地市的风险保障额度超过直接物化成本，但都未达到为农业总产值提供全部风险保障的水平。

在政府维度农业保险绩效评价的过程中，对粮食作物种植成本的测度采用近似的方法，利用三大粮食作物的数据进行估算，部分统计数据也是利用了全国平均的方法获得，由于各地区种植结构和不同作物的种植成本存在较大差异，因此这种计算方法势必对绩效评价结果的准确性造成一定的影响。但是，我们充分利用现有统计数据和相关信息，通过选择和改进相关计算方法，以最大限度得到准确的绩效评价结果。

第四节　政府维度绩效水平的影响因素研究

一、影响因素实证分析模型的构建

保费补贴是农业保险发展的重要推动器，国内学者非常关注农业保险保费补贴的效率问题。一部分学者运用数据包络分析法，以保费补贴为主要投入变量，以保险密度和保险深度为主要产出变量，利用国家或地区数据，对我国保费补贴促进农业保险发展的效率进行了测算和比较，例如，钱振伟等（2014）利用 2013 年全国各省农业保险相关数据，采用三阶段 DEA 方法，对我国 2013 年度农业保险保费补贴的效率进行了评估，认为我国各省保费补贴资金的使用效率存在较大差距；赵君彦等（2015）对 2007—2012 年 15 个省的面板数据进行了数据包络分析，结果认为尽管我国农业保险财政补贴效率逐年提高，但呈现规模递减趋势，并且各地区补贴效率不均衡。另一部分学者运用回归分析法研究保费补贴对农业保险发展的弹性，例如，郑军等（2014）利用全国 2011 年的数据，估计得到农业保险的财政补贴对农业总产值的产出弹性，并利用该弹性衡量农业保险财政补贴的效率，分析财政补贴应具有的最优规模；李真真（2014）利用 2009—2012 年 20 个省的数据建立面板模型，估计结果认为财政补贴对农业保险保费收入水平具有显著影响。

综合相关研究，我们认为数据包络分析法侧重于比较不同地域保费补贴资金的使用效率，较少涉及保费补贴和农业保险发展规模之间的弹性关系，无法准确预测保费补贴增加后农业保险的发展程度；而普通的 OLS 和面板数据模型侧重于均值估计，难以进行效率比较，无法根据效率水平的变化情况提出有针对性的政策建议，因此，我们利用面板分位数模型研究我国 2007—2019 年农业保险保费补贴对农业保险保障水平的促进作用。面板分位数回归方法不但能够估计保费补贴对农业保险保障水平的弹性系数，而且区别于均值回归，面板分位数方法还能考察在不同的农业保险发展水平下，保费补贴的作用是否相同，达到效率比较的目的。

根据我们的研究结果，农业保险的绩效水平可以分解为技术效率和规模比率的乘积，如式（3－8）所示。

$$PL_g = E_t \times E_r \tag{3-8}$$

将式（3－8）取对数有 $\ln(PL_g) = \ln(E_t) + \ln(E_r)$，求导得到式

（3－9），即绩效水平的增长率等于技术效率和规模比率的增长率之和。

$$\frac{\Delta PL_g}{PL_g} = \frac{\Delta E_t}{E_t} + \frac{\Delta E_r}{E_r} \qquad (3-9)$$

为研究农业保险保费补贴对政府维度农业保险绩效水平的弹性系数，我们设置模型式（3－10）。

$$\ln(PL_g) = \alpha + \beta\ln(BT_{it}) + \gamma\ln(X_{it}) + \varepsilon_{it} \qquad (3-10)$$

当上述模型采用面板分位数回归方法进行参数估计时，模型不再是对被解释变量的期望值进行回归，而是估计被解释变量的条件分位数，按照面板分位数的理论（Koenker，2004），τ 分位数的估计结果如式（3－11）所示。

$$Q_{\ln(PL_g)}[\tau \mid \ln(BT_{it}), \ln(X_{it})] = \alpha_i + \beta(\tau)\ln(BT_i) + \gamma(\tau)\ln(X_{it}) \qquad (3-11)$$

其中，BT 为农业保险的保费补贴规模，定义为各级保费补贴总额与农业总产值之比。X 为控制变量，选择恩格尔系数、灾害发生率和当地财产保险的保险深度、农业产值占比、农业保险的简单赔付率以及农村人口的平均教育年限为控制变量。

二、实证结果及分析

（一）数据的统计描述

采用2008—2019年31个省域的平衡面板数据，样本量共计372个。表3－7给出2008年和2019年主要变量截面数据的描述性统计，从中可以看出，与2008年相比，2019年我国农业保险的绩效水平有了明显提升，总体均值从11.43%增长到74.23%，绩效水平增加体现为技术效率（总体均值从78.73%增长到138.75%）和规模效率（总体均值从15.64%增长到63.23%）。控制变量中，恩格尔系数有明显降低，总体均值从0.4395降低至0.3022，财产保险的保险深度从0.71%增长至1.22%；保费补贴规模从0.17%增长至0.65%，农业保险简单赔付率从54.68%增长至77.74%，平均受教育年限从7.33年增长至7.98年。

表 3-7　　种植业保障水平影响因素的样本描述性统计　　单位：万元、年

变量	2008 年				2019 年			
	平均值	标准差	最小值	最大值	平均值	标准差	最小值	最大值
绩效水平	0. 1143	0. 1095	0. 0185	0. 4364	0. 7423	0. 4694	0. 1929	2. 3368
技术效率	0. 7873	0. 3809	0. 3475	1. 7851	1. 3875	1. 0537	0. 5444	6. 2419
规模比率	0. 1564	0. 1344	0. 0288	0. 5025	0. 6323	0. 4239	0. 1751	1. 8313
恩格尔系数	0. 4395	0. 0590	0. 3300	0. 5340	0. 3022	0. 0406	0. 2533	0. 4171
灾害发生率	0. 0734	0. 0464	0. 0095	0. 1748	0. 0244	0. 0256	0. 0000	0. 1197
保险深度	0. 0071	0. 0017	0. 0044	0. 0114	0. 0122	0. 0028	0. 0061	0. 0182
农业产值占比	0. 2106	0. 0985	0. 0194	0. 4490	0. 1572	0. 0904	0. 0075	0. 4378
补贴规模	0. 0017	0. 0020	0. 0000	0. 0067	0. 0065	0. 0058	0. 0009	0. 0250
简单赔付率	0. 5468	0. 2462	0. 0018	1. 2801	0. 7774	0. 2071	0. 5004	1. 4430
平均受教育年限	7. 3276	0. 7049	4. 9374	8. 6991	7. 9775	0. 7447	5. 4194	9. 6412

数据来源：根据中国银保监会资料及《中国农业保险市场年报》整理，保费补贴规模 = 保费补贴额度 ÷ 农业总产值。

（二）数据的平稳性检验

为避免虚假回归，首先检验各变量的（趋势）平稳性。根据不同的检验假设，面板单位根（panel unit roots）检验方法主要包括 LLC 检验、HT 检验和 IPS 检验等检验方法，LLC 检验和 HT 检验的共同局限性在于，它要求每位个体的自回归系数都相等，此共同根假设在实践中可能过强，而 IPS 检验克服了此缺点。运用 STATA 16 和 IPS 检验法对 10 个变量的平稳性进行检验，在检验过程中选择滞后 2 阶（选择其他滞后阶数对结论无影响），检验见表 3-8。

表 3-8　政府维度农业保险绩效水平影响因素的面板单位根检验结果

变量（取对数）	IPS	P 值	变量（取对数）	IPS	P 值
绩效水平	-4. 4202	0. 0000	保险深度	-4. 4746	0. 0000
技术效率	-3. 4796	0. 0003	农业产值占比	-1. 8617	0. 0313
规模比率	-4. 9231	0. 0000	补贴规模	-4. 9107	0. 0000
恩格尔系数	-5. 0531	0. 0000	农业保险简单赔付率	-6. 9472	0. 0000
灾害发生率	-6. 9961	0. 0000	平均受教育年限	-5. 6046	0. 0000

注：按照模型的设定，所有变量均取了对数。

从表 3 －8 可以看出，除了农业产值占比变量的 IPS 检验结果，其他变量均在 1% 的水平下拒绝变量为单位根过程的原假设，即所有变量均是（趋势）平稳的，可以进行回归分析。

（三）模型的估计与结果分析

利用 R 软件对数据进行普通最小二乘、面板数据模型以及面板分位数模型估计，结果如表 3 －9 所示。

表 3 －9　　种植业保障水平影响因素的面板分位数模型估计结果

因变量	自变量	OLS	固定效应	分位数回归				
				0.1	0.3	0.5	0.7	0.9
绩效水平	恩格尔系数	0.15	－1.46***	－0.19	－0.48	－0.08	－0.63	－0.25
	灾害发生率	－0.11***	0.03	－0.01	－0.05	－0.03	－0.07*	－0.02
	保险深度	0.98***	0.62***	－0.13	0.78***	1.34***	1.35***	－0.02
	农业产值占比	－0.12**	－0.05	－0.26***	－0.13**	－0.24***	－0.17*	－0.09
	平均受教育年限	－0.42***	－0.28	0.68	0.06	－0.69	－1.21	－0.64
	农险简单赔付率	－0.02	－0.13	－0.01	－0.02	0.04	0.01	0.12
	补贴规模	0.52***	0.76***	0.85***	0.69***	0.50***	0.29**	0.36***
技术效率	恩格尔系数	－0.73***	－1.10***	－0.69***	－1.16***	－0.94***	－0.77**	－0.80***
	灾害发生率	－0.01	0.02	0.03	0.01	0.00	0.00	0.06
	保险深度	0.65***	0.43**	－0.01	0.09	0.59***	0.50***	1.24***
	农业产值占比	0.01	0.21	－0.09	－0.13***	－0.04	－0.02	0.07
	平均受教育年限	－1.89***	－0.77	0.68	－1.29**	－1.81***	－2.07***	－1.59***
	农险简单赔付率	－0.05***	－0.10**	0.12*	0.05	－0.01	0.04	－0.38***
	补贴规模	－0.13***	0.02	0.01	－0.06	－0.11**	－0.16***	－0.23***
规模比率	恩格尔系数	0.88***	－0.36***	0.17	0.42	1.06***	0.81***	0.01
	灾害发生率	－0.10***	0.01	0.00	－0.05*	－0.08***	－0.09***	－0.13***
	保险深度	0.32**	0.19**	0.05	－0.02	0.53***	0.53***	－0.02
	农业产值占比	－0.12***	－0.25***	－0.14***	－0.14***	－0.13**	－0.16***	－0.33***
	平均受教育年限	1.46***	0.48	1.04***	1.27***	1.58***	1.02***	0.95**
	农险简单赔付率	0.02	－0.02***	－0.01	0.02	0.05	0.10	0.13
	补贴规模	0.66***	0.74*	0.87***	0.81***	0.65***	0.55***	0.33***

注：* 代表 10% 的显著性水平，** 代表 5% 的显著性水平，*** 代表 1% 的显著性水平。

从估计结果可以看出：（1）保费补贴是我国农业保险政府维度绩效水平的重要推动因素，除财产保险深度和农业产值占比在部分分位数位置显著外，其他大部分控制变量的作用并不明显，可能的原因是，现阶段我国农业保险主要依靠政府的政策从供给侧推动的，尚未形成农户对农业保险的自发需求，因此农户的收入水平、教育程度和风险环境并未成为推动农业保险发展的显著因素；（2）保费补贴规模对技术效率和规模比率的作用并不相同，对规模比率具有明显的推动作用，而对技术效率的效果在低分位数位置并不显著，而在高分位数位置的系数显著为负，说明保费补贴规模越大，越容易造成财政资金使用效率的降低；（3）保费补贴规模对绩效水平促进作用的弹性系数小于1，OLS 回归、固定效应面板数据模型和面板分位数模型的回归结果都显示，保费补贴的弹性系数均在0.8以下，说明绩效水平的增长速度低于保费补贴的增长速度，保费补贴资金使用效率较低，未能完全实现保费补贴应达到的政策杠杆效应，财政资金存在明显的“耗散”。

不同分位数估计结果的变化如图3－8所示。从面板分位数模型不同分位数的估计结果可以看出：随着保障水平分位数位置的提高，保费补贴的弹性系数越来越低，0.9分位数位置保费补贴的弹性系数是0.1分位数位

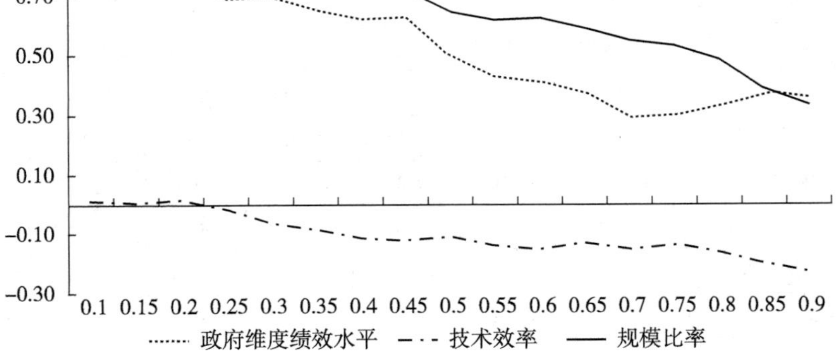

图3－8　不同分位数补贴规模弹性系数的变化情况

置的42%，说明随着绩效水平的增加，保费补贴对绩效水平的推动作用会逐渐降低，处于更加无效率的状态。现阶段我国各地区的农业保险都已有了较大发展，农业保险的绩效水平更多会处于较高的分位数位置，因此可以说我国农业保险的发展已经进入关键时期，处于政策改革的十字路口，急需从供给侧完善和改革影响农业保险保费补贴效率的关键环节，提高保费补贴政策支持的杠杆作用。

（四）不同区域的估计结果

利用东部、中部、西部、非粮食主产区以及粮食主产区的数据分别进行实证，对比不同地域保费补贴弹性系数的差别，探讨是否存在地区差异。估计结果如表3-10所示（限于篇幅，此处仅列出以绩效水平为因变量的保费补贴规模弹性系数的估计结果）。

表3-10　种植业保障水平影响因素不同地区的估计结果

数据/因变量	固定效应	分位数回归				
		0.10	0.25	0.50	0.75	0.9
东部数据	0.37***	0.72***	0.76***	0.33	0.33***	0.10
中部数据	0.95***	0.79***	0.83***	0.93***	0.55**	0.52**
西部数据	0.90***	0.51***	0.63***	0.42***	0.27**	0.30**
非粮食主产区数据	0.64***	0.90***	0.78***	0.54**	0.35***	0.42***
粮食主产区数据	1.03***	0.67***	0.76***	0.78***	0.86***	1.09***

注：*代表10%的显著性水平，**代表5%的显著性水平，***代表1%的显著性水平。

不同区域分位数回归结果的对比情况如图3-9所示。

综合表3-10和图3-9的结果可以看出：（1）三个区域保费补贴规模对绩效水平的弹性系数呈现S形的变化趋势，其中东、西部地区在小于上四分位数的部分，随着绩效水平的增加，弹性系数有增加的趋势，在上四分位数之后的部分，弹性系数则呈现递减的趋势，并一直持续到60%分位数处，过后弹性趋势基本处于稳中有增的状态。中部地区保费补贴规模的弹性系数高于东部、西部地区，且其出现下降趋势的位置低于东西部的分位数位置，在中位数之后才呈现下降趋势，并一直持续到80%分位数位

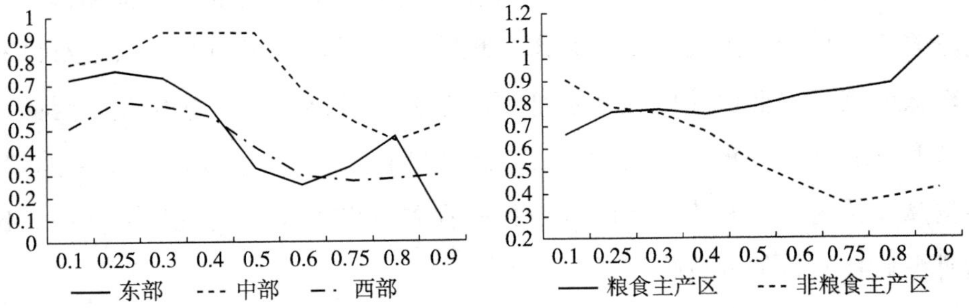

图 3-9　不同区域分位数补贴规模弹性系数的变化情况

置。(2) 粮食主产区保费补贴规模对绩效水平的弹性系数整体呈现递增趋势，而非粮食主产区呈现递减趋势，超过上四分位数之后，粮食主产区的弹性系数高于非粮食主产区，且其差距呈现扩大趋势，在 90% 分位数处，粮食主产区的弹性系数是非粮食主产区的 2.6 倍。

保费补贴是农业保险发展的重要动因，2007 年以来我国农业保险的财政政策经历了多次改革，有效促进了我国农业保险的市场规模，提高了农业保险对我国农业农村发展的服务能力，但客观地看，“普惠式”的财税政策已经不能适应我国农业保险高质量发展的需求，已经出现“高补贴、低覆盖”“地方财政压力加剧”“财政资金的使用效率不高”等一系列问题。从上面实证结果来看，不同区域保费补贴具有不同的弹性系数，应根据不同区域的特征制定不同的补贴政策和规模，使财政资金发挥最大效力，推动政府维度农业保险绩效水平的提高。

(五) 政策含义

通过构建面板分位数模型，利用 2008—2019 年省域面板数据，对我国保费补贴推动农业保险保障水平发展的作用进行了定量研究，估计结果表明保费补贴虽然是我国农业保险保障水平发展的最主要影响因素，但是保费补贴仅仅促进了种植业承保面积的增加，而对种植业单位面积产值的保障额度并没有明显的提升作用，并且从全国情况来看，随着保障水平的提高，保费补贴的促进作用越来越小，说明财政补贴资金使用的效率水平越来越低，这种情况在非粮食主产区尤为显著，而在粮食主产区则出现“后发优势”，即尽管在保障水平较低时，粮食主产区保费补贴的作用低于非粮食主产区，但在更高的发展水平下，粮食主产区保费补贴的促进作用反而得到提高。

上述研究结果的政策含义如下：

1. 农业保险保费应实行因地制宜的补贴比例与差异性补贴标准，而不应实行“一刀切”的补贴政策。因为我国幅员辽阔，各行政区域的农业基础设施与自然气候有较大差异，应采取差异化的保费补贴制度，对于处于规模报酬递减的无效地区，政府应根据当地的农业条件和灾害特点，扩大保险补贴范围与补贴比例，以创新农业保险补贴政策，提高保费补贴的绩效水平。

2. 2017 年中央一号文件要求在保费补贴的政策支持下，持续推进农业保险“扩面、提标、增品”。对于保障广度较低的省份而言，当然应继续探索如何“扩面”，进一步增加承保面积和农户参保率，但是对于保险覆盖率已经较高，保费补贴对保障广度的推动作用效率较低的区域，应该重点研究如何利用保费补贴促进农业保险的“提标”和“增品”，从保险深度的维度增加农业保险的保障水平。

3. 完善农业保险市场监管政策，严格市场准入，加强对保费补贴资金使用的监督，杜绝“寻租”行为造成的财政资金耗散，并通过厘定更加科学合理的农业保险费率，提高农业保险机构的运营效率，在保费补贴一定的情况下实现更高的农业保险保额，增强农业保险的保障水平，提高财政资金的使用效率。

第五节　本章小结

本章从政府维度对农业保险进行了绩效评价，在对政府参与农业保险政策目标分析的基础上，选择以风险保障水平作为绩效评价指标，通过改进的信息扩散技术测度了我国各地区政府维度农业保险的绩效水平，并利用面板分位数模型研究了绩效水平的影响因素。主要得出如下结论：

1. 政府参与农业保险的政策性目标较多，但最基础、最直接的目标是提高农业保险的保障水平。在基于风险管控的绩效评价框架下，对政府维度的绩效水平的测度应以安全风险管控水平为评价目标，并选择风险保障水平作为具体的评价指标。

2. 通过数值模拟方法对估计小样本数据统计特征的主要方法进行了对比，结果显示，非均匀布点的信息扩散模型能够得到与真实情况更小偏差的估计结果，能够提高种植业风险统计特征（均值、标准差、分位数等统计量）的计算精度，更加精确地测度政府维度农业保险的绩效水平。

3. 通过对比风险保障水平的需求值、理论值和实际值进行绩效评价，结果显示我国农业保险的风险保障水平总体不高（74.23%），且各地区存在较大差异，很多省份尚未实现农业经营成本的全覆盖，政府保费补贴的规模比率和技术效率都需进一步提高。

4. 利用面板分位数模型考察我国农业保险保费补贴对保障水平的推动作用，结果显示保费补贴对农业保险保障水平具有显著的正向作用，但是随着保障水平的增加，保费补贴的作用越来越小。

第四章　农户维度的绩效评价：收入损失风险管控水平

“农民得实惠”是农业保险高质量发展的核心目标之一，因此如何提高农户维度的绩效水平，对农业保险的改革和发展具有重要作用。农户购买农业保险的主要目的是在灾害发生时能够获得赔偿，弥补收入损失。本章以农户收入损失的风险管控水平为评价指标，通过计算补偿金额占灾害损失的比例测度农户维度农业保险的绩效水平，并利用面板数据模型，从农业保险排除度的视角分析影响农户维度绩效水平的主要因素。

第一节　农户视角下农业保险的现状和问题分析

从文献综述看，农业保险对农户可能产生多样的影响和效果，包括对农业产出的影响（袁辉，2017），对农户收入的影响（卢飞，2017），对生产行为的影响（付小鹏，2017），对精准扶贫的影响（张伟，2017），以及对农户消费的影响等，需要确定应该选择哪些具体指标从农户维度进行农业保险绩效评价，这就要以现阶段我国农户对农业保险的实际需求，以及农业保险对农户的有效影响为基础。通过对农户的微观调研，能够更加深入了解农业保险发展的现状和实际效果，为绩效评价思路的设计和方法的选择提供现实基础。

一、调研的基本情况

河北省是农业大省，是我国重要的粮食主产区之一，2019 年河北省农业总产值为 6061.46 亿元，农作物种植总面积为 8132.69 千公顷，粮食总产量达到 3739.24 万吨。因此我们以河北省为例进行微观调研分析，为农户维度的绩效评价提供基础。河北省 2002—2019 年农业保险发展的基本情况如图 4－1 所示。

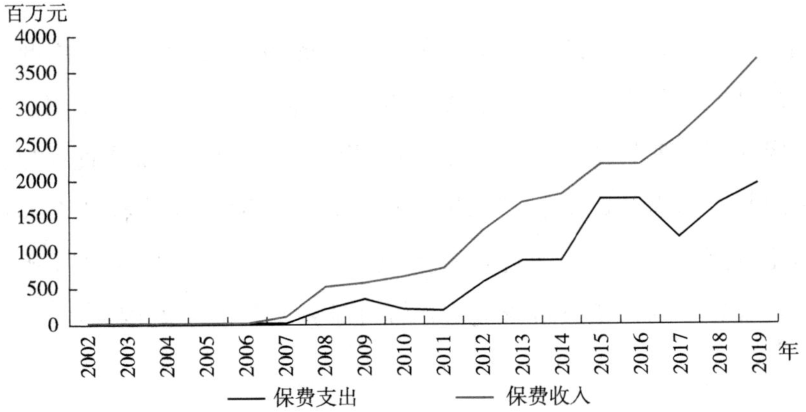

图 4－1 2002—2019 年河北省农业保险保费收入与赔付情况

2007 年后河北省出台了多项农业保险财政补贴政策，促进了农业保险迅速发展。2007—2019 年河北省农业保险的经营机构从 3 家增加到 10 家，保费收入由 1.04 亿元增加到 36.51 亿元，农业保险保障金额从 36.64 亿元增加到 1100 多亿元，为河北省农业生产提供了重要的风险保障，农业保险赔款从 0.85 亿元增加到 19.35 亿元，有效地分散了农业生产风险，减少了农户损失，促进了农户灾后恢复生产和农业稳定。

为对河北省农业保险的相关情况进行调研分析，我们设计了调查问卷（问卷见附件 1），在 2021 年 1—2 月，利用寒假时间组织和培训调研员，以实地走访的方式对 2020 年河北省的农户特征、种植特征、主要风险、家庭收入情况、参保情况以及农户对农业保险的评价情况进行了调研。

调研问卷共涉及899个行政村，覆盖了河北省全部11个地级市和绝大部分县域（调研县域155个，占河北省总县域数的88.07%），其调研样本分布情况见表4-1。从中可以看出，唐山、秦皇岛、廊坊和衡水4个地级市的调研实现了县域全覆盖，石家庄、邢台和保定3个地级市的调研样本覆盖了90%以上的县域，邯郸和沧州覆盖了80%以上的县域，只有张家口和承德，由于行政区域面积较大，我们选择了部分县域进行调研，但县域覆盖范围也在60%以上，因此调研样本能够在较大程度上代表河北省的整体状况。

表4-1　　河北省调研样本情况

序号	地市	样本数	调研县域数	现有县域数	占比
1	石家庄市	147	22	23	95.65%
2	唐山市	101	14	14	100.00%
3	秦皇岛市	59	7	7	100.00%
4	邯郸市	97	16	20	80.00%
5	邢台市	80	18	19	94.74%
6	保定市	181	23	25	92.00%
7	张家口市	34	12	19	63.16%
8	承德市	48	7	11	63.64%
9	沧州市	81	15	17	88.24%
10	廊坊市	39	10	10	100.00%
11	衡水市	143	11	11	100.00%
合计		1010	155	176	88.07%

数据来源：根据调研数据整理。

二、农户的基本特征

（一）农户的风险意识情况

农户的风险意识对风险管理方式的选择和农业保险的推广有着重要影响，一般情况下，风险感知较低的农户缺乏参与农业保险的动力，需基于此情况有针对性地开展农业保险的宣传推广、产品设计和政策制定。因此，我们设计了两个相关问题调查农户对“种地面临的风险”和“种地风险对生活影响”的主观态度。调研结果如图4－2所示。

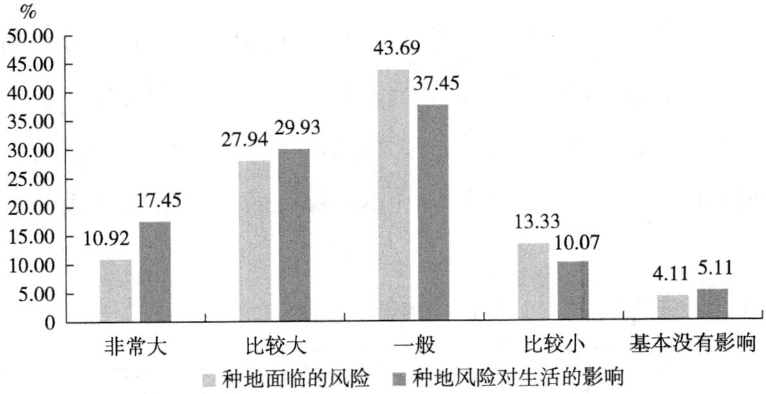

图4－2　农户的风险态度

从图4－2中可以看出，农户对种植业风险的感知并不强烈：第一，在调研样本中，61.13%的农户认为种地面临的风险“一般”“较小”或“基本没有”，仅有10.92%的农户认为种地面临的风险非常大；第二，在调研样本中，52.63%的农户认为种地风险对生活影响“一般”“较小”或“基本没有”，仅有17.45%的农户认为种地风险对生活影响非常大。较低的风险意识可能会造成农户的参保积极性不高。

（二）农户的种植特征

农作物的种植特征。从河北省2020年种植特征的调研结果看，种植面积在调研户之间具有较大差异，而单产和卖出价格则相对集中。以河北省主要农作物玉米和小麦为例：玉米的户均种植面积为5.23亩，标准差为5.64亩（最大值60亩，最小值0.3亩），亩产均值988.26斤，标准差为227.13斤，卖出单价均值为1.10元，标准差为0.30元；小麦的户均种植面积为5.37亩，标准差为7.36亩（最大值100亩，最小值0.5亩），亩产均值820.44斤，标准差为190.54斤，卖出单价均值为1.13元，标准差为0.23元。调研结果中部分农户还种植了棉花等经济作物，花生、胡麻等油料作物，葡萄、苹果等果类作物，白菜、西红柿等蔬菜作物以及水稻、谷子等粮食作物。

从调研结果看，90%的样本农户种植面积小于10亩，种植规模较小。这与宏观统计结果是基本一致的，《中国农村政策与改革统计年报》显示，2019年河北省种植规模在10亩以下的户数占比为87%。通常情况下，农户的风险意识与农业生产规模为正向关系，因此，小规模的经营规模特征倾向于造成农户的风险意识和主动参保意识较低。

（三）农户的农业收入占比

农业保险主要是为农户的收入提供风险保障，因此我们对农户的收入特征，尤其是农户农作物生产经营性收入（种地收入）占总收入的比例进行了调研，调研结果如图4－3所示。

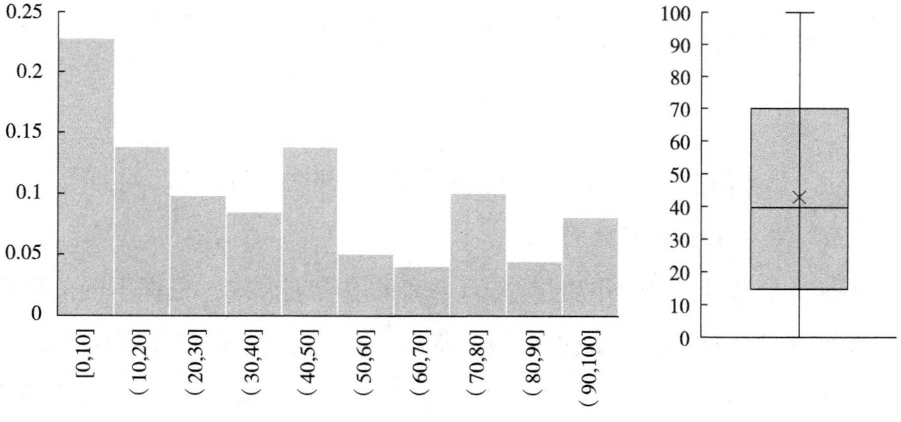

图4－3　种地收入占比的直方图（左）和盒形图（右）

从图中可以看出调研样本中农户的种地收入占比比较分散，上下四分位数分别为15%～70%，调研农户在种地收入占比的样本均值为42.65%，中位数为40%，大部分样本的种地收入占比不足50%。通常情况下，农业经营收入占比与农户的风险意识成正向关系，农业经营收入占比较低的农户收入结构现状可能是造成农户的风险意识水平较弱以及农业保险参保率不高的重要原因之一。

（四）农产品的卖出比例

玉米和小麦卖出比例的直方图如图 4－4 所示，从中可以看出卖出比例的分布特征：农户选择卖掉大部分农产品。例如对玉米种植户而言，69%的调研农户选择卖出产量的 80% 以上，就小麦种植户而言，79.08% 的调研农户选择卖出产量的 80% 以上，进一步分析发现，其他农作物也呈现类似特征。较大的卖出比例意味着农户更加关注农产品价格的波动，这对农业保险政策的制定和保险产品的设计具有一定参考价值。

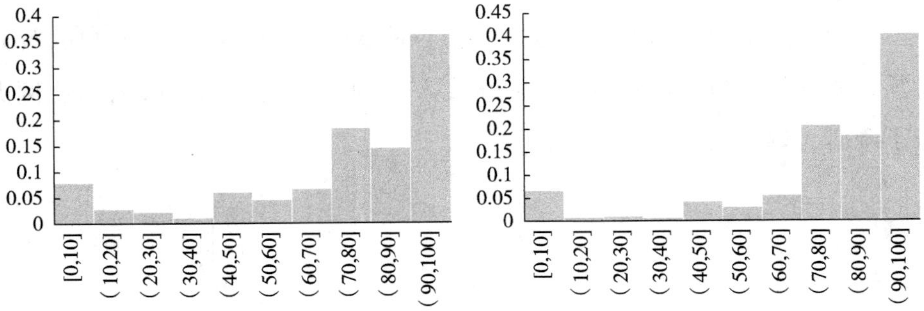

图 4－4　玉米（左）和小麦（右）卖出比例的直方图

（五）农户面临的风险特征

不同的风险类型有不同的损失结果和风险管理方式，根据不同的风险，农户需要采取不同的防灾减灾措施，保险机构学院创新保险品种，政府需要出台更有针对性的相关政策。因此我们对农作物风险来源（包括旱灾、洪涝、冰雹、风灾、病害、虫害等自然灾害以及市场价格波动）进行了调研，调研结果如图 4－5 所示。

从调研结果来看，价格波动是主要风险来源，河北省有近 1/3 的农户认为价格波动是农作物种植过程中的最主要风险。随着我国农业市场化改革的深化，农产品价格越来越受到市场波动的影响，因此农户会越来越感觉到价格波动给种植业造成的风险，这可能是现有农业保险品种（以成本保险为主）不能满足农户需求的重要原因。

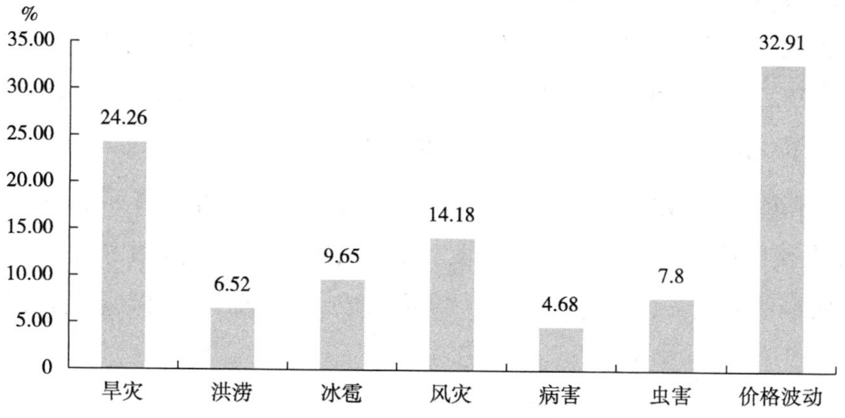

图4－5　种植业灾害（损失）的主要来源

自然灾害和价格波动都会造成农户种植农作物的收入风险，在调研问卷中通过询问农户减产（或收入减少）百分比了解自然灾害（或价格波动）给农户造成的损失情况。调研结果如图4－6所示。

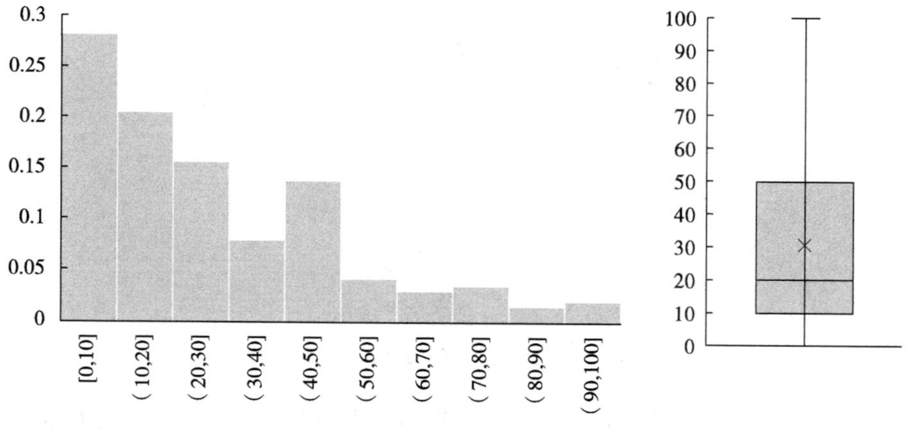

图4－6　灾害损失率的直方图（左）和盒形图（右）

从调研样本灾害损失率的直方图和盒形图可以看出农户减产损失的分布特征：第一，损失率较为集中，主要集中在0～50%的损失范围内（占到样本总数的86%），损失率的均值为31.06%，众数为20%，上下四分位数分别为10%和50%；第二，损失率越大，概率越小，发生巨灾风险的可能性较低，损失率超过80%的概率为3.55%；第三，具有高概率低损失的特征，28.23%的调研样本损失率在10%以下，48.65%的样本损失率在20%以下，64.26%的样本损失率在30%以下。

根据模型估计结果，农户的风险意识与灾害损失率为正向关系，调研结果显示大部分农户的损失率较低，发生巨灾风险的可能性很小，因此农户对农作物的损失风险并不敏感，这是造成农户种植业风险意识较低的原因之一。

（六）是否购买过商业保险

是否购买过其他商业保险在一定程度上能够反映农户的参保意识，因此在问卷中对该问题进行了调研。

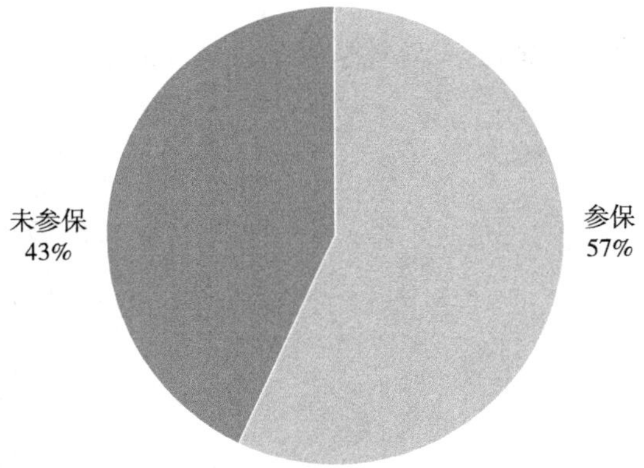

图4-7　购买过其他商业性保险的比例

从调研结果看（见图4-7），在参加农业保险的农户中，三个省份参与其他商业保险的样本占比都在70%以上，其中河北省达到75.65%。未参与农业保险的农户中，参与其他商业保险的样本占比要低于参与农业保险的农户，其中河北省的差异最为明显，这种情况说明参与农业保险与其他商业保险之间可能存在一定的正向性内在联系。

三、农户的参保情况

（一）救灾方式的选择

面对种植业中的各种风险，农户除了生产自救外，能够依靠的风险管理方式主要有两种，一种是参加农业保险，另一种是等待政府救济。因此我们在调研问卷中设置了“遭遇灾害时，农业保险与政府救助哪个更好”的问题并设置了四个选项，借以考察农户对两种救灾方式的态度和选择。调研结果如表 4 - 2 所示。

表 4 - 2　　　　河北省农户遭遇灾害时救灾方式的选择

时间	农业保险	政府救济	都不能解决问题	无法比较
2020 年	22.77%	23.17%	12.38%	41.68%
2015 年	10.92%	34.22%	14.81%	40.05%

注：根据课题组 2015 年的调研数据得到 2015 年的调研结果。

从调研结果来看：第一，农业保险并未成为农户进行风险管控手段的首选方式。当遭遇灾害时，选择农业保险作为救灾方式的农户占比较低，仅为 22.77%。第二，农户“依靠政府”的习惯性思维仍然较强。23.17%的农户在遭受灾害时倾向于等待政府救济，41.68%的农户认为农业保险与政府救济具有差不多的效果。第三，部分农户认为两种方式都不能有效管控农业风险，说明农业保险和政府救济存在一定不足，河北省有 12.38%的农户认为两者都不能解决问题。第四，农户对农业保险的认知在逐步提高。与 2015 年相比，2020 年河北省有更大比例的农户倾向于选择利用农业保险防控农业风险，同时认为农业保险和政府救济都不能解决问题的样本比例都有所降低，例如河北省选择“农业保险”的样本占比从 10.92% 提高至 22.77%，选择两者都不能解决问题的样本占比从 14.81% 下降至 12.38%。

（二）农户面临的主要风险

从调研结果来看，农业保险的参保率较低，河北省调研样本中仅有

37.87%的农户参加了农业保险，或者说知道自己参加了农业保险，因此我们在此研究中仅考虑农业保险的有效参与率（农户若不知道自己参与了保险，即使发生灾害获得赔偿，农户也认为是政府的灾害救济，我们认为这种情况并未有效发挥农业保险的作用，因此按照未参与农业保险计算）。根据2015年课题组的调研结果，河北省的平均参保率为33%，从本次调研结果来看，尽管在一定程度上得到提高，但总体而言农业保险的参保率仍然较低 。河北省各地市调研样本的参保率分布情况如图4-8所示。

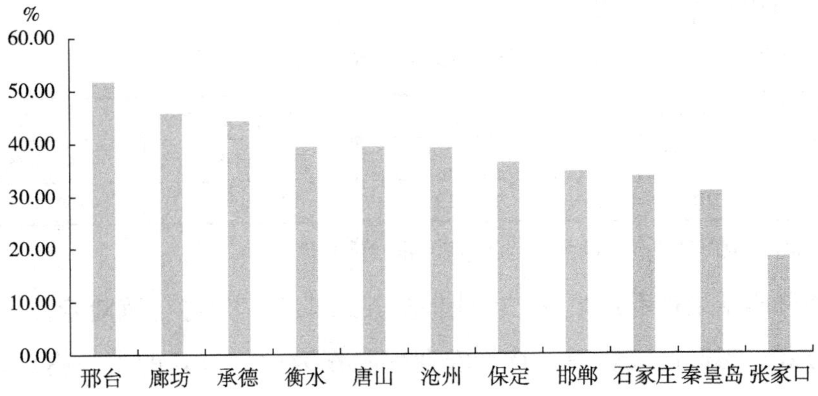

图4-8　河北省各地市参保率

从图4-8中可以看出大部分地市的参保率在30%~40%，参保率最高的是邢台市，为51.61%，参保率最低的是张家口市，为18.18%。农业保险的农户参与率是农业保险高质量发展的重要指标，只有农户的有效参与，农业保险才能真正起到作用，使农户得到实惠。

（三）农户参保的主要目的

农户参保的主要目的是遭遇灾害后能够获得经济补偿，当自然灾害损失风险对农户的影响较小时，价格和收入保险对农户的保障能够更具直接性。

从调研结果来看（见图4-9），获得灾害补偿和政府政策推动是农户参与农业保险的重要动因，有75.66%的农户选择“弥补损失”作为其购买农业保险的主要原因，50.19%的农户选择“享受优惠政策”，20.60%的农户是在“政府要求”下参与的农业保险。因此推广农业保险需要加大政府支持和推广力度，提高保障额度和赔付水平，综合统筹各项政策以提高农户参保比例。

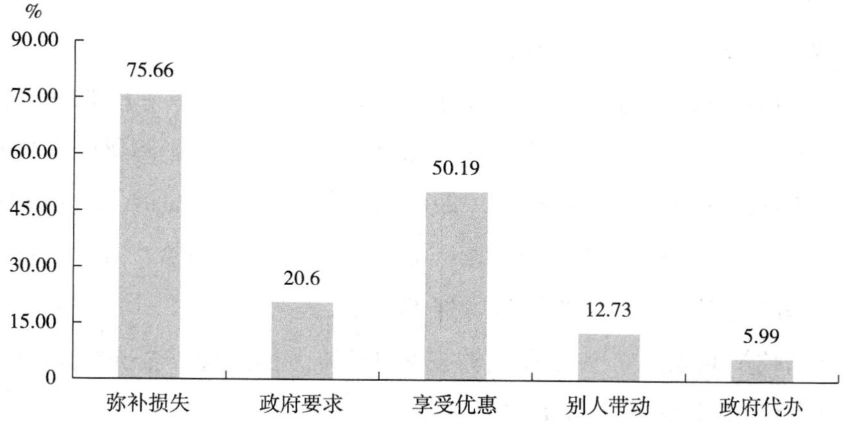

图4-9　农户参保的主要原因和目的

（四）农户不参保的原因

农户不参保原因的调研结果如图4-10所示。

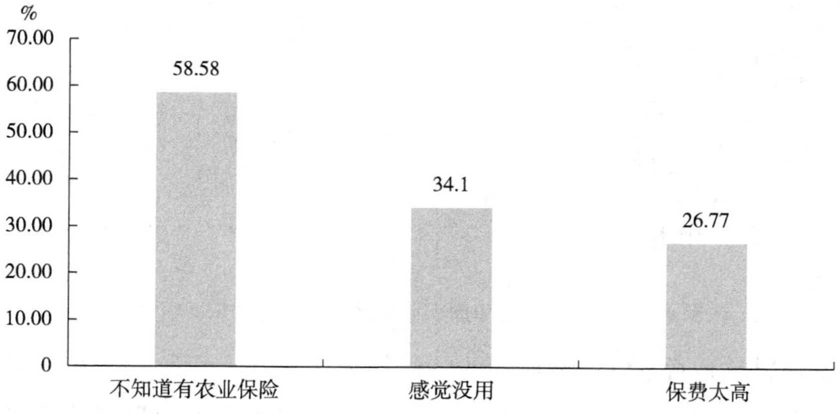

图4-10　农户不参保的主要原因（可多选）

从图 4－10 中可以看出，农户不参与农业保险的主要原因是“不知道有农业保险”，占调研样本的 58.58%，其次是“感觉没用”，占调研样本的 34.10%，最后是认为“保费太高”，占调研样本的 26.77%。因此加大农业保险推广和宣传力度，促使农户了解和认可农业保险是提高参与率的重要途径。

（五）农户了解农业保险的程度及获知信息的途径

农户是否知道农业保险有保费补贴的调研结果如图 4－11 所示。从中可以看出，农业保险保费补贴的农户知晓率较低，在全部调研样本中仅有约 1/3 的农户知道保费补贴政策，即使在参保农户中，知道保费补贴政策的农户比例也未达到 60%，说明即使农户参加了农业保险，其对农业保险的了解程度也不高。从农业保险参保率影响因素模型的估计结果看，知道保费补贴政策的农户，参保率能够提高 150%，因此保费补贴政策知晓率较低是参保率不高的重要影响因素之一。

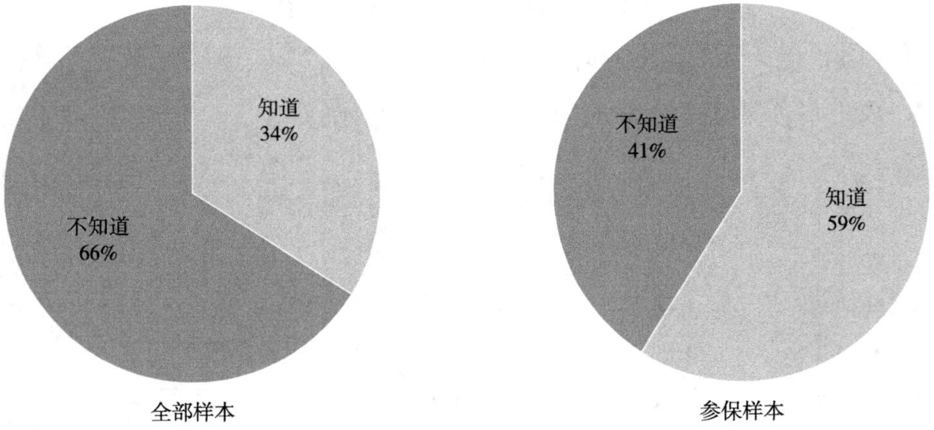

图 4－11　农户是否知道农业保险有保费补贴情况统计

农户感觉是否了解农业保险的调研结果如图 4－12 所示。在全部调研样本中有 38% 的农户感觉不了解农业保险，在参加了农业保险的调研样本中依然有 8% 的农户感觉不了解农业保险。是否了解农业保险是农户参保的重要影响因素，从调研结果来看，仍有较多农户对农业保险不了解，这也是农业保险参与率较低的重要原因之一。

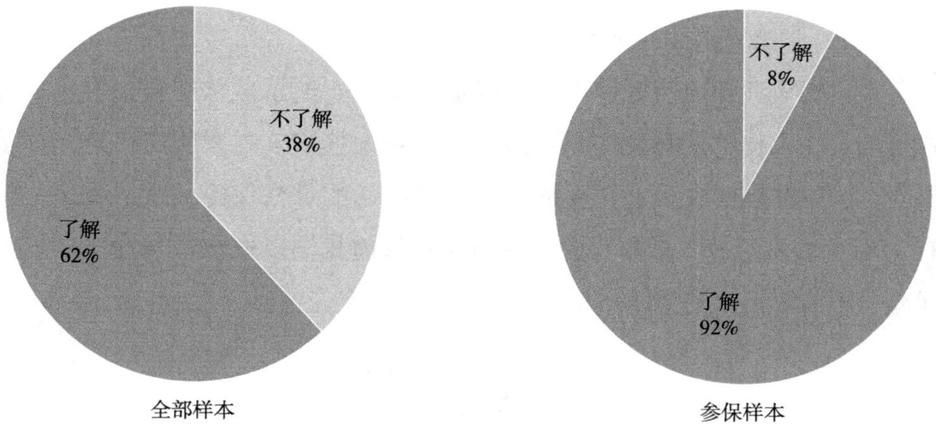

图 4 – 12　农户感觉是否了解农业保险情况统计

农户获知农业保险信息途径的调研结果如图 4 – 13 所示。可以看出，农户获知农业保险相关信息的途径主要是村干部的介绍和宣传，占到调研样本的 70.41%，远超其他获知途径。其他获知途径中占比较高的是电视，占比为 29.21%，网络、广播和亲友介绍均在 20% 左右。由于农户一般没有看报的习惯，因此通过报纸获知农业保险相关信息的样本占比不足 10%。值得注意的是，农户从保险机构获取信息的比例非常低，仅为

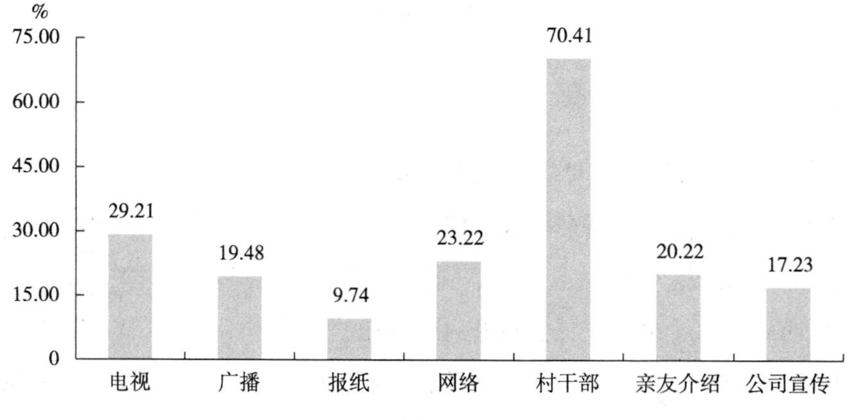

图 4 – 13　农户获知农业保险信息的途径（可多选）

17.23%，是除报纸外占比最低的获知途径，说明保险机构在农业保险展业方面所做的工作还存在较大不足。

（六）保险产品需求的调研结果

农户对农业保险险种的需求情况如图4－14所示。从中可以看出，农户更加关注农作物的总体产量和最终收入情况：23%的调研农户选择产量保险，60%的调研农户选择能够覆盖价格波动的价格保险或收入保险，仅有17%的农户选择了成本保险，这意味着目前我国以成本保险为主的农业保险已不能满足农户需求。

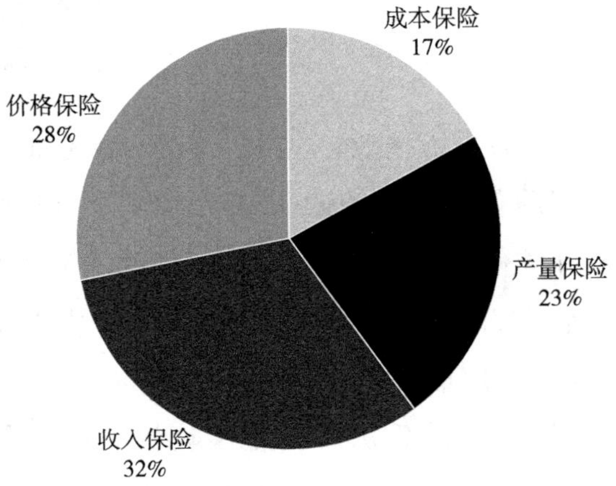

图4－14　农户对农险险种的需求

四、农业保险的效果

（一）农业保险的作用及对农户的影响

对农业保险作用的调研结果如图4－15所示，从中可以看出，农户对农业保险实际作用的主观感受并不明显：第一，在调研样本中，69.22%的农户认为农业保险对防灾减灾的作用“一般”“较小”或“基本没有”，仅有8.94%的农户认为农业保险具有显著的防灾减灾作用；第二，在调研样本中77.87%的农户认为农业保险对生活的影响“一般”“较小”或“基本没有”，仅有6.10%的农户认为农业保险可以很大程度上影响到生活。这说明农户从中获得的灾害补偿并不明显，农业保险对大多数农户的影响效果受到局限。

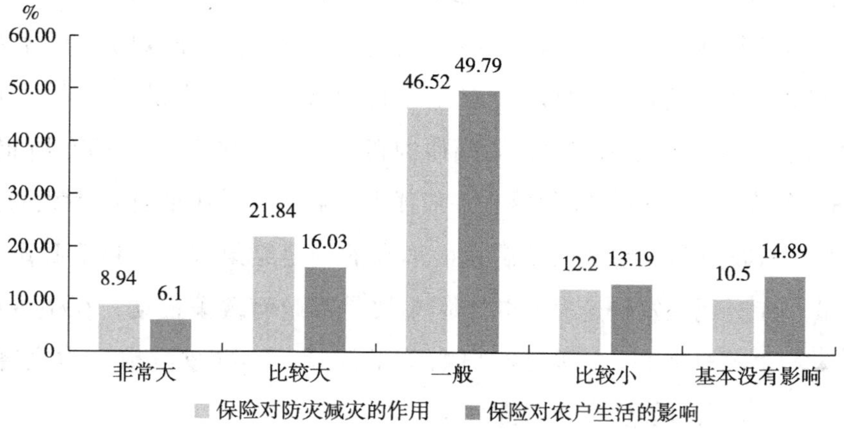

图 4－15 农业保险对防灾减灾及农户生活的影响

为进一步分析农业保险对农户种植过程中的作用和影响，问卷中设置了问题“您参保前后对您的种植产生了哪些较大影响”，调研结果如图 4－16 所示：参保农户中有 31.46% 选择了增加成本投入，11.99% 选择了增加种植面积，11.61% 选择了应用新的种植技术，其余 44.94% 认为没有影响。

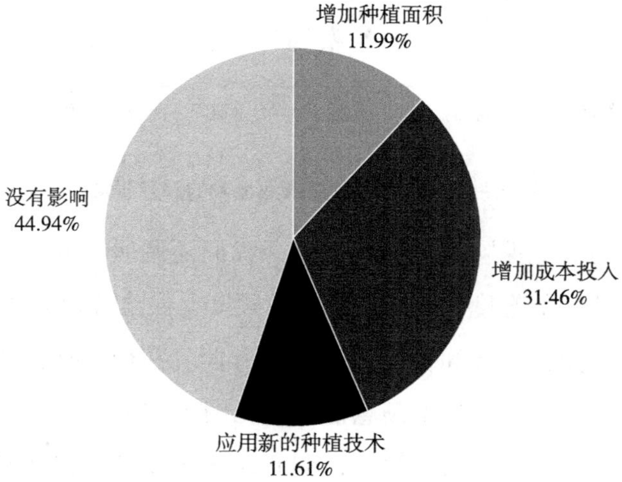

图 4－16 农业保险对农户种植的影响

因此农业保险对农户农业生产的影响作用并不明显，保险政策有待进一步调整和提高。

（二）农户对农业保险的满意程度

从调研结果看（见图 4－17），河北省在参与农业保险的样本中有 43.07% 的农户能够对农业保险满意，其中选择“非常满意”的农户占 10.49%，这两个比例比 2015 年调研时的 35.86% 和 3.79% 都有所提高。56.93% 的农户对农业保险的感觉一般或者不满意，其中非常不满意的占到 2.62%。从有效参保率低以及满意度不高的调研结果来看，目前我国农业保险虽然在宏观上发展速度较快，但主要是靠政府政策推动，在微观层面并未深入“农户之心”，即使农户购买了保险，一旦政策推广力度降低，农户将会以较大可能性退出农业保险。

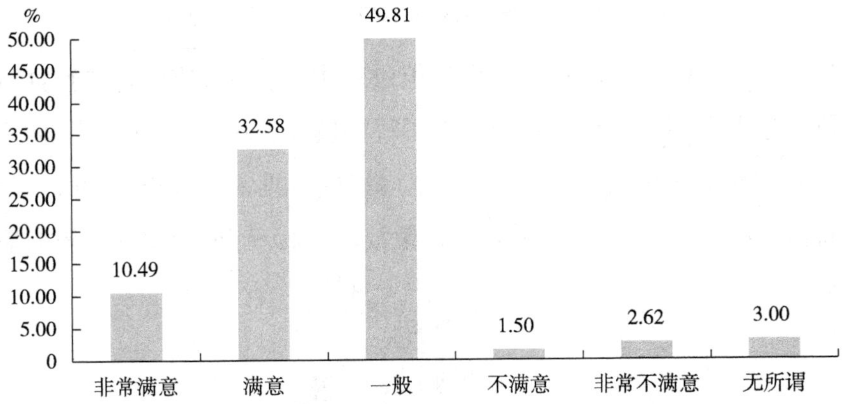

图 4－17 参保农户对农业保险的满意程度

除了农户对农业保险的总体满意度，我们还调研了农户对农业保险运作过程中具体要素的态度，包括政府补贴额度、保险公司服务、赔偿额度、赔偿速度、勘察定损方式和保险品种 6 个方面。利用雷达图表示参保农户对农业保险运作因素满意或不满意情况（见图 4－18）。

从图 4－18 中可以看出，第一，调研农户对农业保险主要因素的满意程度总体较低，没有任何因素的满意率超过 50%（最高仅为 42.32%）；第

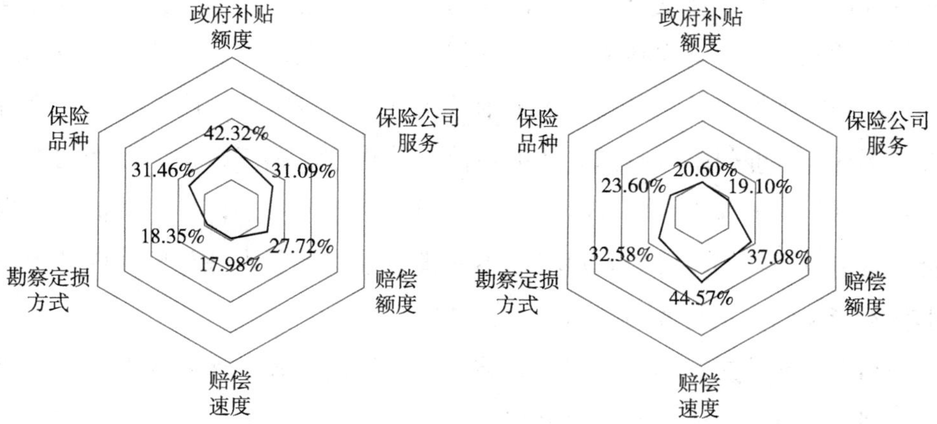

图4－18 参保农户对农业保险满意（左）或不满意（右）的方面

二，调研农户最为满意的农业保险因素是“政府补贴额度”，有42.32%的样本选择了满意（在满意的因素中占比最高），同时仅有20.60%的样本选择了不满意（在不满意的因素中除保险公司服务外最低）；第三，调研农户最不满意的因素是“赔偿速度”，有44.57%的样本选择了不满意（在不满意的因素中占比最高），同时仅有17.98%的样本选择了满意（在满意的因素中占比最低）。农户对农业保险因素满意或不满意的基本情况应该是今后调整政府政策、提高保险机构运作水平的重要依据。

第二节 农户维度绩效评价方法的设计

一、绩效评价指标的选择

通过分析调研的基本情况，我们可以得到如下主要结论：第一，对于种植业来说，农户种植规模较小，仍然以零散经营为主要耕种方法，受耕种条件和习惯的影响，种植业很难对农户的生产行为（包括要素投入、播种面积和种植结构）产生显著影响；第二，自然风险在较大程度上对农户的收入造成影响，从农户对农业保险的态度可以看出，农户参与农业保险最主要的原因之一是弥补灾害造成的损失，对农业保险最不满意的原因之一是遭受灾害损失后，保险机构未给予足够的经济补偿，因此导致大部分农户不认为农业保险能起到有效的风险管控作用；第三，很大比例的农户未真正参与农业保险，原因有二，一种原因是不愿参加，另一种原因是保费由当地政府部门代缴，农户根本不知道自己参加了农业保险，因此保险也就不能起到真正有效的作用。

结合调研情况和相关文献研究结果，我们认为农业保险对农户的效果可以划分为五个阶段，对农户而言，农业保险在不同的发展阶段具有不同的目标，对农户产生不同的影响效果，应选择相应的指标进行绩效评价（见图 4－19）。

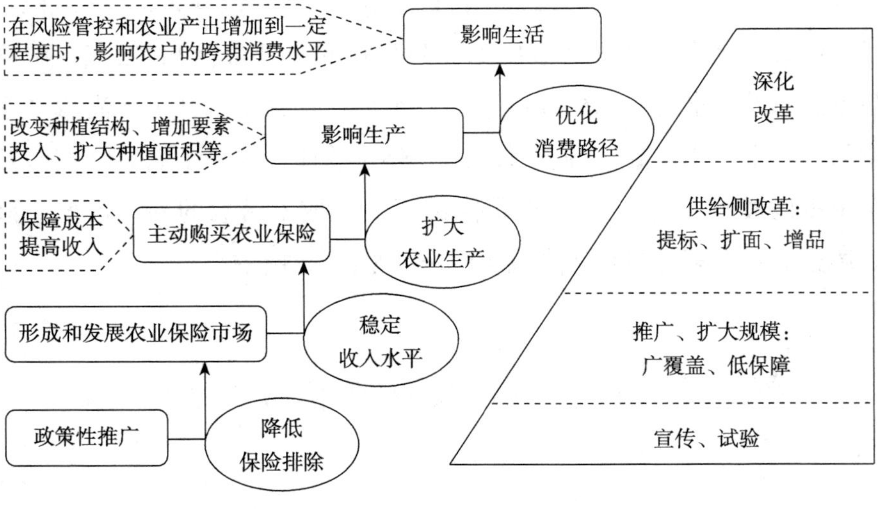

图 4－19　农业保险对农户影响的不同阶段

第一个阶段是在政策的推动下，加强农业保险的宣传和试验，使更多的农户了解农业保险，并能够购买农业保险，降低农业保险的排除度，在此基础上达到农业保险的第二个阶段，即形成和发展农业保险市场。第一、第二阶段是农业保险能够发生影响、产生效果的基础和先决条件。

只有形成了有效、成熟的农业保险市场，保险模式和保险品种才能不断调整和适应我国农业发展的要求，农户才能从农业保险中获得保险的各项好处，这时通过不断推广和扩大农业保险的规模，提高保障水平，使得农户在提高效用和收入水平的内在激励下主动购买农业保险，达到保障成本和稳定收入的效果，即农业保险的第三阶段。在成本、收入都具有足够风险保障的前提下，农业保险进入第四个发展阶段，农户将敢于尝试采用新的种植方式，如改变种植结构，增加要素投入以及扩大种植面积等，进而影响种植业的生产方式和产量，并且种植业方式的改变反过来又会影响农户的收入和效用水平。农业保险在第三和第四个阶段，通过反复的提标、扩面和增品，通过深化改革，农业保险不断渗透到农业生产活动中，成为不可或缺的生产要素，当在风险管控和农业产出增加到一定程度时，农业保险将影响到农户的跨期消费水平以及日常生活，农业保险达到第五个发展阶段。

我国尽管从 20 世纪 30 年代就开始试办农业保险，但是中间历经了 80 多年停办、恢复、衰退的曲折发展过程，从 2007 年的保费补贴开始我国农业保险才真正进入了快速发展阶段。前几年，我国农业保险发展的主要任务是政策性推广成本保险，降低排除度以形成有效的农业保险市场，并在此基础上逐步实现以风险管控和转移支付的方式稳定和提高农户收入水平。目前我国已经形成了仅次于美国的世界第二大农业保险市场，主要粮食作物的承保率已经超过 70%，承保农作物品种超过 200 个，逐步形成了有效的农业保险市场，农业保险正处于由第二阶段向第三阶段转移的关键时期，我国农业保险进一步发展和改革的主要任务是在现有市场规模的基础上不断“提标、扩面和增品”，加大农业保险对农户生产行为和消费行为的影响。

根据上述对农业保险发展阶段的分析，形成有效的农业保险市场后，农业保险对农户的收入将会产生影响：农户通过缴纳一定的保费，在灾害年份保险机构以风险赔偿的方式对农户的损失进行补偿，改变了农户收入的概率分布，稳定了农户的收入，与此同时，政府的保费补贴资金通过保险机构的赔偿对农户实现了转移支付，即农业保险不但降低了农户收入的方差，而且提高了收入水平的均值。因此，根据我国农业保险所处阶段，本章主要从农业保险对农户收入影响的角度进行绩效评价，并从保险排除的角度研究农业保险发展程度对绩效水平的影响，为农业保险有效实现第三个发展阶段（农户收入水平的稳定和提高）提供研究基础。

二、绩效评价指标的设计

存在较多的因素（如生产技术、市场价格等）影响农户收入水平，需要通过大量的调研数据剔除各种干扰因素才能较精准地估计农业保险的影响，王克（2014）在其博士论文中通过数值模拟技术，利用构建标准农户的方法估计了农业保险对农户收入和效用的影响。农业保险对农户收入水平的影响主要来自灾害发生后的保险赔偿，因此我们不再详细探讨农业保险对农户收入的影响，而是直接通过测度保险赔偿对灾害损失的补偿作用对农业保险的绩效进行评价。农户维度绩效评价方法的设计思路框架如图4－20所示。

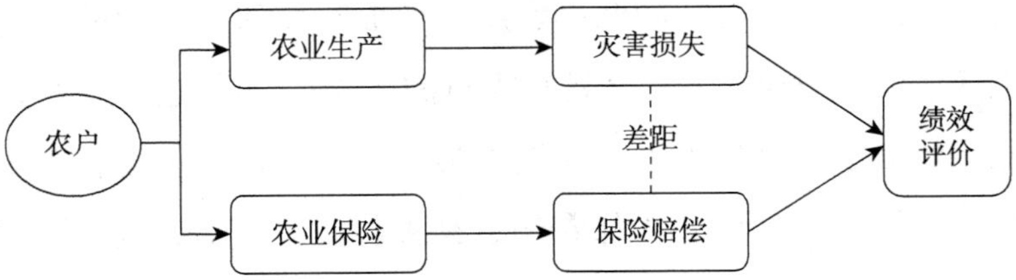

图4－20　农户维度绩效评价方法的设计思路框架

从农户收入的视角研究种植业保险绩效水平的最直接方法，是研究购买种植业保险前后农户收入的变化情况。假设 E_0 与 E^* 分别表示购买保险前后农户种植业收入的期望，σ_0 与 σ^* 分别表示购买保险前后农户种植业收入的标准差，则购买保险前后农户种植业收入的变异系数分别为 σ_0/E_0 和 σ^*/E^*，定义种植业保险对农户收入水平影响效果如式（4－1）所示。

$$F = 1 - (\sigma^* / E^*) / (\sigma_0 / E_0) \quad (4-1)$$

从 F 的定义可以看出：（1）随着 σ^* 的降低和 E^* 的增加，即农户收入的波动降低、期望提高时，种植业保险对农户收入水平的影响效果增加；（2）若种植业保险对农户的收入分布没有影响，则 $\sigma^* / E^* = \sigma_0 / E_0$，种植业保险对农户收入水平的影响效果 $F = 0$；（3）若种植业保险完全补偿了农户的灾害性损失，则购买保险后农户种植业收入的标准差 $\sigma^* = 0$，种植业保险对农户收入水平的影响效果达到较好状态 $F = 0$。

但是上述测度方法仅是一个粗略估计，实际上存在较多的因素（如生产技术、市场价格等）影响农户收入水平，需要通过大量的调研数据剔除各种干扰因素才能较精准地估计种植业保险的影响，王克（2014）在其博士论文中通过数值模拟技术利用构建标准农户的方法估计了种植业保险对农户收入和效用的影响。农业保险对农户收入水平的影响主要来自灾害发生后的保险赔偿，因此我们不再详细探讨农业保险对农户收入的影响，而是直接通过测度保险赔偿对灾害损失的补偿作用对农业保险的绩效进行评价。

若第 t 年第 i 个省份的人均灾害损失为 l_{it}，人均获得保险赔偿后的实际损失为 $\hat{l}_{it}$，若农业保险能够全部补偿农户的灾害性损失，则 $\hat{l}_{it} = 0$，对农户而言，此时可以认为绩效水平达到最大（等于1），若农业保险未对农户进行任何赔偿，则 $\hat{l}_{it} = l_{it}$，此时可以认为绩效水平最低（等于0），因此可以定义农户维度的绩效水平如式（4－2）所示。

$$PL_f = 1 - \frac{E(\hat{l}_i^2)}{E(l_i^2)} \quad (4-2)$$

根据数理统计中方差与期望的关系公式，可将 $E(\hat{l}_i^2)$ 分解为式（4－3）：

$$E(\hat{l}_i^2) = D(\hat{l}_i) + [E(\hat{l}_i)]^2 \quad (4-3)$$

式（4－3）左侧为 $E(\hat{l}_i^2)$，表示第 i 个省份人均实际损失平方的期望，可以用来衡量农户实际损失的总体状况；式（4－3）的右边由两部分构成，表示农户的损失由两部分衡量，一是损失的波动情况，二是损失的均值情况，其中 $D(\hat{l}_i)$ 表示第 i 个省份人均实际损失的方差，可以用来衡量农户实际损失的波动，该值越大意味着农户收入的波动性越高；$[E(\hat{l}_i)]^2$ 表示第 i 个省份人均实际损失均值的平方，可以用来衡量农户实际损失的大小情况，该值越大意味着农户的收入损失越高。

自然灾害对农户的影响主要包括两个方面，一是增加了农户收入的波动，二是降低了农户收入的均值，两者都会降低农户的效用。将式（4－2）和式（4－3）结合可得式（4－4）：

$$PL_f^i = 1 - \frac{D(\hat{l}_i) + [E(\hat{l}_i)]^2}{E(l_i^2)} = 1 - \frac{D(\hat{l}_i)}{E(l_i^2)} - \frac{[E(\hat{l}_i)]^2}{E(l_i^2)} = 1 - d_i - e_i \tag{4-4}$$

式（4－4）实际上将农户维度的绩效评价分解成两部分，即农业保险赔偿对农户而言包含两种功能，一是降低农户收入的波动，二是提高农户收入的期望值。对于波动而言，农业保险的赔偿与灾害损失的比例越稳定，农业保险对农户收入的平滑作用越强（$D(\hat{l}_i)$ 的数值越小），农户的收入水平越稳定。对于期望值而言，农业保险的赔偿额度越高，农户的实际损失越少（$[E(\hat{l}_i)]^2$ 的数值越小），收入的期望值越高。因此，PL_f 能够较好地表示农业保险对农户收入影响的绩效水平，当农业保险能够完全补偿农户的灾害损失时（即 $\hat{l}_{it} = l_{it}$），农业保险农户维度的绩效水平达到最大，即 $PL_f = 1$。

第三节　农户维度农业保险绩效水平的测度

一、各地区灾害性损失的测度

目前，我国没有各省农业遭受自然灾害损失的统计数据，只能根据灾害面积进行测算。按照《中国统计年鉴》中关于农作物成灾、受灾和绝收面积的统计方法，因自然灾害导致农作物产量比正常年份减少一成以上的农作物播种面积为受灾面积（Covered Areas），减少三成及以上的农作物种植面积为成灾面积（Affected Areas），减少八成及以上的农作物播种面积为绝收面积（Total Crop Failure Areas），即受灾面积包含成灾面积，成灾面积包含绝收面积。假设第 t 年第 i 个省份的农村人口数量为 AN_{it} ，受灾面积、成灾面积和绝收面积分别为 CA_{it} 、AA_{it} 和 FA_{it} ，按照最低损失程度考虑（即绝收面积的减产率按照80%计算，损失程度在80%以下成灾面积的减产率按30%计算，损失程度在30%以下受灾面积的减产率按10%计算），则第 t 年第 i 个省份种植业的人均灾害损失如式（4－5）所示。

$$l_{it} = \frac{FA_{it} \times 0.8 + (AA_{it} - FA_{it}) \times 0.3 + (CA_{it} - AA_{it}) \times 0.1}{AN_{it}} \times AP_{it} \tag{4-5}$$

假设第 t 年第 i 个省份的总播种面积为 TA_{it} ，种植业的总产值为 FG_{it} ，则单位播种面积产值 AP_{it} 应满足公式（4－6）。

$$\begin{aligned} FG_{it} = [& FA_{it} \times 0.2 + (AA_{it} - FA_{it}) \times 0.7 \\ & + (CA_{it} - AA_{it}) \times 0.9 + (TA_{it} - CA_{it})] \times AP_{it} \end{aligned} \tag{4-6}$$

即种植业总产值应等于各类受灾面积按照减产比例折合后的面积乘以单产。2007—2019年各地区种植业遭受自然灾害的面积统计情况如表4－3所示。

综合分析表4－3中的各类受灾面积可以看出：（1）2007—2019年我国种植业遭受自然灾害的总体面积较大，从全国来看平均受灾面积为30245.95千公顷、平均成灾面积为14750.12千公顷、平均绝收面积为3348.05千公顷，分别占平均播种面积的18.58%、9.06%和2.06%。

（2）各地区受灾情况存在较大差异，从平均受灾面积来看，受灾程度最为严重的为内蒙古和黑龙江，分别占平均播种面积的35.23%和24.08%，受灾程度最轻的为上海和西藏，分别占平均播种面积的3.42%和

9.53%，从绝收面积来看，受灾最为严重的为内蒙古和黑龙江，分别占平均播种面积的5.58%和2.38%，受灾最轻的为上海和天津，分别占平均播种面积的0.22%和0.77%。

（3）同一地区不同年度的灾害情况也存在较大差异，2007—2019年受灾面积的变异系数在0.35至1.16之间，成灾面积的变异系数在0.39至1.21之间，绝收面积的变异系数在0.48至1.42之间，相对于较稳定的播种面积（变异系数在0.01至0.38之间），遭受灾害面积存在较大波动性。较大的自然灾害面积和不同时间不同地区灾害程度的差异性意味着不同时间不同地区需要得到的保险赔偿不同，不能以某地某时的情况进行绩效评价，需要综合考虑不同时段的损失和赔偿情况。

表4-3　2007—2019年各地区种植业遭受自然灾害面积统计情况

单位：千公顷

省份	受灾面积		成灾面积		绝收面积		总播种面积	
	均值	标准差	均值	标准差	均值	标准差	均值	标准差
北京	29.77	25.56	16.88	14.96	3.74	3.51	224.36	85.28
天津	36.65	42.62	21.68	26.19	3.50	4.97	455.50	21.27
河北	1364.25	623.63	747.85	405.41	159.36	124.11	8611.73	213.83
山西	1325.71	530.55	645.07	267.65	151.50	85.20	3704.07	93.47
内蒙古	2672.24	945.22	1564.34	611.70	422.95	224.37	7584.37	782.47
辽宁	1065.63	707.21	534.86	403.08	165.16	171.23	4078.66	177.17
吉林	1089.09	777.85	563.03	543.57	138.97	130.39	5495.89	399.41
黑龙江	3077.02	1986.84	1485.74	924.58	304.32	260.02	12776.19	1080.33
上海	12.02	9.34	5.26	3.87	0.77	0.93	350.97	49.98
江苏	644.06	410.15	247.08	150.55	32.16	16.70	7593.39	98.61
浙江	516.66	352.38	232.76	171.02	45.67	38.00	2294.76	187.95
安徽	1271.46	497.58	485.55	217.51	144.77	148.58	8917.50	101.28
福建	227.08	145.13	114.89	75.81	23.63	22.06	2113.20	297.07
江西	1063.26	589.42	554.91	252.68	125.75	122.26	5492.32	107.80
山东	1450.92	629.40	570.94	278.72	106.92	51.43	10919.17	120.91
河南	1362.96	676.95	565.51	289.38	89.36	61.39	14385.78	221.29

续表

省份	受灾面积		成灾面积		绝收面积		总播种面积	
	均值	标准差	均值	标准差	均值	标准差	均值	标准差
湖北	2058.48	846.95	910.11	593.03	184.56	97.50	7821.62	320.80
湖南	1853.27	1059.82	955.61	678.76	230.86	167.32	8275.05	424.06
广东	697.03	359.08	281.79	196.90	58.96	53.13	4530.18	190.60
广西	889.74	629.88	387.00	314.98	50.17	40.73	5951.62	161.51
海南	209.88	177.14	87.67	69.57	28.60	30.49	799.70	60.91
重庆	391.43	270.51	177.11	125.40	37.18	24.16	3398.06	134.28
四川	1139.73	722.09	489.61	291.51	94.39	56.09	9580.59	125.44
贵州	866.28	733.65	480.80	434.71	174.02	201.45	5201.65	388.35
云南	1355.30	719.19	685.04	461.72	192.27	214.04	6733.86	434.15
西藏	23.71	16.81	12.46	8.98	4.92	5.26	248.89	12.01
陕西	865.24	386.09	429.96	210.72	93.44	53.64	4180.70	79.07
甘肃	1234.82	507.87	660.22	281.76	122.05	77.57	3996.14	179.61
青海	159.76	65.95	81.25	40.33	13.46	6.89	545.27	17.11
宁夏	321.93	179.63	155.63	93.39	39.80	28.17	1221.80	45.75
新疆	970.57	517.80	600.89	299.61	104.85	55.10	5284.59	618.34
全国	30245.95	9917.26	14750.12	5128.01	3348.05	1189.97	162767.56	4135.83

数据来源：根据《中国统计年鉴》中的各类灾害数据整理得到。

根据各地区2007—2019年的受灾面积、成灾面积、绝收面积和人口总量的统计数据，按照最小损失原则计算得到人均损失情况，其均值和标准差如表4－4所示。自然灾害造成农户收入损失，从表4－4可以看出，各地区人均收入的灾害损失存在明显差异，2007—2019年人均损失值均值最高的省份为内蒙古（1149.96元），其次为黑龙江（832.24元），人均减产均值最低的省份为上海（42.43元），其次为西藏（64.31元）。同时，由于不同年份自然灾害程度不同，同一地区在不同年份的人均收入损失也存在较大差异，造成各地区人均收入损失的标准差较大，最大的为海南（619.52元），最小的上海（33.73元）。

农业保险赔偿能够降低农户的收入损失，从表4－4的计算结果可以看出，灾害赔偿后，各省人均实际损失的均值和均方根都有所降低，降低幅度最大的是上海，保险赔偿后，上海市人均损失的均值和均方根都降低为0，即保险赔偿完全覆盖了灾害性损失，农户不再因为灾害而造成收入波动，此时对农户而言，保险的绩效水平达到最大值。

表 4-4　　2007—2019 年各地区人均灾害损失及赔偿情况统计　　单位：元

省份	人均损失		赔偿后损失		省份	人均损失		赔偿后损失	
	均值	均方根	均值	均方根		均值	均方根	均值	均方根
北京	181.05	240.38	50.65	90.27	湖北	502.73	548.68	463.07	509.39
天津	114.41	177.91	61.98	133.03	湖南	332.81	367.27	258.84	301.35
河北	266.54	284.90	220.38	241.70	广东	200.94	229.12	167.88	202.66
山西	371.38	397.23	325.24	349.91	广西	180.58	204.41	132.21	159.86
内蒙古	1149.96	1232.81	899.49	988.36	海南	659.12	904.57	525.45	750.31
辽宁	632.21	812.65	494.36	683.04	重庆	146.32	158.14	113.00	132.35
吉林	360.43	433.68	243.25	323.60	四川	141.07	149.07	106.30	120.36
黑龙江	832.24	1006.16	623.40	806.74	贵州	197.75	237.05	156.65	200.70
上海	42.43	54.21	0.00	0.00	云南	252.41	285.04	212.90	251.01
江苏	149.95	161.07	92.05	112.02	西藏	64.31	77.99	18.05	53.69
浙江	294.84	357.00	252.93	324.10	陕西	401.49	421.36	356.00	379.84
安徽	177.46	193.60	123.06	139.64	甘肃	383.50	404.14	314.01	341.11
福建	196.90	230.34	169.51	202.76	青海	293.38	349.39	127.12	204.27
江西	225.00	251.33	186.93	216.30	宁夏	461.68	509.49	305.27	357.33
山东	251.80	270.29	194.05	213.01	新疆	635.36	694.69	271.20	373.43
河南	144.31	158.79	88.94	109.66	均值	330.46	335.65	243.68	299.09

注：在计算过程中，部分省份的人均赔偿在部分年份高于测算的人均损失，为更好地考察农业保险对收入波动的影响，我们将赔偿大于损失的年份，人均实际损失定义为0。均方根为将所有值平方的均值，再开平方，用于衡量损失的波动情况。

按照式（4-4）计算得到各地区保险赔偿后人均损失的统计情况，如表4-5所示。从中可以看出，在2019年农业保险发展水平下，农业保险赔偿后，各地区人均损失的总体情况都有所好转，表现为 $E(\hat{l}_i^2) = D(\hat{l}_i) + [E(\hat{l}_i)]^2$ 小于 $E(l_i^2)$，以北京市为例，保险赔偿后，人均损失的 $E(\hat{l}_i^2) = 5583 + 2565 = 8148$，仅为保险赔偿前的14.10%（即 $d_i + e_i = 9.66\% +$

4.44% = 14.10%），因此北京市 2019 年农户维度农业保险的绩效水平为 85.90%。上海市农业保险赔偿消除了农户的灾害性损失（人均测度结果），因此 $d_i + e_i = 0$，因此，上海市农户维度的绩效水平为 1。

表 4－5　　各地区保险赔偿后人均损失的统计情况　　单位：元

省份	$E(l_i^2)$	$D(\hat{l}_i)$	$[E(\hat{l}_i)]^2$	d_i	e_i	省份	$E(l_i^2)$	$D(\hat{l}_i)$	$[E(\hat{l}_i)]^2$	d_i	e_i
北京	57784	5583	2565	9.66	4.44	湖北	301055	45046	214436	14.96	71.23
天津	31652	13854	3842	43.77	12.14	湖南	134887	23814	66996	17.65	49.67
河北	81170	9856	48565	12.14	59.83	广东	52495	12890	28183	24.55	53.69
山西	157793	16660	105780	10.56	67.04	广西	41785	8075	17481	19.32	41.83
内蒙古	1519817	167771	809080	11.04	53.24	海南	818244	286866	276094	35.06	33.74
辽宁	660400	222147	244395	33.64	37.01	重庆	25007	4748	12768	18.98	51.06
吉林	188077	45547	59171	24.22	31.46	四川	22221	3187	11299	14.34	50.85
黑龙江	1012359	262205	388629	25.90	38.39	贵州	56191	15739	24541	28.01	43.67
上海	2938	0	0	0.00	0.00	云南	81247	17679	45326	21.76	55.79
江苏	25944	4076	8473	15.71	32.66	西藏	6082	2557	326	42.03	5.36
浙江	127446	41063	63975	32.22	50.20	陕西	177545	17548	126733	9.88	71.38
安徽	37481	4356	15143	11.62	40.40	甘肃	163329	17748	98605	10.87	60.37
福建	53056	12377	28734	23.33	54.16	青海	122075	25568	16158	20.94	13.24
江西	63169	11845	34941	18.75	55.31	宁夏	259576	34492	93191	13.29	35.90
山东	73057	7717	37656	10.56	51.54	新疆	482597	65901	73552	13.66	15.24
河南	25215	4114	7911	16.32	31.37	均值	221345	45046	214436	14.96	71.23

注：指标 d_i 与 e_i 的单位为%。本表按照 2019 年的保费收入水平进行测算，2007—2018 年的赔偿情况是按照 2019 年的保费及当年的赔付率的乘积进行测算，这样可以计算得到 2019 年农业保险发展水平下农户维度的绩效水平。

二、绩效水平测度与分解

按照表 4－5 的计算方法，根据 2007—2019 年农业保险的保费收入水平和赔付率，计算得到 2007—2019 年各地区农户维度绩效水平，如表 4－6 所示，d_i和 e_i的变化情况如表 4－7 和表 4－8 所示。从中可以看出，总体而言，农户维度的绩效水平不高，各地区的均值仅为 39.45%，并且是按照种植业总产值测算的灾害性损失，若农业总产值具有相同的灾害性损失率，则农户维度的绩效水平将会更低，各地区均值将进一步降低为 24.94%。

表 4－6　　2007—2019 年农户维度农业保险绩效水平测度结果　　单位：%

省份	2007 年	2009 年	2011 年	2013 年	2015 年	2017 年	2019 年	按农业总产值计算
北京	12.85	48.09	57.74	68.99	70.25	75.06	85.90	46.44
天津	0.75	4.18	7.61	19.59	27.70	36.91	44.09	27.24
河北	0.88	4.66	6.34	13.67	17.63	20.40	28.03	15.85
山西	0.63	0.88	5.39	9.69	11.52	15.60	22.41	13.93
内蒙古	4.36	13.75	16.46	26.07	29.03	30.01	35.73	19.47
辽宁	0.11	6.63	6.23	11.22	15.52	18.84	29.35	12.65
吉林	15.08	13.01	17.40	19.96	23.55	35.03	44.32	22.28
黑龙江	3.10	11.66	14.70	24.49	24.98	29.99	35.71	23.43
上海	73.28	85.64	100.00	100.00	100.00	100.00	100.00	99.80
江苏	0.53	9.60	16.31	27.30	28.49	30.02	51.63	30.55
浙江	1.05	2.64	3.48	7.67	10.26	10.88	17.58	8.54
安徽	1.13	19.86	26.85	35.08	36.48	43.79	47.98	25.86
福建	2.14	4.92	9.48	13.82	16.93	18.73	22.51	9.30
江西	1.01	3.48	8.37	11.17	12.96	17.04	25.94	12.24
山东	1.05	4.55	3.37	10.85	18.71	24.44	37.89	20.91
河南	0.99	7.49	6.08	20.62	22.95	40.82	52.31	35.86
湖北	0.92	4.43	4.62	5.92	5.56	7.88	13.81	6.95
湖南	6.76	10.55	11.97	15.21	20.26	26.25	32.68	16.43
广东	0.68	1.38	2.40	8.05	11.05	15.46	21.76	10.55
广西	0.64	3.04	1.94	6.35	14.18	26.72	38.84	20.18
海南	0.39	2.39	3.41	10.30	12.32	15.63	31.20	14.66
重庆	0.57	5.31	8.42	14.04	15.98	20.99	29.96	18.77
四川	10.67	16.79	24.27	35.21	37.40	43.19	34.81	18.15
贵州	1.69	1.32	0.51	3.84	11.86	18.33	28.32	17.68
云南	2.46	4.60	8.73	14.54	16.71	16.43	22.45	12.01
西藏	1.10	5.53	33.36	33.25	40.69	47.44	52.61	54.38
陕西	0.98	1.77	2.27	7.52	7.53	10.30	18.74	12.97
甘肃	0.80	0.74	3.18	10.69	14.15	16.84	28.76	20.49
青海	1.27	1.10	8.39	14.66	23.24	34.76	65.82	37.40
宁夏	0.48	3.66	4.94	17.37	22.72	35.31	50.81	33.07
新疆	10.96	20.08	21.31	34.88	44.50	49.43	71.10	55.19
均值	5.14	10.44	14.37	21.03	24.68	30.08	39.45	24.94
变异系数	2.54	1.57	1.35	0.91	0.76	0.63	0.49	0.73

注：人均灾害性损失是按照种植业产值与损失率的乘积计算得到。在2019 年农业保险发展水平下，按照农业总产值测算人均灾害性损失，其绩效水平列于“按农业总产值计算”列。

表 4－7　　2007—2019 年各区域农户维度 d_i 的变化情况　　单位：%

省份	2007 年	2009 年	2011 年	2013 年	2015 年	2017 年	2019 年
北京	42.22	30.74	26.12	10.80	19.50	16.53	9.66
天津	58.51	57.94	57.41	25.28	52.22	48.10	43.77
河北	12.45	12.37	12.34	74.11	12.18	12.16	12.14
山西	12.53	12.50	12.03	78.70	11.44	11.09	10.56
内蒙古	12.72	12.17	12.02	62.43	11.36	11.31	11.04
辽宁	39.46	38.17	38.25	51.52	36.40	35.74	33.64
吉林	28.74	29.05	28.40	52.02	27.48	25.71	24.22
黑龙江	31.10	29.76	29.28	47.79	27.64	26.83	25.90
上海	17.22	11.33	0.00	0.00	0.00	0.00	0.00
江苏	13.35	13.69	14.05	57.84	14.97	15.12	15.71
浙江	31.81	31.84	31.85	60.39	32.00	32.02	32.22
安徽	15.86	14.03	13.38	52.26	12.54	11.94	11.62
福建	26.59	26.14	25.41	61.46	24.22	23.93	23.33
江西	19.81	19.70	19.49	69.46	19.29	19.11	18.75
山东	13.13	12.85	12.95	76.78	11.80	11.41	10.56
河南	17.37	17.16	17.20	62.41	16.98	17.30	16.32
湖北	15.98	15.69	15.68	78.50	15.60	15.42	14.96
湖南	17.83	17.81	17.80	67.02	17.74	17.70	17.65
广东	23.12	23.16	23.21	68.41	23.74	24.05	24.55
广西	21.91	21.74	21.82	72.15	20.95	20.10	19.32
海南	46.79	46.21	45.92	46.15	42.78	41.42	35.06
重庆	14.45	15.01	15.40	69.78	16.47	17.28	18.98
四川	11.25	11.84	12.72	50.38	14.72	14.62	14.34
贵州	30.22	30.26	30.35	66.17	29.20	28.70	28.01
云南	21.59	21.60	21.62	63.80	21.69	21.69	21.76
西藏	31.95	31.84	40.47	26.34	44.23	44.44	42.03
陕西	9.22	9.23	9.23	83.14	9.34	9.44	9.88
甘肃	9.96	9.96	9.98	79.20	10.21	10.29	10.87
青海	29.48	29.48	29.45	55.85	29.68	28.83	20.94
宁夏	17.87	17.75	17.70	65.37	16.62	15.09	13.29
新疆	16.06	15.82	15.79	49.70	15.15	15.01	13.66
均值	22.92	22.16	21.85	57.59	21.23	20.72	19.51
变异系数	50.77	50.45	54.24	33.53	52.93	52.05	50.63

注：人均灾害性损失是按照种植业产值与损失率的乘积计算得到。

表 4-8　2007—2019 年各区域农户维度 e_i 的变化情况　单位：%

省份	2007 年	2009 年	2011 年	2013 年	2015 年	2017 年	2019 年
北京	44.93	21.17	16.14	10.80	10.24	8.41	4.44
天津	40.74	37.88	34.98	25.28	20.08	14.99	12.14
河北	86.67	82.96	81.32	74.11	70.19	67.44	59.83
山西	86.84	86.62	82.57	78.70	77.03	73.32	67.04
内蒙古	82.92	74.07	71.52	62.43	59.62	58.68	53.24
辽宁	60.43	55.20	55.52	51.52	48.08	45.42	37.01
吉林	56.17	57.94	54.20	52.02	48.97	39.26	31.46
黑龙江	65.80	58.58	56.02	47.79	47.38	43.17	38.39
上海	9.50	3.04	0.00	0.00	0.00	0.00	0.00
江苏	86.12	76.70	69.64	57.84	56.54	54.86	32.66
浙江	67.14	65.52	64.67	60.39	57.74	57.10	50.20
安徽	83.01	66.11	59.76	52.26	50.98	44.27	40.40
福建	71.27	68.94	65.11	61.46	58.85	57.34	54.16
江西	79.18	76.82	72.15	69.46	67.75	63.85	55.31
山东	85.83	82.60	83.69	76.78	69.48	64.15	51.54
河南	81.64	75.35	76.72	62.41	60.08	41.89	31.37
湖北	83.11	79.87	79.70	78.50	78.84	76.70	71.23
湖南	75.41	71.64	70.24	67.02	62.00	56.05	49.67
广东	76.20	75.47	74.38	68.41	65.21	60.49	53.69
广西	77.45	75.22	76.24	72.15	64.87	53.18	41.83
海南	52.82	51.40	50.67	46.15	44.90	42.95	33.74
重庆	84.98	79.68	76.18	69.78	67.55	61.73	51.06
四川	78.08	71.37	63.02	50.38	47.88	42.19	50.85
贵州	68.09	68.42	69.14	66.17	58.93	52.97	43.67
云南	75.95	73.80	69.64	63.80	61.60	61.88	55.79
西藏	66.96	62.63	26.18	26.34	15.09	8.12	5.36
陕西	89.80	89.00	88.49	83.14	83.12	80.26	71.38
甘肃	89.24	89.31	86.84	79.20	75.64	72.87	60.37
青海	69.26	69.42	62.16	55.85	47.07	36.40	13.24
宁夏	81.65	78.59	77.36	65.37	60.65	49.60	35.90
新疆	72.98	64.10	62.91	49.70	40.35	35.56	15.24
均值	71.94	67.40	63.78	57.59	54.09	49.20	41.04
变异系数	23.42	27.27	31.47	33.53	36.15	40.02	47.01

注：人均灾害性损失是按照种植业产值与损失率的乘积计算得到。

农业保险赔偿后，各地区绩效水平及实际灾害性损失（农业保险赔偿后仍然存在的损失）的 d 和 e 的均值变化情况如图 4－21 所示。

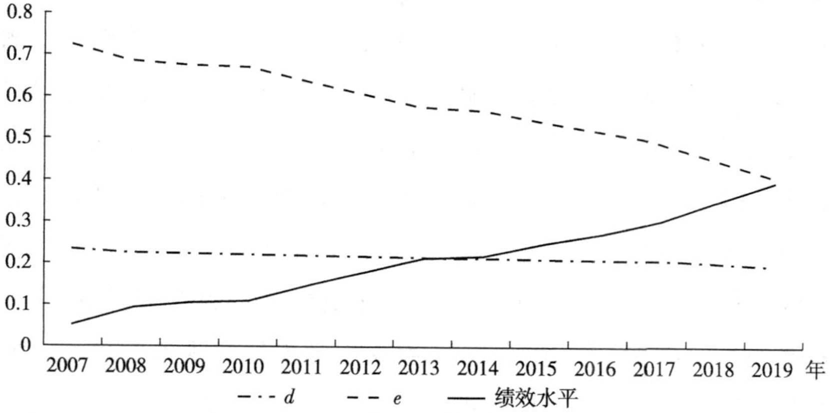

图 4－21　各地区绩效水平及实际灾害性损失 d 和 e 的均值变化情况

从表 4－6、表 4－7 和表 4－8 以及图 4－21 的计算结果可以看出：（1）2007—2019 年农户维度农业保险的绩效水平（各地区均值）呈现递增趋势，从 2007 年的 5.14% 增长到 39.45%，农户维度绩效水平的增加意味着农业保险对农业生产风险保障功能的增强，通过灾害赔付，农户收入的均值得到提高，波动性得以降低。进一步分析可知，绩效水平增长的因素主要来自 $e_i = [E(\hat{l}_i)]^2/E(l_i^2)$ 的降低（从 2007 年的 71.04% 下降到 2019 年的 41.04%，降低幅度为 42.23%），即通过保险赔偿额度的提高，降低了农户实际损失的期望，而农户实际损失的波动性降低比例并不大，$d_i = D(\hat{l}_i)/E(l_i^2)$ 从 2007 年的 22.92% 下降到 2019 年的 19.51%，降低幅度仅为 14.92%，说明农业保险的赔偿与灾害损失之间的比例关系并不协调，对农户收入波动性的降低效果有待进一步提高。

（2）各地区的绩效水平存在较大差异，上海市最高达到 100%，其次为北京，绩效水平为 85.90%。绝大部分省份（23 个省份）的绩效水平在 50% 以下，绩效水平最低的湖北省，绩效水平仅为 13.81%，说明农户受灾害影响的损失均值仍然较高，农户收入的波动性也依然较强，保险赔偿对农户灾害损失的补偿作用很弱。农户维度较低的绩效水平说明在农业保险的保障范围内，农户仍然不能获得灾害损失的有效补偿，其可能的原因主要有两个：一是农业保险条款中一般规定只有达到了一定的损失比例才触发赔偿机制，较低的损失率则不属于赔偿范围，造成农户的部分损失不能得到补偿；二是由于我国农业保险的保障水平仍然较低，随着农业保险的发展，农户能够得到的灾害赔偿越来越多，绩效水平也将越来越高，且各省之间的差异性也越来越小。其中第二个原因可从图 4 – 22 中明显看出，当全国农业保险的保费收入从 51 亿元增加至 674 亿元时，各地区农户维度绩效水平的均值从 5.14% 增长到 39.45%，随着保费规模的增长，绩效水平几乎呈线性增长的趋势，同时各地区之间的变异系数从 2.54 降低为 0.49（虽然降低速度越来越小），因此农业保险的发展有利于提高农户维度的绩效水平。

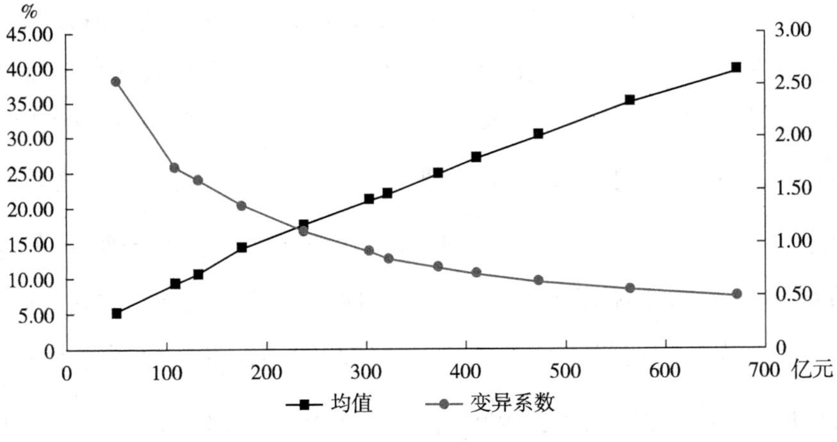

图 4 – 22　农业保险收入规模与农户维度绩效水平的关系

综上所述，我国农户维度农业保险的绩效水平较低，影响绩效水平的最主要因素是农业保险的承保比例较低。因此我们需要追溯研究农业保险发展的第二个阶段，即是保险市场的发展状况，探讨影响农户维度农业保险绩效水平的因素。农业保险的发展涉及政府、农户和保险机构三个主体，我们利用“农业保险排除度”的概念将三个参与主体多种发展指标的情况进行综合，衡量我国农业保险的发展状况，并基于微观调研数据，通过研究影响农业保险有效参保率的因素分析提高农业农户维度农业保险绩效水平的路径。

第四节　农户维度绩效水平的影响因素研究

一、农业保险排除度的定义

保险排除的概念从金融排除的概念延伸而来，金融市场发展过程中，金融机构为提高经营效率，追求利润最大化，将金融业务的重心向“安全”和“繁荣”的市场转移，放弃贫困地区和弱势群体，致使某些区域和群体在接触或获得金融产品和服务时存在困难，这种现象称为“金融排除”（徐敏，2013）。金融排除的现象最早在美国发现，并在20世纪90年代引起学者的关注（Leyshon和Thrift，1993、1994、1995）。21世纪以来，随着金融管制的放松、信息技术的发展和金融业竞争不断加剧，金融排除的问题越来越严重，逐渐成为金融地理学的重要研究课题，学界对金融排除的概念、研究对象、测度方法、影响因素以及对社会的影响机制等方面都进行了较为深入的研究和探讨（刘莉芬，2010）。

保险排除是金融排除的重要组成部分，长期以来保险排除并未引起人们的重视，只是将其作为金融排除的现象之一进行探讨，较少对保险排除进行专门研究（张艳萍，2013），国内外相关学者对保险排除的研究主要集中在两个方面：一是对保险排除现象的调查和分析。随着保险政策的转变、信息技术的发展和保险业竞争的不断加剧，近年来，各国保险排除的问题越来越严重，多个国家和部分学者对保险排除进行了调研，数据表明：保险排除已经成为金融排除中最突出的问题（FSA，2000；Sinclair，2001；

Kempson，2014），例如2004年澳大利亚的一份调查报告显示，澳大利亚有17%拥有私人住房的人没有房屋保险，66%的租房者没有家庭财产保险。保险是社会和经济发展的“稳定器”，保险产品和服务的缺失会引起一系列复杂的社会问题，但是国内对保险排除度的调查和研究仍然未引起足够的重视，仅徐少君（2009）、张艳萍（2013）、徐敏（2013）等利用宏观统计数据对我国保险排除现状进行了分析。二是对保险排除的测量及影响因素的研究。在保险排除度的测量方面，大部分学者借鉴Mandira（2010）提出的金融普惠指数概念，从产品接触性、地理渗透性和使用效用性三个维度选择指标构造保险排除指数（张艳萍，2013）；在保险排除的影响因素方面，国外学者从人群的家庭规模和收入情况（Christiansen，2010）、性别比例（Jianakoplos，1998）、种族情况（Kim，2012）、受教育水平（Chakrabarty，2011）、地理位置（Andreas，2000）以及其他金融产品的排除情况（Devlin，2005）等方面进行定性或定量分析，国内学者张艳萍（2013）利用我国2011年的宏观统计数据测算了保险排除度，并构建Tobit模型对影响我国保险排除度的原因进行了实证研究，认为地区的经济繁荣程度、人口的年龄结构和教育水平是造成保险排除度空间差异的主要因素。现有文献中对农业保险排除度的研究更少，仅郭军（2014）在其硕士论文中对我国农业保险排除度的现状和原因进行了定性分析。

农业保险发展的全面和均衡性是我国“普惠金融”政策的内在要求，是我国农业供给侧结构性改革的重要保障，也是财政保费补贴资金支出效率的重要体现，只有农业保险的全面和均衡发展，农户愿意并能够为农业生产购买更多的风险保障，农业保险才能为农户收入提供更加有效的损失补偿，农户维度农业保险的绩效水平才能提升。因此我们借鉴金融排除和保险排除的研究方法，以农业保险为研究对象，测度我国各省（自治区、直辖市）的农业保险排除度进行农户维度的绩效评价，考察农业保险排除度时空差异，并对其影响因素进行实证研究。

参考保险排除度（Index of Insurance Exclusion）的一般定义，农业保险的排除度可用式（4 -7）表示：

$$IIE = 1 - \frac{1}{k}\sum_{i=1}^{k}\left(\frac{x_i - m_i}{M_i - m_i}\right)^{\frac{1}{2}} \quad (4-7)$$

其中，k 为指标的维度，x_i为第 i 个指标的取值，m_i为所有样本第 i 个指标的最小值，M_i为所有样本第 i 个指标的最大值。在该定义下，农业保险排除度具有一个重要的性质，$IIE \in [0,1]$，该性质能够方便地比较不同区域保险排除度的差异。

二、农业保险排除度的计算方法

上述农业保险排除度的定义式中相当于每个指标赋予等同的权重（1/k），为使指标权重的确定更加合理，我们充分利用数据本身的结构，采用投影寻踪中的方法确定权重，将保险排除度的计算公式改进为式（4 -8）。

$$IIE = 1 - \frac{1}{k}\sum_{i=1}^{k} a_i \sqrt{k} \times \left(\frac{x_i - m_i}{M_i - m_i}\right)^{\frac{1}{2}} \quad (4-8)$$

其中，a_i是利用投影寻踪计算得到的最佳投影向量（投影寻踪的方法已比较成熟，在此不再赘述），即不同维度赋予的权重。按照投影寻踪方法，最佳投影向量应满足式（4 -9），即投影向量的模为 1。

$$\sum_{i=1}^{k} a_i^2 = 1 \quad (4-9)$$

计算方法改进后，农业保险排除度仍然具有 $IIE \in [0,1]$ 的性质，证明如下：

根据 IIE 中各指标的定义，$IIE \geqslant 0$ 是显而易见的，只需证明 $IIE \leqslant 1$。

令 $X_i = \sqrt{k}a_i$，$Y_i = \sqrt{\frac{x_i - m_i}{M_i - m_i}}$，则根据柯西不等式，有式（4 -10）。

$$\sum_{i=1}^{k} X_i Y_i \leqslant \sqrt{\sum_{i=1}^{k} X_i^2 \sum_{i=1}^{k} Y_i^2} \quad (4-10)$$

将 X_i 和 Y_i 代入式（4 -10）得式（4 -11）。

$$\frac{1}{k}\sum_{i=1}^{k} a_i \sqrt{k} \times \left(\frac{x_i - m_i}{M_i - m_i}\right)^{\frac{1}{2}} \leqslant \frac{1}{k}\sqrt{\sum_{i=1}^{k} a_i^2 k \times \sum_{i=1}^{k} \frac{x_i - m_i}{M_i - m_i}} \quad (4-11)$$

又因为 $\sum_{i=1}^{k} a_i^2 = 1$，$\frac{x_i - m_i}{M_i - m_i} \leqslant 1$，所以存在式（4－12）和式（4－13）。

$$\frac{1}{k}\sqrt{\sum_{i=1}^{k} a_i^2 k \times \sum_{i=1}^{k} \frac{x_i - m_i}{M_i - m_i}} \leqslant \frac{1}{k}\sqrt{k\sum_{i=1}^{k} a_i^2 \times \sum_{i=1}^{k} 1} = \frac{1}{k}\sqrt{k^2} = 1 \tag{4-12}$$

$$IIE = 1 - \frac{1}{k}\sum_{i=1}^{k} a_i \sqrt{k} \times \left(\frac{x_i - m_i}{M_i - m_i}\right)^{\frac{1}{2}} \leqslant 1 \tag{4-13}$$

Mandira（2010）从三个维度：地理渗透性、产品接触性和服务使用的效用性，提出了用于衡量金融排除度的多维计算指标，参考该方法，我们在计算农业保险排除度时也考虑农业保险的地理渗透性、产品接触性和服务使用的效率性三个方面。农业保险排除各指标的选择和计算方法如表4－9所示。

表4－9　　保险排除度指标的选择

评价指标	维度	描述	计算方法
地理渗透性	地理维度	单位种植面积农业保险机构数	保险机构数/农作物种植面积
		单位成灾面积农业保险机构数	保险机构数/农作物成灾面积
	人口维度	每百万人保险机构数	保险机构数/农村人口数
	政策维度	单位种植面积保费补贴	保费补贴/农作物种植面积
产品接触性	地理维度	单位种植面积的保障额度	保障额度/农作物种植面积
		单位成灾面积的平均赔款	赔款总额/农作物成灾面积
	经济维度	单位种植业产值的保障额度	保障额度/种植业产值
		单位种植业产值的平均赔款	赔款总额/种植业产值
服务使用的效率性	经济维度	种植业的保险深度	保费收入/种植业产值
	人口维度	种植业的保险密度	保费收入/农村人口数

1. 地理渗透性，即农业保险的服务延展到所考察的地理区域，又可细分为地理维度、人口维度和政策维度。其中，地理维度以“单位种植面积农业保险机构数”“单位成灾面积农业保险机构数”和“农作物参保率”三个指标来衡量，一个地区种植面积和成灾面积越大，越需要农业保险，农作物参保率越高，农业保险的渗透性越强；人口维度以“每百万人保险

机构数”来衡量，一个地区，一定数量的人群拥有的保险机构数量越多，表示农业保险的渗透性越强；政策维度以“单位种植面积的保费补贴”来衡量，农业保险具有一定的政策推动性和强制性，因此保费补贴力度越大，农业保险的渗透性越强。

2. 服务使用的效率性，即农户能够获得农业保险服务的程度。从调研结果来看，农户参与农业保险的最主要目的是获得风险保障，并在灾害发生后获得经济赔偿。因此我们从农业保险的保障额度和平均赔款两个方面衡量农业保险的接触性，保障额度越大，平均赔款越多，越能得到农户的认可，农户的主动参与率越高。在具体计算过程中，将保险产品的接触性细分为地理维度和经济维度，其中，地理维度包括“单位种植面积的保障额度”和“单位成灾面积的平均赔款”两个指标，经济维度包括“单位种植业产值的保障额度”和“单位种植业产值的平均赔款”两个指标。

（3）保险产品接触性，即客观上农户接触农业保险程度，我们从经济和人口两个维度研究保险产品的接触性，其中，经济维度以“种植业的保险深度”来衡量，人口维度以“种植业的保险密度”来衡量。

三、数据来源及处理

基于上述农业保险排除度的计算方法，我们需要用到的数据包括：（1）2008—2019 年各省农作物种植面积、农作物成灾面积、种植业产值以及农村人口数等经济统计数据，这些数据通过整理 2009—2020 年《中国统计年鉴》中的相关数据得到；（2）2009—2020 年各省农业保险的保费收入、保障额度以及赔款总额等保险统计数据，这些数据通过整理银保监会的相关统计数据、《中国农业保险发展报告》（2015、2016）、《中国农业保险保障分析与评价》（张峭等，2020）等资料获得，个别有缺失的年份和省份利用插值法将数据补齐；（3）各省开设农业保险的保险机构数通过整理 2009—2020 年《中国保险年鉴》中的相关数据获得。由于无法获取 2007 年财政补贴额度数据，因此我们从 2008 年计算农业保险排除度。

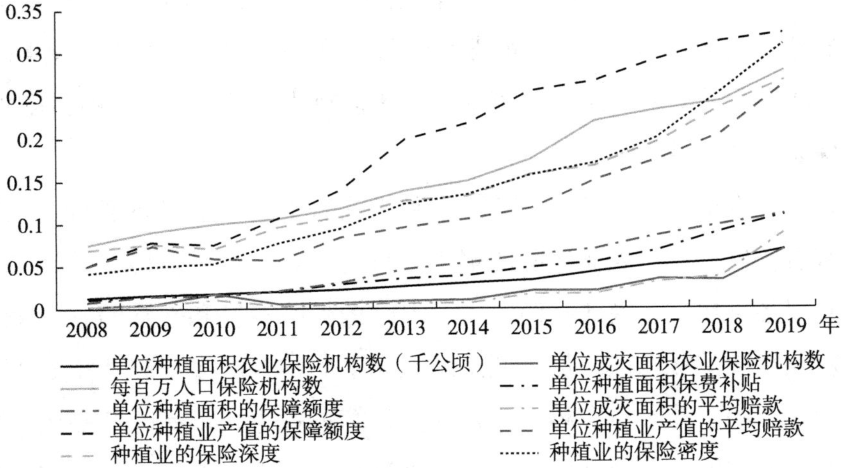

图 4－23　全国保险排除度 10 个分项指标的变化情况

利用上述数据计算得到保险排除的 10 个分项指标，2008—2019 年全国各个指标的变化情况如图 4－23 所示。为便于各个指标的横向比较，作图时将每个指标的数据进行了归一化处理。从图 4－23 中可以看出，10 个分项指标的发展具有一定的协同性，各个指标在 2008—2019 年都存在类似的增长趋势，保险排除度逐步降低。对分项指标建立投影寻踪模型，利用 Matlab 软件和遗传算法求解得到 10 个分项指标的权重，按照顺序分别为 0.18、0.12、0.20、0.22、0.83、0.11、0.24、0.14、0.14 和 0.25。根据上述不同指标权重的计算结果和农业保险排除度的定义，利用 Matlab 编写程序，计算得到 2008—2019 年我国各省农业保险的排除度（见表 4－10）。

从表 4－10 中可以看出，2008 年开始试点时各省份农业保险的排除度都较高，保险排除度最低的是北京，其次是上海，保险排除度较低的原因可能是经济发展水平较高，能够给予农业保险较大财政支持力度；2019 年各省的保险排除度都有所降低，北京仍然最低，为 0.26，其次为上海，为 0.51；2008—2019 年农业保险排除度的年度平均降低率最高的是北京，平均每年降低 4.38%，其次为青海，平均每年降低 3.12%，保险排除度平均降低率最低的是湖北，平均降低率仅为 0.72%，其次是黑龙江，平均降低

表 4－10　　2008—2019 年我国各省农业保险排除度的计算结果

省份	2008 年	2009 年	2010 年	2011 年	2012 年	2013 年	2014 年	2015 年	2016 年	2017 年	2018 年	2019 年
北京	0.74	0.70	0.65	0.65	0.63	0.57	0.55	0.47	0.46	0.40	0.33	0.26
天津	0.92	0.89	0.89	0.88	0.86	0.79	0.79	0.75	0.74	0.70	0.67	0.68
河北	0.93	0.92	0.92	0.92	0.90	0.88	0.87	0.84	0.84	0.83	0.81	0.79
山西	0.94	0.96	0.95	0.92	0.90	0.86	0.83	0.82	0.80	0.78	0.77	0.76
内蒙古	0.86	0.83	0.83	0.83	0.82	0.74	0.75	0.72	0.73	0.71	0.71	0.70
辽宁	0.92	0.87	0.90	0.88	0.85	0.83	0.82	0.80	0.79	0.79	0.78	0.74
吉林	0.88	0.88	0.87	0.87	0.86	0.85	0.84	0.83	0.80	0.79	0.78	0.76
黑龙江	0.87	0.87	0.88	0.88	0.86	0.83	0.84	0.81	0.79	0.80	0.79	0.77
上海	0.79	0.75	0.74	0.68	0.63	0.61	0.62	0.58	0.56	0.55	0.56	0.51
江苏	0.94	0.92	0.91	0.90	0.89	0.87	0.86	0.86	0.83	0.84	0.84	0.80
浙江	0.86	0.87	0.85	0.84	0.81	0.80	0.76	0.76	0.77	0.74	0.74	0.71
安徽	0.94	0.89	0.88	0.88	0.87	0.85	0.85	0.84	0.82	0.81	0.79	0.80
福建	0.91	0.82	0.84	0.83	0.81	0.80	0.79	0.79	0.78	0.73	0.73	0.73
江西	0.95	0.89	0.87	0.85	0.84	0.84	0.83	0.83	0.82	0.81	0.80	0.79
山东	0.94	0.93	0.94	0.94	0.91	0.90	0.90	0.88	0.87	0.85	0.84	0.82
河南	0.95	0.94	0.96	0.94	0.91	0.90	0.90	0.88	0.85	0.84	0.82	0.81
湖北	0.92	0.92	0.92	0.93	0.92	0.90	0.90	0.89	0.89	0.87	0.87	0.85
湖南	0.89	0.88	0.89	0.86	0.85	0.84	0.83	0.82	0.81	0.80	0.79	0.78
广东	0.94	0.94	0.94	0.92	0.89	0.87	0.87	0.86	0.85	0.83	0.82	0.80
广西	0.95	0.94	0.94	0.94	0.93	0.90	0.86	0.85	0.84	0.82	0.79	0.78
海南	0.90	0.84	0.85	0.84	0.80	0.78	0.78	0.78	0.78	0.74	0.72	0.67
重庆	0.93	0.92	0.92	0.86	0.87	0.85	0.86	0.83	0.83	0.82	0.80	0.79
四川	0.90	0.90	0.89	0.87	0.83	0.81	0.79	0.78	0.79	0.77	0.77	0.79
贵州	0.95	0.95	0.98	0.97	0.94	0.91	0.85	0.83	0.82	0.80	0.77	0.76
云南	0.94	0.92	0.89	0.82	0.81	0.78	0.78	0.78	0.79	0.78	0.80	0.79
西藏	0.88	0.91	0.92	0.86	0.80	0.78	0.77	0.73	0.72	0.68	0.61	0.57
陕西	0.94	0.93	0.95	0.94	0.90	0.86	0.84	0.83	0.81	0.80	0.77	0.77
甘肃	0.95	0.95	0.95	0.93	0.88	0.86	0.84	0.82	0.80	0.78	0.77	0.73
青海	0.93	0.94	0.93	0.87	0.86	0.82	0.80	0.75	0.72	0.69	0.64	0.59
宁夏	0.93	0.91	0.91	0.91	0.87	0.85	0.82	0.81	0.77	0.75	0.72	0.69
新疆	0.82	0.81	0.83	0.83	0.82	0.79	0.78	0.78	0.75	0.74	0.73	0.70
均值	0.91	0.89	0.89	0.87	0.85	0.82	0.81	0.79	0.78	0.76	0.75	0.73
CV	0.05	0.06	0.07	0.08	0.08	0.09	0.09	0.10	0.11	0.12	0.14	0.16

率为0.91%；从历年的均值可以看出，整体而言2008年后农业保险排除度越来越低，从0.91降低到0.73，降低了18.11%，每年平均降低1.65%，但是各省之间的差异有增高的趋势，从0.05增长到0.16，增长了2.2倍。

较高的保险排除度意味着农户不能获得有效的保险产品和保险服务，农业保险对农户的其他影响不能有效发挥，农户维度农业保险的绩效水平较低，只有降低了农业保险的排除度，才意味着农户愿意并且能够获得有效的保险服务和产品，农业保险对农户的收入水平、种植行为以及消费行为的影响才能够显现，农业保险的绩效水平才能提高。

四、保险排除度的影响因素

选择下列因素作为保险排除度的影响因素，主要分析如下：

（一）恩格尔系数

购买保险需要农户支付一定的保费，农村人均可支配收入越高，农业保险有效需求越大，保险公司越有动力在该省开展政策性农业保险，因此农户的收入水平是影响农业保险排除度的重要因素，此处我们以恩格尔系数作为农户收入水平的代表变量，恩格尔系数越大，农户的收入水平越低，农业保险的购买力越弱，农业保险排除度越高，因此其回归系数预期为正。

（二）灾害发生率

成灾率为成灾面积占总种植面积比例，成灾率越高，意味着灾害风险越大，农户投保意识越强；但与此同时，保险机构的经营和赔付风险也可能越大，为追求风险可控条件下的利润最大化，保险公司有可能会减少在该地区的保险业务开展。因此该变量对农业保险排除的影响方向难以确定。

（三）保险业总体发展水平

利用保险深度衡量一个地区的保险发展水平。一个地区的保险发展水平代表着该地区保险的综合环境，是影响农业保险的重要因素，良好的保险发展环境可有效推动农业保险的开展，降低农业保险的排除度，因此预计该指标的回归系数应为负。

（四）农业产值占 GDP 比重

农业越重要，政府支持政策越完善，政策性农业保险开展越规范，保险排除越低，但与此同时，农业在经济中的比重越大，其对农业保险的需求越多，农业保险发展的现状越有可能无法满足当地农业产业的发展，保险排除度越高。因此该指标系数的方向无法预判。

（五）平均受教育程度

我们利用农村居民平均受教育年限（小学 6 年、初中 9 年、高中 12 年等）衡量平均受教育程度。农户的受教育程度直接影响到其对保险的认知程度和接受程度，进而影响到农业保险的排除度。当农户由于教育水平较低而看不懂农业保险条款和缺乏必要的保险知识时，农户将会对保险进行“自我排除”，因此提高农村居民的平均受教育程度有利于降低农业保险的排除度，其系数预期为负。

（六）财政补贴比例

我们利用各级财政补贴占保费收入的占比代表财政补贴比例。我国农业保险为政策性保险，保费补贴是农业保险发展的重要推动因素，因此保费补贴比例越高，越能推动农业保险的发展，保险排除度越低，因此预期改变量的系数为负。

将所有变量取对数，利用 Stata14 软件估计农业保险排除度影响因素的面板数据模型，结果如表 4－11 所示。

表 4－11　　　　农业保险排除度影响因素的估计结果

变量	系数	t 统计量	p 值
恩格尔系数	0.3054	3.70	0.000
灾害发生率	0.0068	0.88	0.378
保险深度	0.1006	1.66	0.098
农业产值占比	0.6128	11.34	0.000
平均受教育年限	－0.8235	－2.87	0.004
财政补贴比例	－0.0907	－7.05	0.000
常数项	1.1406	3.82	0.000

注：豪斯曼检验结果显示，χ^2 统计量为 65.22，p 值为 0.000，因此上述模型采用固定效应面板数据模型。下面的分析中，具有统计显著性是指 $p<0.05$。

从表4－11估计结果可以看出：第一，恩格尔系数的估计系数为正且具有统计显著性，说明恩格尔发系数越高，农业保险排除度越高；第二，灾害发生率的估计结果不具有统计显著性，意味着灾害发生率对农业保险排除度没有显著影响，这说明农业保险的发展不存在逆向选择效应，即灾害发生率较高的区域并未影响到农业保险的发展；第三，保险深度在5%的水平上也不具有显著性，说明农业保险的发展具有相对独立性，受当地其他保险的发展水平影响不大；第四，农业产值占GDP的比例的系数显著为正，意味着农业的发展水平越高，对农业保险的需求越大，进而现有农业保险的发展水平越不能满足当地的需求，与其他地区相比保险排除度越高；第五，农村居民人均受教育程度的系数显著为负，意味着提高农户的受教育水平有利于降低农业保险的排除度；第六，财政补贴比例的系数为负数且具有统计显著性，意味着财政补贴比例的提高有助于降低农业保险排除度。

第五节　本章小结

本章基于微观调研数据，分析了农业保险对农户的影响特征，选择以收入损失风险管控水平为评价目标，利用农业保险对灾害损失的补偿效果测度了农户维度农业保险的绩效水平，进而通过构建空间经济模型，利用农业保险排除度的概念分析了绩效水平的影响因素。主要研究结论如下：

1. 调研结果显示，现阶段我国农业保险对农户的收入水平、种植结构和消费习惯的影响都不显著，较多的农户在主观上、客观上尚未认可或购买农业保险。农户参与农业保险的目标主要是要获得灾害补偿，因此应从补偿灾害损失的角度设计绩效评价指标。

2. 根据农业保险的赔偿额度与灾害损失之间的差距测度农户维度农业保险的绩效水平，结果显示，我国农户维度农业保险的总体绩效水平不高，仅为 39.45%，且各地区的绩效水平存在较大差异，个别省份的绩效水平在 90% 以上，大部分省份的绩效水平则在 50% 以下。

3. 农业保险的发展程度是影响农户维度绩效水平的关键因素。只有农业保险市场发展和成熟后才有可能显著影响到农户的收入水平，有效补偿自然灾害造成的农户收入损失，因此可以选择农业保险排除度间接分析农户维度农业保险绩效水平的影响因素。

4. 利用面板数据模型研究农业保险排除度的影响因素，结果显示农村居民人均可支配收入、人均受教育程度、农业产值占 GDP 的比例、保险资源状况等因素都对农业保险排除度具有显著影响。

第五章　保险机构维度的绩效评价：赔付风险管控水平

农业保险机构经营的安全和稳定是我国农业保险持续发展的市场条件，因此保险机构的经营风险尤其是赔付风险就成为保险机构维度农业保险绩效评价的关键因素和重点内容。本章在对我国农业保险供给主体和特征进行分析的基础上，以保险机构的赔付风险作为绩效评价的目标，选择平均赔付率、财务稳定系数和巨灾风险指数三个具体指标测度农业保险和非农财险的综合赔付风险，并利用农业保险和非农财险赔付风险的比值实现保险机构维度农业保险的绩效评价，进而利用蒙特卡洛模拟方法研究了空间相关性对农业保险赔付风险的影响。

第一节　我国农业保险的供给主体及其特征分析

一、农业保险主要经营模式和机构

《农业保险条例》规定“政府引导、市场运作、自主自愿、协同推进”是我国实行农业保险的基本原则，各地区可以根据实际情况选择和确定“农业保险经营模式”，也就是说各地区在政府财税政策的支持下，根据本地农业保险市场特征由不同形式的农业保险机构进行承保经营。2007 年至

2020 年，我国各地区不断探索和试验，形成了多种农业保险经营模式。剖析不同经营模式的特征有助于从保险供给者的角度研究我国农业保险的运营特征和状况，为保险机构维度农业保险的绩效评价指标和方法的设计提供依据和基础。

对农业保险经营模式的归类方法，有的学者按照地域划分，如北京模式、上海模式、浙江模式等（郭树华，2011），有的学者按照保险机构和政府的关系和作用不同划分，如私营、非补贴模式，私营、部分补贴模式，公共、非补贴模式等（朱俊生，2009）。本章侧重于从保险机构的维度研究农业保险的绩效评价问题，因此我们按照农业保险机构经营方式的不同，将我国农业保险的经营模式分为四类：综合性商业保险公司经营模式、农业专业保险公司经营模式、联办共保经营模式以及互助保险经营模式。各种农业保险经营模式的特征简要总结如下：

（一）综合性商业保险公司经营模式

该经营模式主要特点是建立政策性农业保险管理机构，依靠政府财政补贴和税收优惠等政策，综合性商业保险公司直接经营农业保险业务，采取政府推动、市场化运作和农民参与的经营方式。综合性商业保险公司一般开办时间较长，具有较好的资金和保险经验的积累，形成了一定规模的保险业务网络，有利于承保具有巨灾风险、保险对象分散的农业保险，有能力承保跨越多个省区的较大业务区域，更大程度上分散和控制由于空间关联性造成的系统性风险。中国人民财产保险股份有限公司（人保财险）和中华联合财产保险公司（中华联合）是我国参与经营农业保险最主要的两家综合性商业保险公司，2019 年两者的农业保险保费收入占到全国农业保险保费收入的 58.96%，除这两家机构外，太保财险、中航安盟等中外综合性保险公司在农业保险中也占有一定的市场份额，因此综合性商业保险公司经营模式是我国现阶段主要的农业保险经营模式。

人保财险从 1982 年开始恢复经营农业保险，但 2007 年后在政府财政补贴政策的推动下，农业保险业务才有了大幅度提升。近年来，人保财险不断提高农业保险业务的经营和服务水平，实施规范后的操作流程和业务标准，在农村地区广泛建立保险网点，力图打通“最后一公里”。根据相关统计数据，人保财险具有一支30多万人的农业保险工作队伍，保险机构实现了全国行政县全覆盖，并且在90%以上的乡镇和一半以上的行政村都构建了农业保险服务网络。在农业保险的宣传过程中，力争让每个农户都能接收相关信息，并利用无人机、卫星遥感等先进技术进行种植业灾害的勘察定损（李传峰，2016）。人保财险在我国农业保险市场上占有最大份额，其运营方式和服务水平具有较强的标杆示范作用，在有限竞争的环境中，其他经营农业保险的机构逐步按照更高的标准经营农业保险。中华联合最早是为新疆生产建设兵团进行保险的保险机构，现在在全国多个城市都有农业保险业务，其中新疆的业务量最大。由于新疆农业企业化的生产特点，中华联合农业保险在推行过程中更多利用行政手段，因此体现出较多的“政策性”。值得注意的是，尽管中华联合保障水平较低，采用“低保费、低保额和低保障”方式，但由于政策推动性较强，因此新疆种植业的“统保”率仍然能够维持在70%以上，这对于解决我国农业保险参保率较低问题更具有借鉴意义。

（二）农业专业保险公司经营模式

随着农业保险市场的不断发展，在政府推动下，经银保监会批准，我国一些省份根据当地经济状况和农业特征发展出了适合本地的农业专业保险机构，主要包括安徽国元农业保险股份有限公司（国元农险）、吉林安华农业保险股份有限公司（安华农险）以及上海安信农业保险公司（安信农险）等。专业农业保险机构的特点是一般都有较强“政府背景”，经营区域主要集中在特定省份和区域，因此经营规模和业务范围都受到一定的限制，无法在较大空间分散农业风险，并且由于成立时间短，资金规模小，经验积累少，容易造成经营中财务的波动和风险，但与此同时，转移的农业保险公司是在政府主导下以“服务农业”为突破口成立的，因此农业保险业务更有准对性，能够将更多的人力、物力和财力应用于农业保险产品的研发和服务能力的提升。按照银保监会的相关规定，专业的农业保险公司的农业保险业务或涉农保险业务必须超过总体业务的60%，为了自身的生存和发展，农业专业保险公司必须在农业保险的经营策略上不断创新，加大专业服务建设力度。

安华农险是2005年由银保监会批准成立的东北地区首家专业的农业保险公司，2019年的保费收入占比3.93%，是农业专业保险公司中保费收入份额最高的保险机构。其次是国元农险，国元农险于2008年由安徽国元控股有限公司等12家单位共同发起设立，不但经营种植业和养殖业等农业保险，还经营农房等涉农保险，2019年农业保险的保费收入占总保费收入的3.79%。安信农险是我国第一家专业性的农业保险公司，成立于2004年，由于主要经营区域在上海和周边地区，区域范围较小，因此安信农险的保费收入是三个专业农业保险机构中最少的，2019年占比1.27%。三个农业保险公司虽然各有各的运营特点，但都将构建农村服务网络和推广农业保险作为关键工作：国元农险通过在经营区域的各地市设立支公司，在各县区设立服务部，在乡镇设立工作站、在农村设立“协保员”建立完善的多级网络服务组织体系；安华农险积极探索保险宣传和销售渠道，将农业保险的业务与农村信用社业务结合起来，委托信用社代理保险业务，降低保险机构的运营成本；安信农险由于上海市财政补贴额度较高，部分农业保险农户不需要缴纳保费，因此安信农险与政府政策相结合，部分实行强制性保险，实行“区域统保”。农业保险的参保率和运营成本对农业保险经营机构具有重要影响，专业农业保险机构对农业保险宣传、推广和销售等策略的探索对降低农业保险运营成本，提高利润率有一定借鉴作用。

（三）联办共保模式

除了综合性商业保险公司和专业农业保险公司的运作模式外，有些地区还发展出了联办共保的农业保险模式。联办共保模式以浙江省为代表，以人保作为“首席承保人”，由11家保险公司共同组建“浙江省政策性农业保险共保体”，采用“政府推动、共保经营”的方式运营农业保险，政府和各保险公司按照一定的比例分配保费收入，同时按比例承担保险赔款。多家保险公司联合经营农业保险能够更有效地应对农业灾害的巨灾性、非均衡性和空间关联性，提高风险保障能力。同时，联办共保模式便于保险业务接受更多监督，保险机构与政府之间的关系更加阳光和透明，减少寻租风险，有利于农业保险的规范运营和可持续发展。但是多家公司合作经营也存在各保险机构运营目标不一致的风险，同时由于政府“联办”过程中容易对市场经营过多干预，因此其市场运作的可持续性和在其他地区的可行性需要进一步验证。

（四）互助保险模式

互助保险是农户按照合作互助原则建立的自愿参保、自主经营的保险组织。黑龙江阳光农业互助保险公司（阳光互助农险）是我国第一家具有互助性质的农业保险机构，于2005年由银保监会特别批准成立。该保险模式在运作过程中实行“会员制”，以保险合作社为主要平台和依托，其原则是“互助共济、风险共担”，主体成员既是保险人又是投保人，降低了道德风险和逆向选择的概率，也降低了经营管理成本和交易成本，在保费厘定、勘察定损和理赔支付等操作过程上具有明显的便利性，同时保险机构不以营利为目的，与农民的利益目标相一致，容易得到农户的信任和认可，增加农业保险的参与率。然而，互助模式的农业保险经营范围一般较小，难以在较大的空间上分散农业风险，并且由于缺少先进的管理经营和专业保险人才，该模式的推广难度较大。在运营过程中，互助模式的农业保险同样需要一定的运营成本，需要科学地厘定保费和管理财务，因此互助农业保险模式目前已经完全按照企业制度经营，有独立的法人治理结构、产权制度，按照市场化方式运作。

我国农业保险的主要经营模式的特征总结为表5－1。从中可以看出，无论由哪种模式供给保险产品和服务，农业保险都是在政府政策的支持下以市场的方式来运作的，所有模式中的保险机构都是作为一个独立的、自负盈亏的市场主体参与农业保险的，生存和发展是其必须解决的关键问题。

表5－1　　　　　　　　　　我国农业保险的主要经营模式

模式	优点	缺点	主要保险机构	省份
综合性商业保险公司经营模式	技术、人才和经验丰富，资金规模大，偿付能力强	成本高、风险大与农户利益不一致	人保、中华联合、太保财险、中航安盟	大部分省份
农业专业保险公司经营模式	专业性、针对性强有较好的农村网络	经营规模较小财务风险较大	国元农险、安华农险、安信农险	安徽 吉林 上海
联办共保经营模式	风险由政府和多个保险机构共同承担	多个参与主体之间存在利益冲突	浙江共保体	浙江
互助保险经营模式	交易成本较低，与农户的利益具有一致性	缺少专业的风险管理技术、人才和经验	阳光互助保险	黑龙江

二、农业保险机构的经营特征

（一）农业保险机构经营技术障碍

由于农业风险和保险对象的特殊性，保险机构在农业保险经营过程中面临着不同于其他保险的技术障碍，给保险公司业务拓展、风险管理和日常经营带来严重挑战，对保险公司的偿付能力和盈利预期构成了潜在威胁，主要包括：

保险金额确定困难。农作物的实际价值是确定农业保险金额的基本依据，然而在保险期限内，作为保险标的物的小麦、玉米和水稻等农作物一直处于生长和变化过程中，无法准确测度每个生长阶段保险标的物价值，只能按照最终收获的农产品确定保险金额，但是农作物产量受到温度、降水等自然环境和农户耕作方式方法的多重影响，不同区域、不同地块农作物的产量具有较大差异，这给农业保险保障金额的确定造成极大困难。并且，保险机构很难分离不同风险水平的农户，如果保险公司采取一个折中费率，高风险农户就会有更高的投保意愿，产生逆向选择（王国军等，2017），保险机构面临更高的经营风险，因此，农业保险的保障金额难以像其他财产保险一样精准确定。

保险费率厘定困难。保险费率主要依据保险金额的损失程度和发生概率进行测算（此处只考虑纯费率，不考虑附加费率），种植业生产性风险主要源于自然灾害。自然灾害的发生极不规律，难以预测，并且对农作物最终产量的影响具有不确定性，例如剧烈的雷阵雨天气往往造成农作物倒伏，甚至引发洪涝灾害，但是雷电过程中产生的氮肥随雨降落到耕地上又增加了土壤的肥料，因此难以判断农作物的最终产量是增加还是减少。再加上我国农作物灾害数据统计资料的时序短、完备性差、精确度低，因此难以精确地测度农作物灾害性损失的分布特征，造成农业保险保费厘定困难。

理赔工作开展困难。相对于其他财政保险，农业保险标的物分布零散，交通不便，现场勘察、定损都需要花费更多的人力和物力，并且时间要求也更为紧迫，若勘察不及时，将难以确定农作物损失的真正原因。但是，勘察定损后，由于投保的农户较多，居住分散，最终赔偿的实现也会很困难，出现农业保险中所谓“最后一公里”服务瓶颈问题。农业保险公司受成本限制，难以实现农业保险中勘察、定损和理赔的精细化管理，其服务水平遭到农户的质疑，甚至部分农户因对定损额度和理赔服务不满意而退保。

农户行为监管困难。农作物的生长和灾害性损失的程度除了取决于自然环境外，与农户的行为也有较大关系，尽管大部分自然灾害是不可控的，但是农户耕作方法和精心程度的不同造成农作物产量的较大差异，并且由于我国种植业地域分散，监控困难，农户与保险机构之间存在信息不对称，引起农业保险中的逆向选择和道德风险，诱发农户不再采取必要措施进行事前防灾和事后减灾，而是坐等保险公司的赔偿，甚至故意制造保险事故骗取保险赔款，因此保险公司难以估计农作物产量降低中真实的灾害性损失的比例。

（二）农业保险机构的经营风险

尽管国家支持农业保险发展的目的在于保护农户利益，从社会效益角度看，保险机构的经营不应该像商业保险一样完全以盈利为目的，但是也不能仅仅考虑社会效益而完全忽略保险机构生存和发展的需要。通过梳理农业保险经营方法和模式可知，我国农业保险机构一般都是具有法人资格、自主经营、独立核算且自负盈亏的经济实体，在承保过程中既有按照规定收取保费的权利，也有履行赔偿责任的义务，即灾害发生后按照保险合同的约定进行经济补偿。

如果农业保险机构不按照企业的行为准则进行市场经营活动，即在风险可控的前提下保证一定的盈利和资本积累，则由于农业保险标的物损失风险的空间关联性，使得巨灾风险的概率加大，一旦发生大面积农作物受损的自然灾害时，农业保险机构将由于无法承担巨灾风险而影响稳定经营，甚至导致破产。因此自身经营风险得不到有效管控的保险机构将失去持续经营的基础，最终将导致农户不能得到应有的经济补偿，农业生产得不到有效的风险保障。

从宏观上看，农业保险对农业生产进行风险管控总目标与保险机构总目标应该是一致的。生存、效益和发展是应该是保险机构第一位的目标，正所谓“皮之不存，毛将焉附”，只有生存下来的农业保险机构才能对农业生产进行保驾护航。因此农业保险机构尽管可以不以盈利为目的，在利润上“收支平衡、略有盈余”，但必须能够安全经营，即将保险机构的运营风险控制在可承受范围内。

第二节　保险机构维度绩效评价方法的设计

一、绩效评价指标的选择

由于农业风险和保险实施过程的特殊性和困难性，作为独立核算的市场经营主体，运营风险是其可持续发展的关键。农业保险经营越稳定，保险机构就越愿意参与农业保险，越愿意开发更多农业保险产品和服务，农业生产得到的风险保障水平也就越高。而农业保险机构一旦破产，则农户将得不到保险补偿，还会降低农业保险风险补偿的实际效果。保险机构的运营风险主要来自赔付风险。农业保险的经营对象是农业自然灾害，相对于一般财产保险，经营农业保险的保险机构面临更高的赔付风险，并且随着我国农业保险市场准入条件的放宽，农业保险的市场竞争随着保险机构数量的增加而不断加剧，从而农业保险机构的赔付风险将进一步上升。因此，农业保险的赔付风险直接影响到农业保险机构的生存和发展，保险机构农业保险的绩效评价应选取赔付风险作为评价指标。

我国开展农业保险时间较短，难以通过自身的发展情况对保险赔付风险进行对比和评价，并且各地区、各保险机构承保的对象、面临的风险种类、经营规模等各方面存在较大差异，因此农业保险的赔付风险也难以在各地区和各保险机构之间进行对比。农业保险本质上是一种财产保险，经营农业保险的机构也大都参与经营其他财产保险，他们的经营主体相同，运作方式类似，具有较强的可比性，并且由于我国财产保险开展时间较长，经营范式较为成熟，因此我们以非农财险作为参照，通过在相同地区或相同保险机构中对比农业保险与非农财险的差异，对农业保险的赔付风险进行测度和评价。

国内对农业保险赔付风险特征的相关研究主要侧重于对赔付率极值特征的描述，模拟和测算农业保险的巨灾风险（邓国取，2006），仅少数文献研究了农业保险赔付率的整体特征，例如，韦剑锋（2010）对湖北省农业保险的简单赔付率进行了分布拟合，发现农业保险机构面临较高的破产风险，需充分利用再保险等多种方式提高经营的稳定程度；叶明华（2015）采用HP滤波分解法对1984—2012年我国农业保险与财产保险赔付率进行了分解和比较，结果显示无论是长期还是短期，我国农业保险整体赔付水平和波动幅度都远高于财产保险。然而，鲜有文献对我国不同地域、不同保险机构所面临的农业保险的赔付风险进行较为全面和综合的测度。

综上所述，农业保险机构作为自负盈亏的独立核算经营主体，风险可控下的盈利应是其直接经营目标。因此，我们选择由赔付率均值、财务稳定系数和巨灾赔付指数综合而成的综合赔付风险指数，作为保险机构维度绩效评价的指标（见图5－1）。

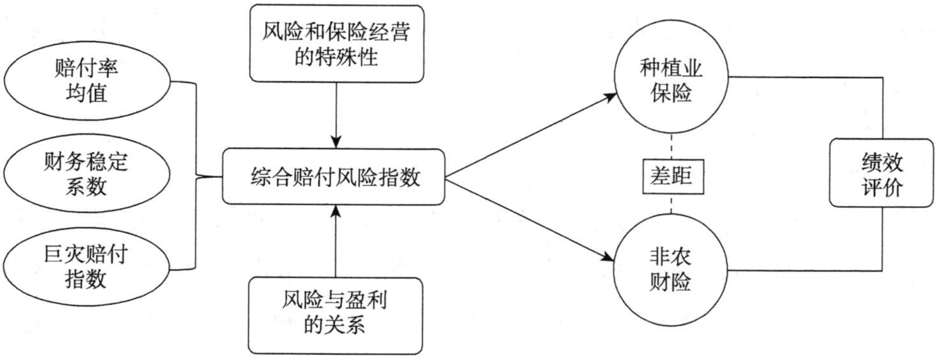

图5－1　保险机构维度绩效评价方法的设计思路框架

由于种植业风险的特殊性和保险经营过程的特殊性，赔付风险对保险机构经营的影响更大，并且保险机构的赔付情况将直接影响保险机构的盈利能力，因此本书的绩效评价指标侧重于赔付风险。通过测度农业保险和非农财险综合赔付风险指数之间的差距进行绩效评价，当农业保险的经营风险高于非农财险时，则从风险管控的角度来说，农业保险的绩效水平较低。赔付率均值、财务稳定系数和巨灾赔付指数的含义及计算方法如下：

赔付率均值。赔付率均值可以反映保险赔付的集中趋势和一般水平，较高的平均赔付率意味着保险机构必须具备较高的运营效率，通过降低成本或者减少利润以提高偿付能力。我们通过计算 T 年赔付率的样本均值得到各省和各保险机构农业保险和非农财险的平均赔付率，即平均赔付率的定义如式（5－1）所示，其中 $\bar{x}$ 表示某区域或机构的平均赔付率，x_t 表示对应区域或机构第 t 年的赔付率，T 为样本的总时长。

$$\bar{x} = \sum_{t=1}^{T} x_t / T \quad (5-1)$$

财务稳定系数。保额损失率的均方差与期望之比称为保险公司的财务稳定系数，记为 k，用于衡量平均保额损失率对实际保额损失率的代表程度（王绪瑾，2011）。稳定系数越高，保险机构破产概率越大，稳定系数越低，保险机构经营的稳定性越高。我们通过保险机构简单赔付率的均值和标准差计算财务稳定系数，其定义如式（5－2）所示，其中 s 为保险机构的保额损失率。

$$k = \frac{std(s)}{E(s)} \quad (5-2)$$

巨灾赔付指数。由于农业保险标的物容易受到大面积自然灾害的影响，不同区域同时发生损失，因此农业保险不同于一般的财产保险，容易诱发巨灾保险（张峭，2015），小概率极端自然灾害导致保险机构承受极大的损失而破产。为衡量农业保险的巨灾赔付情况，我们将大于一定数值的赔付率的条件期望作为农业保险的巨灾赔付指数，其定义如式（5－3）所示，其中 x_α 为赔付率（x）的 α 分位数（我们研究过程中选择赔付率的95%分位数）。

$$h = E(x \mid x > x_\alpha) \quad (5-3)$$

二、评价指标的计算方法

赔付率均值的计算方法。本章利用2007—2018年主要农业保险机构农业保险和非农财险的保费收入和赔款支出计算简单赔付率，然后利用简单赔付率计算平均赔付率。由于简单赔付率的样本量较少，因此本章选用第二章中“非均匀布点信息扩散模型”，以更加精确地计算各省农业保险和非农财险的平均赔付率。

财务稳定系数的计算方法。将保险机构的总保费收入记为 I，提供的风险保障记为 T，产生的损失赔偿记为 L，则保额损失率 $s = L/T$，简单赔付率 $x = L/I$，财务稳定系数为 $k = std(s)/E(s)$。假设保险机构的费率 $r =$

$E(s) \times (1+k+d)$，其中 d 为常数，表示附加费率，则保险机构的保费收入等于保障额度与费率之积，即 $I = T \times r$，因此简单赔付率的推导过程如式（5－4）所示。

$$x = \frac{L}{I} = \frac{L}{T \times r} = \frac{L}{T} \times \frac{1}{E(s)[1+k+d]} = s \times \frac{1}{E(s) + std(s) + dE(s)} \tag{5-4}$$

化简式（5－4）可得，$[E(s) + std(s) + dE(s)]x = s$，由于 $[E(s) + std(s) + dE(s)]$ 为常数，两边同时取标准差和期望，可以得到式（5－5）。因此保额损失率的均方差与期望之比等于保险公司简单赔付率的均方差与期望之比，即财务稳定系数可以利用赔付率的期望和标准差计算得到：$k = std(x)/\bar{x}$。

$$\begin{cases} [E(s) + std(s)] \times std(x) = std(s) & (1) \\ [E(s) + std(s)] \times E(x) = E(s) & (2) \end{cases} \Rightarrow \frac{(1)}{(2)} \Rightarrow k = \frac{std(s)}{E(s)} = \frac{std(x)}{E(x)} \tag{5-5}$$

巨灾赔付指数的计算方法。根据式（5－3）的定义，巨灾赔付指数是超过一定数值（赔付率的特定分位数）的赔付率的条件期望（见图5－2）。

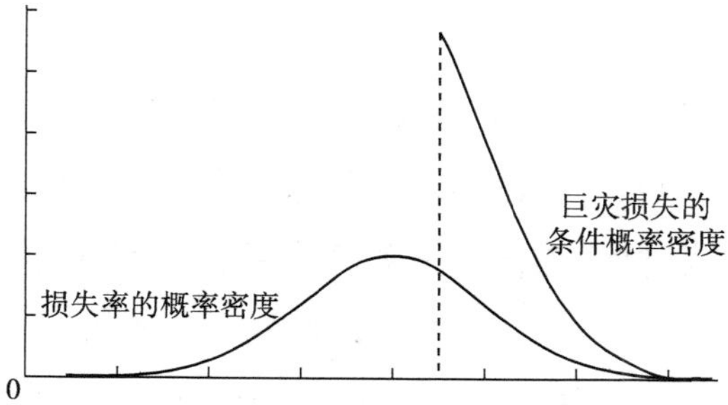

图5－2　巨灾赔付指数定义示意图（条件期望）

首先采取非均匀布点的信息扩散模型计算赔付率的条件期望。根据信息扩散模型方法，赔付率 x_i 的模糊子集的隶属函数如式（5－6）所示，其中 μ_{x_i} 为 x_i 的归一化信息分布。

$$\mu_{x_i}(u_j) = f_i(u_j) / \sum_{j=1}^{m} f_i(u_j) \tag{5-6}$$

若将 x_i 看作样本代表，则信息扩散模型通过式（5－6）将赔付率 x 所携带的信息扩散给论域 U 中的所有点时，取到信息扩散点 u_j 的个数应为式（5－7）。

$$q(u_j) = \sum_{i=1}^{T} \mu_{x_i}(u_j) \tag{5-7}$$

记 $Q = \sum_{i=1}^{T} q(u_j)$，则赔付率等于 u_j 的概率估计值可以定义为式（5－8），同时赔付率超过 u_j 的概率值由式（5－9）确定。

$$p(u_j) = q(u_j)/Q \tag{5-8}$$

$$p(u > u_j) = 1 - \sum_{k=1}^{j} p(u_k) \tag{5-9}$$

根据概率估计值和条件分位数的定义，可以按照式（5－10）计算巨灾风险指数 h，其中 u_J 为对赔付率进行信息扩散后的95%分位数。

$$h = E[x \mid x > x_0] = \sum_{j=J}^{N} u_j f(u_j \mid u_j > u_J) = \frac{\sum_{j=J}^{N} p(u_j)}{p(u > u_J)} = \frac{\sum_{j=J}^{N} p(u_j)}{1 - \sum_{k=1}^{J} p(u_k)} \tag{5-10}$$

各省赔付风险指标的计算方法。利用保险机构的统计数据，基于式（5－1）至式（5－10）可以计算得到各保险机构农业保险和非农财险的三个赔付风险指标（赔付率均值、财务稳定系数和巨灾赔付指数）。我们侧重于对各省进行绩效评价，因此需要计算各省的赔付风险指标。我们定义各省赔付风险指标如式（5－11）所示，其中 Ψ_i 表示第 i 个省的赔付风险指标，φ_j 表示第 j 个保险机构的赔付风险指标，γ_{ij}表示第 j 个保险机构在第 i 个省的保费收入占比（保险份额）。式（5－11）表示某省份保险机构维度赔付风险指标是保险机构赔付风险按照保险份额的加权平均数。

$$\Psi_i = \sum_{j=1}^{n} (\varphi_j \times \gamma_{ij}) \tag{5-11}$$

第三节　保险机构维度农业保险绩效水平的测度

一、不同地域和机构赔付风险的测度

（一）数据来源及描述性统计

2007 年以前我国农业保险处于停滞和试办的状态，各省农业保险规模较小，保险数据的代表性较差，2007 年实行农业保险保费补贴政策后，我国农业保险进入快速发展阶段，各省农业保险的规模迅速扩大。因此我们选择 2007—2019 年农业保险的简单赔付率对农业保险和非农财险的赔付风险进行研究。2007—2019 年我国农业保险赔付率的基本情况如表 5－2 所示。

表 5－2　　2007—2019 年我国农业保险赔付率情况

指标	2007 年	2008 年	2009 年	2010 年	2011 年	2012 年	2013 年
全国平均赔付率（%）	64.16	61.87	75.05	73.50	50.94	58.81	62.24
各省赔付率标准差	0.36	0.25	0.64	0.50	0.21	0.16	0.18
指标	2014 年	2015 年	2016 年	2017 年	2018 年	2019 年	均值
全国平均赔付率（%）	60.55	63.48	71.64	69.62	68.85	77.77	66.04
各省赔付率标准差	0.26	0.15	0.24	0.17	0.14	0.20	0.26

数据说明：农业保险的简单赔付率由各地区历年的赔款支出与保费收入的比值得到。

截至 2019 年，我国农业保险市场上存在 30 余家经营农业保险的机构，但是部分保险机构涉足农业保险业务时间较短，规模较小，代表意义不大，并且有可能会对绩效评价的结果造成干扰，因此我们选择开展农业保险时间较长，规模较大，2019 年农业保险市场保费收入的比例前 10 的保险机构进行研究。所选保险机构的市场份额情况如表 5－3 所示。

表5-3　2019年部分保险机构农业保险和非农财险的市场份额

保险机构	市场份额		保险机构	市场份额	
	农业保险	非农财险		农业保险	非农财险
人保财险	33.04%	44.76%	中原农险	0.16%	2.19%
中华财险	3.72%	13.67%	中航安盟	0.17%	1.95%
太保产险	10.12%	8.70%	安信农险	0.10%	1.26%
国寿财险	5.90%	7.38%	紫金财险	0.49%	1.02%
阳光农险	0.26%	4.22%	大地财险	3.71%	0.89%
国元农险	0.44%	3.98%	北部湾财险	0.24%	0.84%
安华农险	0.42%	3.89%	安诚财险	0.35%	0.27%
平安产险	20.74%	2.47%	中煤财险	0.12%	0.22%

注：根据《中国统计年鉴》和《中国保险年鉴》整理和计算得到。其中2019年安诚财险与中煤财险的农险保费收入占比并不是居于第15和第16位（占比排序在第17和第18位），而是两者的业务分别集中于山西和重庆，比较具有代表性意义，因此选择了这两个保险机构。

全国共34个保险机构从事农业保险经营。从表5-3可以看出，这16个保险机构农业保险保费收入的总份额占到全国市场的97.70%，非农财险占到全国市场的79.97%，可以利用这16个保险机构测度保险机构维度的绩效水平。

（二）赔付风险的计算结果及分析

根据上述平均赔付率、财务稳定系数和巨灾风险指数的定义和计算方法，利用Matlab编程计算得到部分保险机构农业保险和非农财险的赔付风险指标（见表5-4）。

表5-4　我国部分保险机构农险与非农财险赔付风险各指标对比

保险机构	平均赔付率		财务稳定系数		巨灾风险指数		保险机构	平均赔付率		财务稳定系数		巨灾风险指数	
	农险	其他	农险	其他	农险	其他		农险	其他	农险	其他	农险	其他
人保财险	64.99	56.60	13.19	5.39	78.86	62.23	平安产险	72.91	44.28	86.89	11.02	296.59	52.95
中华联合	65.42	59.16	9.36	5.76	78.35	68.07	中航安盟	47.96	40.02	46.61	37.10	86.50	58.99
太保产险	56.11	53.89	18.80	8.92	74.34	60.62	安信农险	60.72	41.64	17.79	16.34	91.12	53.96
阳光农险	75.21	53.85	29.34	55.76	126.62	162.19	国寿财险	55.83	51.82	22.90	10.56	73.97	58.89
安华农险	62.92	48.42	24.44	11.84	106.80	60.13	均值	62.39	50.43	29.57	20.89	110.97	72.79
国元农险	61.86	54.61	26.35	46.27	96.49	89.83	*CV*	7.65	6.20	21.42	17.44	63.82	31.40

数据来源：根据Matlab计算结果整理得到，其中*CV*表示每项指标在各保险机构之间的变异系数。

从表5－4可以看出，由于各个保险机构承保的地域不同，因此不同的保险机构面临不同的赔付风险：（1）从平均赔付率来看，10家保险机构农业保险的平均赔付率均高于非农财险；（2）从财务稳定系数来看，除阳光农险和国元农险外，其余8家保险机构农业保险的财务稳定系数高于非农财险；（3）从巨灾风险指数来看，除阳光农险外，其余9家保险机构农业保险的巨灾风险指数均大于非农财险。

利用表5－4计算结果，根据式（5－11），利用Matlab计算得到我国各省农业保险和非农财险赔付风险指标（见表5－5）。

表5－5　我国各省农业保险与非农财险赔付风险各指标对比　单位：%

省份	平均赔付率		财务稳定系数		巨灾风险指数		省份	平均赔付率		财务稳定系数		巨灾风险指数	
	农险	非农	农险	非农	农险	非农		农险	非农	农险	非农	农险	非农
北京	63.39	54.11	16.31	8.89	82.08	60.94	湖南	65.84	53.06	16.77	14.41	85.36	79.21
天津	65.52	54.04	16.70	11.15	85.12	71.76	广东	65.74	50.83	18.35	5.98	87.75	56.93
河北	64.05	49.64	16.09	6.22	82.41	57.37	广西	66.78	47.01	19.27	8.01	87.96	56.40
山西	66.59	50.38	24.15	6.27	98.21	56.78	海南	63.97	48.07	16.16	12.44	82.86	63.59
内蒙古	64.62	47.53	16.94	6.14	84.13	51.11	重庆	65.82	54.16	18.14	5.52	87.40	60.40
辽宁	63.85	57.00	16.96	7.05	82.48	66.12	四川	59.96	51.56	17.02	6.81	78.96	57.75
吉林	64.16	53.28	18.66	14.29	85.63	78.62	贵州	65.84	52.94	18.79	15.06	88.85	81.63
黑龙江	69.02	50.90	28.11	12.45	110.50	64.48	云南	62.17	48.14	17.22	6.40	83.30	54.47
上海	57.00	53.30	20.48	9.40	81.41	60.28	西藏	65.52	50.34	17.28	10.58	84.83	60.08
江苏	62.80	56.23	18.69	7.51	82.30	64.55	陕西	59.89	52.42	16.81	7.17	78.91	60.12
浙江	59.96	56.73	15.95	8.96	78.23	66.62	甘肃	63.04	49.73	16.20	10.35	81.20	62.19
安徽	66.00	52.64	25.83	6.92	100.51	64.17	青海	65.33	45.86	17.64	4.94	85.36	51.83
福建	65.37	53.35	17.20	5.07	84.21	59.80	宁夏	65.41	48.47	17.51	5.55	85.33	52.08
江西	65.40	53.29	17.61	11.37	85.75	74.09	新疆	65.73	47.85	16.03	5.75	83.41	51.55
山东	62.88	51.47	16.18	5.41	81.64	57.56	均值	64.22	51.55	18.60	8.46	86.58	62.23
河南	64.70	51.32	30.59	3.91	114.17	56.22	标准差	2.43	2.85	3.62	3.15	8.32	8.19
湖北	64.58	52.50	16.91	12.25	83.76	70.61	*CV*	0.04	0.06	0.19	0.37	0.10	0.13

数据来源：根据Matlab计算结果整理得到，其中*CV*表示每项指标在省际的变异系数，计算过程中用到了2019年16个保险机构在各省非农财险的份额，通过整理2020年《中国保险年鉴》中的统计数据得到。

根据表5-5结果，从全国范围来看，农业保险的三项赔付风险指标都要高于非农财险，意味着农业保险的标的物发生风险损失的期望值更高，损失的波动性更强且易于形成极端灾害事件。

从各省计算结果来看：（1）三项赔付风险指标在省际存在一定的差异，非农财险三项指标的变异系数分别为0.06、0.37和0.13，而农业保险的变异系数分别为0.04、0.19和0.10，分别是农业财险的1.5倍、1.9倍和1.3倍，即农业保险的省际差异要小于非农财险；从中还可以看出无论是农业保险还是非农财险，省际之间财务稳定系数的差异性最大。

（2）对平均赔付率而言，所有省份农业保险的平均赔付率均高于非农财险。

（3）对财务稳定系数而言，所有省份农业保险的财务稳定系数都高于非农财险，说明农业保险的赔付率波动性较大，需要预留更多的风险准备金才能够保障农业保险的偿付能力，更高的财务稳定系数也意味着更高的农业保险的费率，在农户缴纳保费困难时，政府要负担更大的保费补贴比例。

（4）对巨灾风险指数而言，所有省份农业保险的巨灾风险指数均大于非农财险，巨灾风险指数大意味着种植业生产过程中更易于发生大额损失风险（如大范围的旱灾、水灾等），增加保险机构破产的概率，需要采取更灵活、更有效的风险分散机制，确保农业保险机构的安全和稳定经营。

二、农业保险与非农财险赔付风险的比较

（一）不同指标权重的确定

通过与非农财险的赔付风险进行综合对比，测度农业保险机构维度的绩效水平，其本质是一个多目标综合评价问题。对于农业保险而言，平均赔付率、财务稳定系数和巨灾风险指数三个指标中，任何一个指标都对保险机构的赔付风险有重大影响，出现较大差异的指标（与非农财险相比）则有可能影响到某区域或某保险机构的可持续经营，因此在绩效评价过程

中必须赋予更大权重。定义保险机构维度农业保险的绩效水平为非农财险与农业保险赔付风险比例的几何平均数，如式（5－11）所示，其中 X、K 和 H 分别为平均赔付率、财务稳定系数和巨灾赔付指数的比值，β_i 为权重系数，且 $\beta_1+\beta_2+\beta_3=1$。根据式（5－12）的定义，当 $R>1$ 表示农业保险的赔付风险大于非农财险，当 $R<1$ 表示农业保险的赔付风险小于非农财险。

$$R = X^{\beta_1}K^{\beta_2}H^{\beta_3} \tag{5-12}$$

由于 $\log(R)=\beta_1\log(X)+\beta_2\log(K)+\beta_3\log(H)$，因此可以首先确定 $\log(X)$、$\log(K)$ 和 $\log(H)$ 权重系数，然后通过 $\exp[\log(R)]$ 计算得到非农财险与农业保险赔付风险比例系数。

在多目标评价中，权重的赋值方法有多种，其中源自信息论的“熵权法”能够根据数据自身的变化特征确定权重，熵表示一组事物或数据提供信息量的多少，数据之间的差异越大，越无序，则熵越大，根据熵权法确定权重，则指标数据差别越大，计算得到的熵越大，权重也就随之增大。基于熵权法确定农业保险赔付风险三个测度指标权重的计算过程如下：

步骤1：计算出每个省份（或保险机构）农业保险和非农财险平三个指标的比较结果 x_{ij}，其中 i 表示第 i 个区域（或保险机构），$j=1, 2, 3$ 分别表示 $\log(X)$、$\log(K)$ 和 $\log(H)$。

步骤2：采用线性插值法，利用式（5－13）进行标准化处理。为了确保熵值的对数运算有意义，对所有标准化数据进行了0.5的平移。

$$y_{ij} = \frac{\max(x_{ij}) - x_{ij}}{\max(x_{ij}) - \min(x_{ij})} + 0.5 \tag{5-13}$$

步骤3：对标准化后的数据按照式（5－14）进行归一处理。

$$f_{ij} = \frac{y_{ij}}{\sum_i y_{ij}} \tag{5-14}$$

步骤4：假设有 m 个省份，则根据式（5－15）计算得到三个指标的权重系数。

$$\beta_j = \frac{1 - h_j}{n\sum_{j=1}^{3} h_j}\ ,\ 1 \leqslant j \leqslant 3, \text{其中}\ h_j = -\frac{1}{\ln m}\sum_{i=1}^{m} f_{ij}\ln f_{ij},\ j = 1,2,3 \tag{5-15}$$

步骤5：根据步骤1—4，编写 Matlab 程序，利用全国、各地区以及各保险机构三个维度三个指标的比例，计算得到权重向量 $\beta = [\beta_1, \beta_2, \beta_3]$，进而利用式（5－16）计算得到保险机构维度农业保险的绩效水平。

$$R = e^{[\beta_1 \log(X) + \beta_2 \log(K) + \beta_1 \log(H)]} \tag{5-16}$$

（二）赔付风险的综合比较

根据上述权重计算步骤，计算得到权重向量为 $\beta = [0.44, 0.24, 0.32]$，并得到我国保险机构维度农业保险的绩效水平（见表5－6）。

表5－6　　我国农业保险与非农财险赔付风险对比结果　　单位：%

省份	比值	绩效水平	省份	比值	绩效水平
北京	1.24	87.38	湖北	1.26	90.77
天津	1.21	90.25	湖南	1.17	93.48
河北	1.18	82.02	广东	1.24	79.76
山西	1.26	76.34	广西	1.23	80.22
内蒙古	1.19	79.16	海南	1.34	88.81
辽宁	1.23	86.59	重庆	1.24	80.85
吉林	1.30	92.76	四川	1.27	84.56
黑龙江	1.34	80.42	贵州	1.47	92.63
上海	1.21	87.31	云南	1.33	80.97
江苏	1.22	86.08	西藏	1.24	86.12
浙江	1.24	91.12	陕西	1.29	85.90
安徽	1.17	78.44	甘肃	1.18	87.88
福建	1.23	80.75	青海	1.24	76.36
江西	1.24	90.03	宁夏	1.26	78.22
山东	1.22	81.79	新疆	1.12	79.10
河南	1.20	69.96	全国	1.23	84.07

数据来源：根据 Matlab 计算结果整理得到。

从全国水平来看，保险机构维度农业保险的绩效水平为81%，即经营农业保险的农业保险机构的总体赔付风险是非农财险的1.24倍，现有农业保险机构的经营策略需要进一步优化才能增加农业保险市场发展的可持续性。

从各省来看，绩效水平最高的省份是新疆，达到90%，即新疆的农业保险的赔付风险非常接近于非农财险（可能的原因是新疆种植业的生产方式更像一个大型的企业式的经营主体，区别于其他省份散户的经营模式，因此种植业的赔付风险与非农财险的赔付风险较为接近），其次为湖南，达到86%；绩效水平最低的省份是贵州，仅为68%，即农业保险的赔付风险是非农财险赔付风险的近1.5倍，说明不同省份农业保险与非农财险的赔付风险存在较大差异，各个省份应根据自身的风险特征选择和优化保险策略，以降低农业保险的赔付风险，缩小与非农财险的差距。

第四节　保险机构维度绩效水平的影响因素研究

从农业保险和非农保险赔付特征的比较结果可以看出，农业保险的平均赔付率、财务稳定系数和巨灾风险指数在整体上高于非农财险，说明农业保险具有比一般财产保险更大的赔付风险。按照大数定律，参保个体越多时，保险的赔付率越接近真实损失率的期望。然而由于农业保险承保对象的灾害损失在空间上具有一定的关联性，仅仅依靠扩大承保规模并不能有效降低农业保险的赔付风险。因此本章从承保规模和空间关联性两个方面研究其对农业保险赔付特征的影响，并在此基础上探讨能够降低赔付风险，提高农业保险机构经营稳定性的策略。

一、空间相关性的测度方法

农业生产中经常遭受诸如干旱、洪涝、病虫害等区域性自然灾害，波及特定区域内的所有农户，造成具有同质性的大面积损失，这种灾害损失的空间相关性会引发农业保险机构赔付的系统性风险（欧阳越秀等，2010）。农业生产损失的空间相关性削弱了大数法则在农户之间、不同农作物种类之间和区域之间分散风险的能力，加大了大灾、巨灾风险发生的概率和损失程度，直接影响着农业保险基本职能的发挥，是农业保险公司运营的最大障碍（Miranda 等，1997；赵晓静等，2016），一直受到国内外学者的关注。

国外较早对农业保险赔付的空间相关性和由此引发的系统性风险进行了研究，例如 Miranda 等（1997）通过对比美国农作物保险机构赔付支出的变异系数与非农业保险机构之间的差异，认为美国农作物保险面临的系统风险是其他财产保险的 10 倍左右；Duncan 等（2000）通过构建农作物保险市场均衡模型，从理论上探讨了空间相关性对农作物保险的影响，认为保险赔付的空间相关性在提高农作物保险费率的同时降低了农户的参保意愿，若没有政府补贴，农作物保险市场将会萎缩甚至崩溃；但是也有学者认为农业生产损失和农业保险赔付的空间相关性可能并没有那么严重，Goodwin（2001）研究了美国伊利诺斯伊、印第安纳和爱荷华三个州玉米生产损失的空间相关性，结果认为随着距离的增加，县域玉米生产损失的相关性逐渐衰减，当达到一定距离时，空间相关性不再显著，甚至出现负相关，因此农作物生产的系统性风险可能并不像通常认为的那么大；Wang（2003）采用空间统计方法，利用美国 1972—1997 年小麦、大豆和玉米的县级统计数据，研究了农作物生产风险的空间关联特征和农作物保险的有效性，实证研究表明，当两县相距甚远时，三种农作物的灾害性损失呈现零相关或负相关，这意味着“大数法则”在一定程度上是仍然是有效的；Porth（2016）利用加拿大农作物生产数据研究了当覆盖区域范围扩大时，农作物系统性风险的变化特征及其对农业保险公司机构破产概率的影响，结果认为相隔较远的区域由于气候差异较大，生产损失的相关性较少，增加保险的承保区域将有助于分散风险，降低农业保险机构的破产概率。

在国内，邢鹂（2004）借鉴金融学中的 CAPM 模型对农业保险的空间相关性与系统性风险进行了理论分析，提出可以利用小区域与大区域的相关系数对农业保险的系统性风险进行测度；谭湘渝（2006）认为农业灾害的空间相关性使农作物损失的变异系数相当高，破坏了农业保险机构分散风险的能力，最终可能使保险机构由于过高的赔付风险而退出农业保险市场；刘世强等（2008）采用区域单产变异相关系数对四川油菜生产的空间相关性进行了研究，认为四川省各地市油菜单产变异的相关系数介于0.27～0.88，各区域之间损失风险的空间相关性的总体程度较高；欧阳越秀（2010）基于农户和保险机构的效用函数构建了农业保险市场的均衡模型，在理论上分析了空间相关性对农业保险市场均衡性的影响，结果认为在没有政府补贴的情况下，农业保险市场无法达到均衡状态，且政府补贴比例必须随着相关性的增加而增大；叶明华等（2012）对我国12个粮食主产省水旱成灾率的两两相关系数进行了计算，并依据相关系数的大小研究了风险区划的问题；赵小静等（2016）测度了河南省各地市农业灾害损失的空间相关特征，并在此基础上通过系统聚类法对河南省农业的系统性风险进行了定量研究。

综上可知，空间相关性是农业保险的重要特征，对农业保险机构的赔付风险会产生重大影响。因此研究农业保险赔付的空间相关性及其对赔付风险的影响对我国农业保险的生存和发展具有重要的现实意义。本节设计了“区域相关系数”用于测度种植业生产风险空间相关性的大小，并研究了“区域相关系数”的基本性质及其对农业保险赔付风险的影响，并通过蒙特卡洛方法测度了空间相关性在多大程度上提高了我国农业保险的赔付风险，进而，在研究空间相关性及其带来的问题的同时，本节还尝试给出解决该问题的对策，即通过构建和求解保险机构赔付风险的优化模型，提出能够分散和降低农业保险赔付风险的对策和方案。

（一）空间相关性的测度：区域相关系数

假设较大的农业保险承保区域 S 由 N 个小区域 s_i 构成，$i=1, 2, \cdots, N$，第 t 年保险机构在小区域 s_i 的赔付金额为 L_{it}，保费收入为 I_{it}，则第 t 年保险机构在承保区域 s_i 的简单赔付率为 $x_{it}=\frac{L_{it}}{I_{it}}$，在整个承保区域 S 的简单赔付率为 $x_t=\sum_{i=1}^{N}L_{it}/\sum_{i=1}^{N}I_{it}$，为简化推导过程，假设划分承保区域 s_i 时，每个承保区域的保费收入相同（若保费收入不同，在后面的运算中只要按照保费收入所占份额进行加权即可，不影响主要结论），即 $I_{it}=I_t$，则有式（5－17）成立

$$x_t=\frac{1}{N}\sum_{i=1}^{N}\frac{L_{it}}{I_t}=\frac{1}{N}\sum_{i=1}^{N}x_{it},\text{其中 }x_{it}=\frac{L_{it}}{I_t},\tag{5-17}$$

假设小区域 s_i 的简单赔付率均值为 $E(x_{it})=x_i$，方差为 $Var(x_{it})=\sigma_i^2$，且 x_i 与 σ_i^2 均为有限常数，将小区域 s_i 和 s_j 简单赔付率的协方差表示为 $Cov(x_{it},x_{jt})$，$\bar{x}=\frac{1}{N}\sum_{i=1}^{N}x_i$ 与 $\overline{\sigma^2}=\frac{1}{N}\sum_{i=1}^{N}\sigma_i^2$ 分别为区域 S 简单赔付率的平均均值和平均方差，则定义小区域 s_i 和 s_j 简单赔付率的平均相关系数由式（5－18）表示。

$$\bar{\rho}_{ij}=\frac{Cov(x_{it},x_{jt})}{\overline{\sigma_N^2}}\tag{5-18}$$

区域相关系数的定义如式（5－19）所示。

$$\bar{\rho}=\frac{2}{N(N-1)}\sum_{i=1}^{N}\sum_{j=i+1}^{N}\bar{\rho}_{ij}\tag{5-19}$$

根据上述假设和定义，可以得到区域 S 简单赔付率的期望和方差，如式（5－20）和式（5－21）所示：

$$E(x_t)=E\left(\frac{1}{N}\sum_{i=1}^{N}x_{it}\right)=\frac{1}{N}\sum_{i=1}^{N}x_i=\bar{x}\tag{5-20}$$

$$\begin{aligned}Var(x_t)&=Var\left(\frac{1}{N}\sum_{i=1}^{N}x_{it}\right)\\&=\frac{1}{N^2}\left[\sum_{i=1}^{N}Var(x_{it})+2\sum_{i=1}^{N}\sum_{j=i+1}^{N}Cov(x_{it},x_{jt})\right]\\&=\frac{1}{N}\overline{\sigma^2}\left[1+(N-1)\bar{\rho}\right]\end{aligned}\tag{5-21}$$

从上面的分析可以看出，简单赔付率的区域相关系数由大区域内各个小区域之间的相关性决定，能够很好地代表保险赔付的空间相关性：空间相关性越弱，区域相关系数越小，当不存在空间相关时，区域相关系数为0。同时，利用区域相关系数，能够方便地表示简单赔付率的方差以及标准差，进而得到保险机构的财务稳定系数，因此可以利用区域相关系数研究空间相关性对农业保险赔付风险的影响。为更深入地研究区域相关系数，下面首先给出并证明区域相关系数的两个基本性质。

（二）区域相关系数的性质

性质1：根据$\bar{\rho}$的定义可知，区域相关系数的取值范围在 -1 和 1 之间，即$|\bar{\rho}| \leqslant 1$。

证明：根据式（5－19）、式（5－20）和式（5－21）可将区域相关系数的定义式（5－19）进行如下推导，如式（5－22）。

$$\begin{aligned}\bar{\rho} &= \frac{2}{N(N-1)}\sum_{i=1}^{N}\sum_{j=i+1}^{N}\bar{\rho}_{ij} = \frac{2}{N(N-1)}\sum_{i=1}^{N}\sum_{j=i+1}^{N}\frac{Cov(x_{it},x_{jt})}{\bar{\sigma}_N^2} \\ &= \frac{2}{N(N-1)}\frac{\sum_{i=1}^{N}\sum_{j=i+1}^{N}Cov(x_{it},x_{jt})}{\bar{\sigma}_N^2} = \frac{2}{N(N-1)}\frac{\sum_{i=1}^{N}\sum_{j=i+1}^{N}Cov(x_{it},x_{jt})}{\sum_{i=1}^{N}\sigma_i^2/N} \\ &= \frac{2\sum_{i=1}^{N}\sum_{j=i+1}^{N}Cov(x_{it},x_{jt})}{(N-1)\sum_{i=1}^{N}\sigma_i^2} = \frac{2\sum_{i=1}^{N}\sum_{j=i+1}^{N}\rho_{ij}\sigma_i\sigma_j}{(N-1)\sum_{i=1}^{N}\sigma_i^2}\end{aligned} \tag{5－22}$$

式（5－22）中的最后一步利用了相关系数的定义 $\rho_{ij} = \frac{Cov(x_{it},x_{jt})}{\sigma_i\sigma_i}$，根据相关系数的基本性质 $|\rho_{ij}| \leqslant 1$，可以得到如下结果：

$$|\bar{\rho}| = \left|\frac{2\sum_{i=1}^{N}\sum_{j=i+1}^{N}\rho_{ij}\sigma_i\sigma_j}{(N-1)\sum_{i=1}^{N}\sigma_i^2}\right| \leqslant \frac{2\sum_{i=1}^{N}\sum_{j=i+1}^{N}|\rho_{ij}|\sigma_i\sigma_j}{(N-1)\sum_{i=1}^{N}\sigma_i^2} \leqslant \frac{\sum_{i=1}^{N}\sum_{j=i+1}^{N}\sigma_i\sigma_j}{\frac{(N-1)}{2}\sum_{i=1}^{N}\sigma_i^2} \tag{5－23}$$

当 $N=2$ 时，式（5－23）的右边为：$\sigma_1\sigma_2/\dfrac{\sigma_1^2+\sigma_2^2}{2}$ （5－24）

当 $N=3$ 时，式（5－23）的右边为：

$$\frac{\sigma_1\sigma_2+\sigma_1\sigma_3+\sigma_2\sigma_3}{(\sigma_1^2+\sigma_2^2+\sigma_3^2)}=\frac{\sigma_1\sigma_2+\sigma_1\sigma_3+\sigma_2\sigma_3}{(\sigma_1^2+\sigma_2^2)/2+(\sigma_1^2+\sigma_3^2)/2+(\sigma_2^2+\sigma_3^2)/2} \tag{5-25}$$

依次类推可得 N 时的情况：

$$\frac{\sigma_1\sigma_2+\cdots+\sigma_1\sigma_N+\sigma_2\sigma_3+\cdots+\sigma_2\sigma_N+\cdots+\sigma_{N-1}\sigma_N}{(\sigma_1^2+\sigma_2^2)/2+\cdots+(\sigma_1^2+\sigma_N^2)/2+(\sigma_2^2+\sigma_3^2)/2+\cdots+(\sigma_2^2+\sigma_N^2)/2+\cdots+(\sigma_{N-1}^2+\sigma_N^2)/2} \tag{5-26}$$

根据算数与几何平均数不等式：$\dfrac{\sigma_i^2+\sigma_j^2}{2}\geqslant\sqrt{\sigma_i^2\sigma_j^2}=\sigma_i\sigma_j$，可知式（5－23）中的分子之和小于分母之和，因此 $|\bar{\rho}|\leqslant 1$，当只考虑空间正相关时，$0\leqslant\bar{\rho}\leqslant 1$。

性质2：如果保险机构在各区域的赔付具有“有限距离正相关性”（Finite－Range Positive Dependent），则 $(N-1)\bar{\rho}$ 具有有界性，即 $(N-1)\bar{\rho}\leqslant D$，其中 D 为有限常数。

“有限距离正相关性”（FRPD）的含义为：当两个小区域（s_i 与 s_j）的距离较远（大于 d）时，则两个小区域的灾害性损失的相关性降低为0，即 $\rho_{ij}\begin{cases}>0 & if\ \|s_i-s_j\|\leqslant d\\ =0 & otherwise\end{cases}$，其中 $\|s_j-s_i\|$ 表示 s_i 与 s_j 之间的距离（此处的定义和思路主要参考了 Wang（2003）的研究结果，不过我们放宽了假设条件，并未要求不同的区域具有相同的方差）。

性质2的证明如下：

根据区域相关系数的定义有：

$$(N-1)\bar{\rho}=\frac{2}{N}\sum_{i=1}^{N}\sum_{j=i+1}^{N}\rho_{ij}=\frac{2}{N}\sum_{i=1}^{N}\sum_{j=i+1}^{N}\frac{Cov(x_{it},x_{jt})}{\bar{\sigma}_N^2} \tag{5-27}$$

$$\because\quad Cov(x_{it},x_{jt})=Cov(x_{jt},x_{it}),$$

$$\therefore \quad \frac{2}{N}\sum_{i=1}^{N}\sum_{j=i+1}^{N}\frac{Cov(x_{it},x_{jt})}{\overline{\sigma}_N^2}=\frac{1}{N}\sum_{i=1}^{N}\sum_{j=1,i\neq j}^{N}\frac{Cov(x_{it},x_{jt})}{\overline{\sigma}_N^2} \tag{5-28}$$

记 $\delta=\dfrac{\overline{\sigma}_N^2}{\max(\sigma_i^2)}$，则式（5－28）可化为式（5－29）：

$$\frac{1}{N}\sum_{i=1}^{N}\sum_{j=1,i\neq j}^{N}\frac{Cov(x_i,x_j)}{\overline{\sigma}_N^2}=\frac{1}{\delta}\frac{1}{N}\sum_{i=1}^{N}\sum_{j=1,i\neq j}^{N}\frac{Cov(x_i,x_j)}{\max(\sigma_i^2)} \tag{5-29}$$

$$\because \quad \max(\sigma_i^2)\geqslant\sigma_i\sigma_j$$

$$\therefore \quad \frac{1}{\delta}\frac{1}{N}\sum_{i=1}^{N}\sum_{j=1,i\neq j}^{N}\frac{Cov(x_i,x_j)}{\max(\sigma_i^2)}\leqslant\frac{1}{\delta}\frac{1}{N}\sum_{i=1}^{N}\sum_{j=1,i\neq j}^{N}\frac{Cov(x_i,x_j)}{\sigma_i\sigma_j} \tag{5-30}$$

$$\therefore \quad \frac{2}{N}\sum_{i=1}^{N}\sum_{j=i+1}^{N}\frac{Cov(x_{it},x_{jt})}{\overline{\sigma}_N^2}\leqslant\frac{1}{\delta}\frac{1}{N}\sum_{i=1}^{N}\sum_{j=1,i\neq j}^{N}\rho_{ij} \tag{5-31}$$

$$\therefore \quad (N-1)\overline{\rho}=\frac{1}{N}\sum_{i=1}^{N}\sum_{j=1,i\neq j}^{N}\overline{\rho}_{ij}\leqslant\frac{1}{\delta}\frac{1}{N}\sum_{i=1}^{N}\sum_{j=1,i\neq j}^{N}\rho_{ij} \tag{5-32}$$

由式（5－30）到式（5－31）用到了相关系数的定义 $\rho_{ij}=\dfrac{Cov(x_{it},x_{jt})}{\sigma_i\sigma_j}$。

记 O_i 为大区域 S 中与第 i 个小区域的距离不超过 d 的小区域个数，即 $O_i=\sum_{j=1,j\neq i}^{N}I(s_j)$，$I$ 为示性函数：$I(s_j)=\begin{cases}1, & if\ 0\leqslant\|s_j-s_i\|\leqslant d\\0, & otherwise\end{cases}$，则当保险机构在各区域的赔付具有 *FRPD* 性质时，有 $\sum_{i=1}^{N}\sum_{j=1,i\neq j}^{N}\rho_{ij}\leqslant\sum_{i=1}^{N}O_i$，假设 O_i 的最大值为 $O_{\max}$，则 $\sum_{i=1}^{N}O_i\leqslant\sum_{i=1}^{N}O_{\max}=N\times O_{\max}$，因此得到式（5－33）：

$$(N-1)\overline{\rho}=\frac{1}{N}\sum_{i=1}^{N}\sum_{j=1,i\neq j}^{N}\overline{\rho}_{ij}\leqslant\frac{1}{\delta}\frac{1}{N}\sum_{i=1}^{N}\sum_{j=1,i\neq j}^{N}\rho_{ij}\leqslant\frac{1}{\delta}\frac{1}{N}\sum_{i=1}^{N}O_i\leqslant\frac{1}{\delta}O_{\max} \tag{5-33}$$

因为 $\frac{1}{\delta}$ 和 $O_{\max}$ 都为有限常数，因此 $D=\frac{1}{\delta}O_{\max}$ 也为有限常数，即 $(N-1)\overline{\rho}\leqslant D$。

二、空间相关性对农业保险赔付风险的影响

当不存在空间相关时，保险机构的财务稳定系数如式（5－34）所示。

$$k^0 = std(x_t)/\bar{x} = \sqrt{\frac{1}{N}\overline{\sigma^2}}/\bar{x} \tag{5-34}$$

由于 $\overline{\sigma^2}$ 有界，因此当不存在空间相关性时，随着承保区域的增加，保险机构的财务稳定系数不断减小，经营的稳定性增强，并且当 $N \to \infty$ 时，$k^0 \to 0$，此时大数定律发挥了完全的作用，从赔付的角度来看，保险机构的经营将处于稳定的状态。

当存在空间正相关时，保险机构的财务稳定系数如式（5－35）所示。

$$k^* = std(x_t)/\bar{x} = \sqrt{\frac{1}{N}\overline{\sigma^2}[1 + (N-1)\bar{\rho}]}/\bar{x} = \sqrt{A + B}/\bar{x} \tag{5-35}$$

其中，$A = \sqrt{\frac{1}{N}\overline{\sigma^2}}$，$B = \sqrt{\frac{(N-1)}{N}\overline{\sigma^2}\bar{\rho}}$。

尽管 A 随着承保区域的增加而降低，但是 B 却随着承保区域的增加而增加，且当 $N \to \infty$ 时，$A \to 0$，$k^* = B \to \overline{\sigma^2}\bar{\rho}$，即大数定律并未完全发挥作用，无论怎样扩大承保面积，保险机构的赔付都存在一定程度的波动，也就是说农业保险标的物容易受到大面积自然灾害的影响，不同区域同时发生损失，因此农业保险不同于一般的财产保险，容易诱发巨灾保险（张峭，2015）。

可以用式（5－36）测度空间相关性对保险机构财务稳定系数的影响。

$$\delta = \frac{k^* - k^0}{k^*} = 1 - \frac{1}{\sqrt{1 + (N-1)\rho}} \tag{5-36}$$

δ 表示空间相关性造成的财务不稳定性占整体不稳定性的比例，且 δ 越大，空间相关性对农业保险赔付风险的影响越大。从该式中可以看出：

（1）当保险机构的承保面积一定时，简单赔付率的区域相关系数越大，空间的正相关性越强，农业保险的赔付风险越高。根据区域相关系数

的性质 1 可知，$0 \leqslant \bar{\rho} \leqslant 1$，因此 $0 \leqslant \delta \leqslant 1$，并且当不存在空间相关时，区域相关系数 $\bar{\rho} = 0$，此时 $\delta = 0$，即由区域相关造成的保险机构的财务不稳定性占总体不稳定性的比例为 0；当区域相关系数 $\bar{\rho} \neq 1$ 时，存在空间相关，此时 δ 的取值与承保区域相关：由于大数定理的作用，保险机构承保区域越大，财务稳定系数中的 A 部分越小，空间相关性造成的财务不稳定性占整体不稳定性的比例越大，因此 δ 与承保范围 N 存在正向变动关系，当 $N \to \infty$ 时，$\delta \to 1$，即保险机构的财务波动完全由空间相关性引起。

（2）根据区域相关系数的性质 2，当保险赔付的空间相关具有 FRPD 的性质时，$(N-1)\bar{\rho} \leqslant D$，因此 $\delta \leqslant 1 - 1/\sqrt{1+D}$，若通过合理安排保险机构的承保区域，降低有限常数 D 的上限，则能够降低空间相关性对农业保险赔付风险的影响，优化农业保险的经营与管理，区域相关系数的性质 2 为我们提出相应对策提供了理论依据。

三、空间相关性对赔付风险影响的实证分析

空间相关性对农业保险的影响最终以保险赔付之间的相关特征表现出来，因此我们直接利用保险赔付数据对农业保险的空间相关性进行研究，不仅能够更加精准地测度我国农业保险空间相关性的大小，而且能够更加直接地测度其对农业保险机构赔付风险的影响。以中国人民财产保险股份有限公司（以下简称人保财险）为例，给出在“空间相关”和“空间不相关”两种情况下该公司农业保险简单赔付率的模拟结果，模拟结果的概率密度曲线拟合如图 5－3 所示。

从图 5－3 可以看出，虽然两种情况下农业保险的简单赔付率的均值相同（约 63%），但当在各省保险赔付相互独立的假设下（即不存在空间相关），农业保险赔付率的分布更加集中，意味着更小的标准差和更小的财务稳定系数，保险机构的经营更加稳定。

从图 5－3 还可以看出，当存在空间相关时，农业保险赔付率的分布更加分散，而且呈现明显的拖尾性质，这不但意味着更大的标准差和财务稳

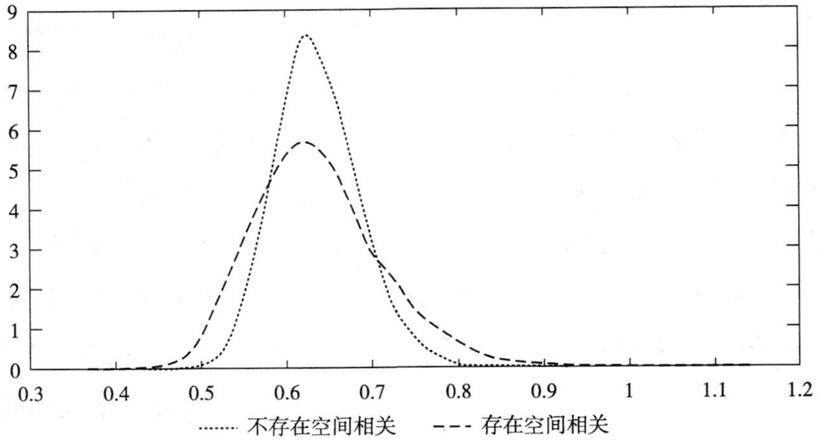

图 5-3 空间相关性对农业保险简单赔付率的影响（人保财险）

定系数，而且意味着农业保险更容易发生巨灾赔付风险，即赔付率超过保险机构偿付能力的概率更大。将大于一定数值的赔付率的条件期望定义为农业保险的巨灾赔付指数，即 $h = E(x \mid x > x_{\alpha})$，其中 x_{α} 为赔付率（x）的 α 分位数（我们研究过程中选择赔付率的95%分位数），则 h 越大表示农业保险机构面临的破产风险越高。

通过 Matlab 计算 31 个省份农业保险赔付的相关性，并在 5% 的显著水平上检验相关系数的显著性，得到各省之间的相关系数矩阵。根据各省农业保险简单赔付率的分布拟合结果以及各保险机构（选择的 10 个保险机构）在各省的保费收入情况，利用@ risk 软件对保险机构的简单赔付率进行蒙特卡洛模拟。根据@ risk 软件的模拟结果，计算得到 10 个保险公司在空间相关和空间不相关情况下的财务稳定系数（k）、巨灾赔付指数（h）以及空间相关性造成的财务不稳定性占整体不稳定性的比例（δ）（见表 5-7）。

从表 5-7 可以看出，除阳光农险、国元农险以及安信农险由于承保区域主要集中在一个省份，不受省际空间相关性的影响外，其余各保险机构的赔付风险都高于空间不相关时的情景，其中赔付风险提高比例最大的是人保财险，巨灾赔付指数从 0.72 提高到 0.77，提高了约 7%，财务稳定系数从0.08提高到0.12，空间相关性造成的财务不稳定性占整体不稳定性的35%。需要说明的是，我们重点是以省际的空间相关性为例研究其对农业保险赔付风险的影响，未涉及地市级、县级甚至各农户农业生产区域之间的空间相关性，因此阳光、国元以及安信三家农险机构的赔付风险只是未受省际空间相关性的影响，利用我们的分析框架和更详细的农业保险赔付数据可以得到进一步的研究结果。

表5-7　空间相关性对各保险公司赔付风险的影响

保险机构	空间不相关		空间相关		δ	保险机构	空间不相关		空间相关		δ
	k	h	k	h			k	h	k	h	
人保财险	0.08	0.72	0.12	0.77	35%	中航安盟	0.21	0.85	0.24	0.89	13%
中华联合	0.11	0.75	0.12	0.77	13%	太保产险	0.15	0.87	0.16	0.90	9%
阳光农险	0.23	1.16	0.23	1.16	0	国寿财险	0.30	1.10	0.37	1.19	19%
国元农险	0.29	1.11	0.29	1.11	0	平安产险	0.23	1.08	0.27	1.12	12%
安华农险	0.15	0.84	0.17	0.86	9%	安信农险	0.15	0.87	0.15	0.87	0

数据来源：根据@risk模拟结果整理得到。

综上所述，我们通过设计和借鉴区域相关系数的概念，构建了空间相关性对农业保险赔付风险影响的理论框架，利用省级数据和蒙特卡洛模拟方法测度了我国农业保险省际空间相关性对10个保险机构保险赔付风险的影响，并在分析区域相关系数的基本性质及其对农业保险赔付风险影响机理的基础上，建立了规划模型，提出了降低农业保险赔付风险的对策。主要研究结果认为，我国农业保险空间相关性显著降低了保险机构的经营稳定性，以人保财险为例，省际空间相关性造成的财务不稳定性占整体不稳定性的比例达到35%；较高的赔付风险势必阻碍我国农业保险市场的可持续发展。

第五节　本章小结

本章在对我国农业保险主要经营模式、机构和经营特征进行分析和总结的基础上，通过对比农业保险和非农财险的赔付风险从保险机构维度对我国农业保险进行了绩效评价，并从承保规模和空间相关性两个角度研究了影响农业保险赔付风险的因素。主要研究结论如下：

1. 与非农财险相比，我国农业保险总体上面临更高的赔付风险。更高的平均赔付率意味着保险机构具有更小的利润空间和提高费率的内在动力；更高的财务稳定系数意味着农业保险赔付的波动性更强，当刚涉足农业保险的保险机构资本存量较低时，非常容易发生偿付能力不足的问题；更高的巨灾风险指数则要求保险机构通过再保险、农业保险共保体等方式有效地分散自身风险。

2. 从赔付风险来看，我国保险机构维度农业保险的整体绩效水平为84.07%，各省份的绩效水平存在较大差异。绩效水平最高的省份是湖南，达到93.48%，即湖南的农业保险与非农财险的赔付风险非常接近，绩效水平最低的省份是河南，仅为69.96%，即农业保险的赔付风险是非农财险赔付风险的近1.5倍。研究结果表明各个省份应根据自身的风险特征选择和优化保险策略，以降低农业保险的赔付风险。

3. 种植业灾害损失的空间相关性显著提高了我国农业保险的赔付风险。以人保财险为例，全国范围省际的空间相关性使其巨灾赔付指数从0.72提高到0.77，财务稳定系数从0.08提高到0.12，空间相关性造成的财务不稳定性占整体不稳定性的35%。

第六章　综合绩效的水平测度与提升路径

本章利用理想解法将政府、农户和保险机构三个维度农业保险的绩效水平和影响因素进行综合分析，结合新时期我国种植业改革对农业保险的新要求，设计我国农业保险绩效水平提升路径，并对绩效水平提升效果进行模拟。

第一节　农业保险综合绩效的水平测度

一、综合绩效水平测度方法的选择

在第三章、第四章和第五章中，我们从政府、农户和保险机构三个维度对我国农业保险的绩效水平进行了评价。三个主体维度的绩效评价均以风险管控为目标，评价口径一致，因此可以将三个主体维度的绩效评价结果进行综合，得到农业保险的综合绩效水平，并基于对绩效水平影响因素的分析，设计农业保险绩效水平的提升路径和方法。

农业保险的总体绩效水平需要将三个维度的绩效评价结果进行综合。对多个指标进行综合评价的方法主要分为两类：一类利用咨询、调查等方法进行主观评分确定权重，例如层次分析法、功效系数法、模糊评价法等；另一类根据数据本身的特征（如相关性、变异程度等）进行客观赋权，例如灰色关联度法、熵权法、因子分析法、主成分分析法等。

表 6－1　　综合评价方法的主要特征

评价方法	特点	缺点
灰色关联度法	便于处理信息不完备的数据，能够利用较少的数据实现评价	需要对各项指标的最优值进行现行确定，具有一定的主观性
层次分析法	分层决策、具有系统性；简洁实用，对数据需求较少	主观成分较多，不能为决策者提供现有决策的不足，并提出改进
因子分析法	对多维数据进行降维，从中选择最主要的信息进行综合排序	评价指标应具有较强的相关关系，但因子个数的选取有主观性
熵权法	根据各指标的变异程度，利用信息熵计算出各指标的熵权，权重客观	熵权法过于强调数值驱动，但往往会忽视对评价对象的价值判断
模糊评价法	适宜处理具有模糊性的资料	对指标权重矢量的确定主观性较强，并且容易出现超模糊现象
数据包络法	根据系统的投入与产出进行相对效率分析和评价	更侧重于对具有投入和产出的系统进行分析和评价
TOPSIS 方法	在测度现有指标与理想值之间差距的基础上对多维度指标进行综合	各项指标权重的确定较为主观

将多指标进行综合的各种方法各有特色和优劣，适用于不同的评价目的和统计数据，其主要特征如表 6－1 所示。综合表 6－1 中各方法的特点和农业保险绩效评价的目的，我们构建熵权 TOPSIS 模型（即以熵权法确定指标权重的理想解评价法），将熵权法和 TOPSIS 法相结合，对我国农业保险的绩效水平进行综合评价，理由如下：

第一，TOPSIS 方法是对多维目标进行综合评价的常用方法，基本思想是根据评价对象的实际值与理想目标之间的接近程度进行评价：当评价对象的所有指标距离理想值最近，并且又最远离最差值时，则评价对象最优，否则可根据距离远近判断评价对象的优劣程度。因此 TOPSIS 方法不但能够对评价对象排序，同时还能够测度与理想值之间的差距，与我们对农业保险进行绩效评价的整体过程相契合，能够考察各省份与理想值（政策目标）之间的差距，为农业保险的改进提供参考。

第二，农业保险综合绩效水平的测度需要对政府、农户和保险机构三个参与主体赋予权重，TOPSIS 方法在运算过程中赋予评价指标相同的权重，即三个主体的权重均为 1/3，权重设置比较主观。熵权法能够根据各主体绩效水平的变异程度，利用信息熵计算出各指标的权重，当某项指标变异程度较小甚至相同时，则评价排序时该指标的参考价值较小，应该赋予较小权重。将熵权法与 TOPSIS 法相结合，既能避免权重选取的主观性（张静，2018），又测度了指标与理想值之间的差距，提高了绩效评价的有效性，因此构建熵权 TOPSIS 模型在多指标评价中得到越来越广泛的应用（李慧，2018）。基于熵权 TOPSIS 模型农业保险绩效评价的方法和步骤如下：

1. 计算信息熵，并确定熵权。数据 $A = (a_{ij})$ 表示农业保险第 i 个区域第 j 个指标的绩效评价数据，$i = 1,\cdots,m$，$j = 1,\cdots,n$，则可以利用式（6－1）计算熵值，利用式（6－2）计算熵权，其中 $f_{ij} = a_{ij}/\sum a_{ij}$，$k = 1/\ln m$。

$$H_j = -k\sum_{i=1}^{m} f_{ij}\ln f_{ij} \tag{6-1}$$

$$w_j = (1-H)/(n-\sum_{j=1}^{n} H_j) \tag{6-2}$$

2. 确定理想解和最差值。“理想解”和“最差值”是 TOPSIS 方法的基本概念，是设想的、各个指标在理论上能够达到的最好（差）的值，我们用 $C^* = (c_j^*)$ 表示理想值，$C^0 = (c_j^0)$ 表示最差值，根据我们的评价过程和结果可知，绩效水平的理想值为 1，最差值为 0。

3. 计算距离。评价对象到正理想解的距离为 s_i^*，如式（6－3）所示（对于农业保险而言，其某个维度的绩效水平可能大于理想值，例如对政府而言，现在绝大部分省份的保险以物化成本保险为主，因此其保障水平的理想值应是覆盖全部物化成本，当个别省份超越成本保险阶段，要求更高保障水平时，绩效水平将会超过设定的理想解，即 $b_{ij} \geqslant c_j^*$，对于此种情况，我们定义 $s_i^* = 0$），评价对象到最差值的距离为 s_i^0，如式（6－4）

所示。

$$s_i^* = \sqrt{\sum_{j=1}^{n}(b_{ij} - c_j^*)^2} \quad (6-3)$$

$$s_i^0 = \sqrt{\sum_{j=1}^{n}(b_{ij} - c_j^0)^2} \quad (6-4)$$

4. 测度绩效水平。计算评价对象的绩效水平f_i^*，如式（6－5）所示。

$$f_i^* = s_i^0/(s_i^* + s_i^0) \quad (6-5)$$

从绩效水平f_i^*的定义可知，$0 \leqslant f_i^* \leqslant 1$，当各个维度的指标都达到或超过理想值时，$s_i^* = 0$（即与理想值的距离为0），此时绩效水平最高为$f_i^* = 1$；当各个维度的指标都达到最差值时，$s_i^* = 1$（即与最差值的距离为0），此时绩效水平最低为$f_i^* = 0$。

二、农业保险综合绩效水平的分析

对于农业保险的绩效水平而言，其理想状态应该是等于或超过100%，最差状态为0，因此各个维度的绩效水平的理想值应为1，最差值应为0［在计算过程中，个别省份的绩效水平超过1，例如北京市由于补贴比率较高，导致农业保险的保障水平超过种植业直接物化成本，使政府维度的绩效水平超过理想值，因此在利用式（6－4）计算距离时将该维度指标与理想值之间的距离分项$(b_{ij} - c_j^*)^2$定义为0］。

根据上述绩效评价方法，利用LINGO11.0编写程序，计算得到三个主体维度农业保险绩效水平的权重分别为0.67、0.23和0.10。按照该权重，根据TOPSIS模型计算得到我国农业保险的综合绩效水平（见表6－2）。

从表6－2中可以看出，2019年我国农业保险的绩效水平整体较低，并且各省份之间存在较大差距。全国总体的绩效水平为50%，与理想值还存在1倍的距离，所有省份的绩效水平均未达到100%。绩效水平最高的省份为经济比较发达的上海和北京，农业保险的总体绩效水平分别为98.74%和89.81%，绩效水平最低的省份是湖北，为18.38%，绩效水平略优于湖北的是广东，为26.10%。从三个维度的绩效水平来看，保险机构的绩效水平为84.07%，高于农户维度的39.45%和政府维度的74.23%。从各省综合绩效水平平衡方面来看，变准差、变异系数分别为16.89%和50.35%，而保险机构仅为5.78%和0.07，农户维度变异系数为0.5，表明各省总体绩效水平不均衡，但是保险机构绩效水平相差不大，根源在于农户和政府维度。因此，保费补贴规模比率和技术效率的提高是农业保险绩效水平提高的关键。

表6－2　　2019年我国农业保险各地区绩效水平　　单位：%

省份	政府	农户	保险机构	综合绩效水平
北京	165.29	85.90	87.38	89.81
天津	51.57	44.09	90.25	47.91
河北	47.27	28.03	82.02	37.71
山西	104.17	22.41	76.34	54.65
内蒙古	110.61	35.73	79.16	60.29
辽宁	30.35	29.35	86.59	30.67
吉林	66.28	44.32	92.76	54.34
黑龙江	36.76	35.71	80.42	36.74
上海	134.67	100.00	87.31	98.74
江苏	28.81	51.63	86.08	42.30
浙江	73.47	17.58	91.12	44.82
安徽	57.96	47.98	78.44	52.69
福建	60.77	22.51	80.75	41.44
江西	77.88	25.94	90.03	49.74
山东	22.60	37.89	81.79	32.22
河南	32.49	52.31	69.96	43.93
湖北	19.29	13.81	90.77	18.38
湖南	60.93	32.68	93.48	46.18
广东	29.00	21.76	79.76	26.10
广西	74.60	38.84	80.22	54.56
海南	33.41	31.20	88.81	33.02
重庆	67.68	29.96	80.85	47.58
四川	64.16	34.81	84.56	48.49
贵州	118.43	28.32	92.63	57.11
云南	81.03	22.45	80.97	49.31
西藏	140.07	52.61	86.12	68.91
陕西	74.25	18.74	85.90	45.49
甘肃	98.87	28.76	87.88	57.02
青海	233.68	65.82	76.36	76.57
宁夏	53.97	50.81	78.22	52.48
新疆	50.83	71.10	79.10	61.66
全国	74.23	39.45	84.07	50.35
标准差	46.94	19.92	5.78	16.89
变异系数	0.63	0.50	0.07	0.34

注：为便于汇总比较，我们将计算得到的政府、农户和保险机构维度的绩效水平放到该表中。

第二节 绩效水平提升路径框架设计

（一）农业保险绩效水平的影响因素

对农业保险进行绩效评价目的是检验农业保险政策目标的实现程度，通过对影响因素的实证研究，剖析现行政策中存在的问题，为农业保险的进一步完善提供依据，增强农业保险发展的可持续性。

从政府维度的绩效评价来看，尽管我国现阶段农业保险以成本保险为主，但农业保险所提供的风险保障水平尚未实现种植成本的全覆盖，甚至大部分省份未能对直接物化成本提供完全的风险保障，风险保障水平过低，赔偿金额不能弥补农户的灾害损失是农业保险不能“深入农户之心”，不能让农户满意的重要原因。保费补贴是农业保险保障水平提升的主要推动力，通过改变农业保险保费补贴的结构，对各省的补贴额度进行统筹和优化，应该能够提高农业保险的保障水平，改善政府维度农业保险的绩效水平。

从农户维度的绩效评价来看，现阶段农户对农业保险的需求仍然侧重于从中得到经济补偿，但由于农业保险对农户灾害损失的补偿作用较低，因此农户对农业保险的满意程度不高（调研结果）。我国农业保险的真实参与率较低，农户或者不愿意参与农业保险，或者保费由政府代缴，不知道参加了保险。另外，农业保险的产品渗透性、接触性和服务使用效率上都存在一定的瓶颈，农业保险的排除度较高。我国幅员辽阔，种植业面临的地理环境、自然灾害、灾害预防措施和能力以及农户的基本状况（教育水平、收入状况以及风险意识等）都存在较大差异，需要根据不同区域种植业的风险特征设计不同的保险政策，增大农户从农业保险中获得的经济补偿，这样才能不断降低农业保险的排除度，提高农户的满意度和实际参与率，发挥农业保险更深层次的作用。

从保险机构维度的绩效评价看，其经营风险威胁着农业保险的可持续发展。种植业自然灾害损失的空间相关性和其他特性，使得经营农业保险的保险机构面临着比财产保险更高的赔付风险，保险机构为降低风险将会收取更高的保费或提供更低的风险保障水平，以降低赔付率，增加资本积累，这将会对农户参与积极性和政府财政支出造成严重影响。保险机构需要运用大数定律进行风险分散，一般情况下，保险机构越多，每个保险机构能够承保的区域越小，能够通过承保不同区域分散风险的选择性越少，即农业保险市场上保险机构数量的多少以及承保区域的选择直接影响经营农业保险机构赔付风险的大小。因此需要在分析某区域风险特征的基础上，研究确定该区域保险机构最优数量的方法，并规划各保险机构的最优承保区域，以降低农业保险机构的总体赔付风险。

综上所述，根据农业保险绩效评价结果和对影响因素的实证分析可以看出，我国农业保险的整体绩效水平较低，区域发展不平衡，不能满足种植业发展的需求，急需研究提升绩效水平的路径，从提高保费补贴资金的杠杆效率、扩大农业保险的承保比例和优化承保方案（降低保险机构的赔付风险）等方面设计农业保险政策改进的方案。

（二）我国种植业及其保险面临的新形势

1. 农业增产和农民增收的势头良好。农业产值的持续增长和农民增收的良好势头为农业保险的发展提供了较好的经济基础和外部环境。2010—2019 年我国农业发展的基本情况如表 6－3 所示。2019 年我国第一产业增加值 65468 亿元，同比增长 8.8%，占国内生产总值的 7.1%，2010—2019 年的 10 年间，我国第一产业增加值占国内生产总值的比重在 7.0% ~ 9.3%，尽管该比重存在降低的趋势，但第一产业增加值是逐年上升的。近年来我国粮食作物播种面积一直保持在 1.1 亿公顷以上，2019 年的粮食总产量为 66384.34 万吨，10 年间的年均增长率为 1.94%，粮食单位面积产量为 5719.65 公斤/公顷，年均增长 79.33 公斤/公顷，农村居民人均可支配收入为 16021 元，年均增长 11.77%（扣除价格因素后，实际增长率为9%）。

表6-3　　2010—2019年我国农业发展的基本情况

年份	第一产业增加值（亿元）	第一产业增加值占比（%）	农林牧渔业总产值（亿元）	粮食作物播种面积（千公顷）	粮食产量（万吨）	粮食单位面积产量（公斤/公顷）	农村居民人均可支配收入（元）
2010	38430.8	9.3	35909.07	111695.42	55911.31	5005.69	5919
2011	44781.5	9.2	40339.62	112980.35	58849.33	5208.81	6977
2012	49084.6	9.1	44845.72	114368.04	61222.62	5353.12	7917
2013	53028.1	8.9	48943.94	115907.54	63048.20	5439.52	9430
2014	55626.3	8.6	51851.12	117455.18	63964.83	5445.89	10489
2015	57774.6	8.4	54205.34	118962.81	66060.27	5553.02	11422
2016	60139.2	8.1	55659.89	119230.06	66043.51	5539.17	12363
2017	62099.5	7.5	58059.76	117989.06	66160.72	5607.36	13432
2018	64745.2	7.0	61452.60	117038.21	65789.22	5621.17	14617
2019	70466.7	7.1	66066.45	116063.60	66384.34	5719.65	16021

注：数据来自历年《中国统计年鉴》。

农业产值不断增加对农业保险将产生两个方面的影响，一方面是农业生产者能够提供更多的保费支出，客观上能够促进农业保险的发展，另一方面是农业的生产对风险保障水平的需求将会更高。为适应农业增产和农民增收的良好形势，从政府维度农业保险绩效评价过程来看，需要政府进一步增加保费补贴力度，提高保费补贴的资金使用效率，从保费补贴的规模比率和技术效率两个方面提升农业保险的风险保障水平，从农户维度农业保险绩效评价过程来看，需要探索提高农户参保积极性的途径，更加有效发挥农业保险对种植业灾害损失的补偿作用。

2. 在遭受自然灾害风险的同时，市场风险快速上升。2019年我国农作物成灾面积为7913千公顷，绝收面积为2800千公顷，分别占总播种面积的4.77%和1.69%。1978—2019年我国农作物成灾率和绝收率如图6-2所示。从中可以看出，我国自然灾害并不存在明显的规律，种植业的灾害性损失存在较大的不确定性，然而近10年来我国种植业的总体灾害程度比以前较轻，其主要原因一方面是客观上近年来自然灾害的发生数较少，另一方面是随着我国经济的发展、农业生产技术的进步和政府对农业生产的重视，农业生产基础设施建设越来越完善，越来越多的天气监测站以及农业生产信息平台得以建立，尤其是那些规模化农业生产地区，种植业生产的机械化和专业化水平较高，自然灾害风险对农户的生产造成的影响已经越来越低，较轻的自然灾害损失给我国前一阶段农业保险的平稳发展提供了较好的机遇。

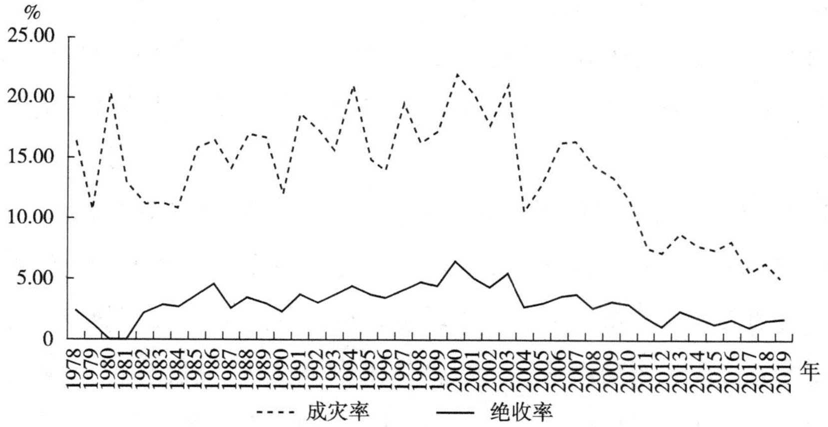

图 6－1　1978—2019 年我国农作物成灾率和绝收率

在我国种植业自然灾害损失整体偏轻的同时，我国农产品的销售越来越受到国内外市场的影响，农产品价格越来越依靠市场来决定。然而由于种植业的生产周期较长，并且一般难以及时调整种植结构和销售策略，市场的价格信号具有一定的滞后性，难以及时传达到农户，在农产品价格发生较大波动时，农户的收入水平将会发生较大波动，产生“收入损失风险”。因此，在自然灾害对农户影响较小的情况下，农户将会更为关注种植业生产的收入情况，在农业风险管理决策中更为重视收入损失风险而不是自然风险，这给农业保险的发展提出了新的机遇和挑战：成本保险已经不能满足我国种植业生产的现状，需要发展保障水平更高的“价格保险”或“收入保险”以满足农户的需求，这给政府的补贴政策和保险机构的经营方式都提出了新的研究课题。

近年来我国种植业遭受的自然灾害总体偏小，因此农业保险的赔付支出较低，导致社会上部分人认为农业保险机构存在超额利润，从农业保险中赚取政府的保费补贴，农业保险机构的经营方式受到人们的质疑。然而，从保险机构维度农业保险绩效评价过程来看，种植业风险的特殊性将会提高农业保险机构的赔付风险，农业保险容易发生巨灾赔付，因此农业保险机构需要优化承保策略，在自然灾害较小、赔付风险较低时进行资金积累，一旦发生较大范围的灾害损失，才能有足够的资金进行赔付。种植业市场风险的上升和农户对收入水平保障的关注，要求农业保险经营机构达到满足成本保险的保障水平，并在此基础上将保障水平提升至种植业的收入保障水平。

3. 种植业经营规模化和新型农业经营主体将成为我国种植业发展的方向。随着农村土地确权、土地流转、鼓励建立合作社等制度和政策的不断推进，我国农户经营意识不断发生转变，很多受过良好教育的农民通过土地流转的方式成为新型农业经营主体，采取规模化、机械化、专业化和特色化的生产方式进行种植业生产，据统计，截至 2019 年底，我国农村土地流转面积超过 5.5 亿亩，土地流转率达到 31.25%，同时各地区特色种植业、地理标志产品不断涌现，有效提高了种植业产品的产值。种植业规模化的经营方式和新型农业经营主体不断出现将成为我国种植业发展的方向，在 2015 年 12 月召开的中央农村工作会议上，中央首次提出了“农业供给侧结构性改革”，要求通过调整种植结构，规模化经营，利用农业科技，降低农业成本，提高粮食等农产品的“有效供给”。截至 2019 年底，全国家庭农场超过 70 万家，依法注册的农民合作社 220.1 万家，从事农业生产托管的社会化服务组织数量 42 万个，新型农业经营主体相比于传统农户在年龄和受教育程度上都更具有优势，风险意识更强，因此新型农业经营主体数量的不断增加和“农业供给侧结构性改革”势必会带来更加深入的农业生产、经营方式的转变，对农业保险将会提出新的需求。

随着农业保险经营主体不断增加，农业保险市场竞争加剧，大量同质化的农业保险产品已经很难具有竞争力，种植业经营规模化和新型农业经营主体的不断涌现为农业保险的发展提供了新的发展平台和机遇，保险机构可以也必须因地制宜，提出适合地区特色农业发展的差异化产品，农业保险产品、服务和经营模式的创新，既为农业改革提供了更高的、形式多样的风险保障，同时也为农业保险经营机构提高经营收益、降低经营风险提供了一条新途径。

（三）农业保险绩效水平提升的基本思路

自 2007 年以来，我国农业保险为加快种植业的发展和现代化进程提供了重要的风险管理和风险保障，在维护国家粮食安全、提高农产品的国际竞争力以及对受灾农户经济补偿等方面发挥着重要作用，因此农业保险制度基本上是符合我国国情的。正因为如此，我国农业保险才在 10 余年的时间中获得了长足发展，同时也在实践中积累了丰富的经验和统计数据，为农业保险的进一步发展提供了基础和平台。然而绩效评价结果同时显示出我国农业保险遇到了发展瓶颈，存在不能适应新时期种植业发展和改革的问题，导致绩效水平仍存在较大的提升空间，主要包括：

1. 我国财政支持政策与农业保险发展的要求不完全适应。我国农业保险主要是在政府补贴政策的推动下发展起来的，保费补贴是农业保险的原动力，但由于部分地区保费补贴资金的使用效率较低（表现为政府维度农业保险绩效评价中技术效率较低），以及部分地区财政支持力度未达到需求水平（表现为政府维度农业保险绩效评价中规模比率较低），因此需要调整和改进财政支出政策，使保费补贴政策再上一个台阶，为农业保险的改革和发展提供足够的动力，为种植业生产和改革提供充分的风险保障。

2. 农业保险经营机构的风险水平与农业保险稳定持续发展的长期目标不完全适应。从绩效评价结果可以看出，农业保险的赔付风险要远高于普通财产保险，种植业生产风险存在空间相关性，并且对保险的需求和供给、保险费率的厘定、政府补贴比例的确定都产生很大影响。风险理论告诉我们，只有不同个体之间的随机损失是独立的，根据大数定律，保险才是分散风险的有效手段，因此经营农业保险过程中，保险机构要更加重视保险区域的选择，利用不同区域的风险差异降低赔付风险，同时政府需要加强农业保险市场的监管力度，将农业保险的市场竞争控制在合理范围内，使保险机构能够尽可能有效安排承保区域，利用规模优势降低经营成本和赔付风险。

3. 农业风险评估方法与农业保险发展的要求不完全适应。我国不同地区种植业的自然气候、生产条件、种植结构、农户灾害意识和管理方法等方面存在较大差异，因此需要针对不同地域的风险特征开发不同的农业保险产品，创新农业保险的经营方式，只有这样才能将农户的“政策性购买”转变为“主动性购买”，降低农业保险的排除度，推动农业保险向更高的阶段上升，因此需要选择和改进适合我国种植业生产数据特征的风险评估方法。种植业灾害性损失风险的精准估计是研究不同区域种植业风险特征的前提和基础，并且精准地估计种植业灾害损失能够有效提高农业保险中风险区划、保费厘定、保费补贴比例、巨灾风险防范机制等多个领域的研究水平，因此研究如何选择和改进现有灾害损失估计方法就成为农业保险政策改进方案中的重要组成部分。

基于农业保险的综合绩效水平、影响因素以及种植业发展的新形势，我们认为我国农业保险绩效水平的提升路径和优化措施，可以从三个方面考虑，即优化农业保险保费补贴的方案、优化农业保险机构的承保方案以及优化种植业灾害损失估计方法，提高农业保险对种植业的精准风险管控水平。农业保险绩效水平提升路径框架（见图 6－2）。

第一，农业保险绩效水平提升的路径之一：优化保费补贴方案。

从政府维度农业保险的绩效水平及其影响因素可以看出，我国农业保险主要是依靠政府的保费补贴政策得以存在和发展的，然而现有的保费补贴政策并未撬动足够的风险保障水平，因此若能根据不同地区种植业的风险特征优化保费补贴方案，设计不同区域保费补贴比例和补贴额度的计算

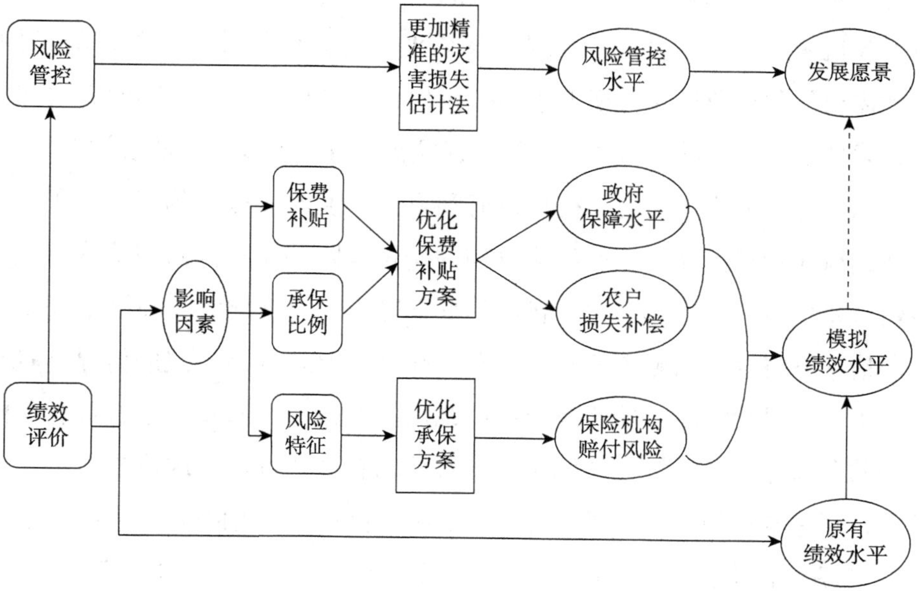

图 6－2　农业保险绩效水平提升路径框架

方法，最大程度发挥财政补贴资金的使用效率，则能够提高我国农业保险的风险保障水平，进而提高政府维度农业保险的绩效水平。

保费补贴方案的优化能同时提高农户维度的农业保险绩效水平。农户维度绩效水平较低的原因主要是农业保险灾害损失补偿的比例过低，通过优化保费补贴方案，增加农业保险在一个区域的总体保障水平（扩大承保面积或者提高单位面积的保障额度），必然会提高灾害补偿额度，进而提高农户维度农业保险的绩效水平。同时，保障水平和灾害损失补偿比例的提高将会增加农户参保的满意度和积极性，促进农业保险市场的发展，随着农业保险市场规模的扩大，农业保险机构能够更多地在空间和时间上分散风险，降低保险机构的赔付风险，提高绩效水平。

第二，农业保险绩效水平提升的路径之二：优化保险机构承保方案。

尽管近年来我国种植业整体自然灾害损失较小，但从保险机构维度农业保险绩效评价过程来看，由于受空间相关性等风险特征的影响，农业保险容易发生巨灾风险，导致农业保险的赔付风险高于一般的非农财险。农业保险机构经营的安全和稳定是我国农业保险能够持续发展的市场条件，因此需要从种植业风险特征入手，探讨优化保险机构承保方案的方法和措施，降低农业保险的赔付风险，提高保险机构维度农业保险的绩效水平。

承保方案的优化能同时提高政府和农户维度农业保险的绩效水平。种植业的风险特征提高了农业保险机构的赔付风险，保险机构为了维持正常经营和避免破产，将会增加保费或降低保障水平，这样农户在缴纳保费一定的情况下将会得到更少的损失补偿，政府在财政补贴一定的情况下将会撬动更低的风险保障，导致两个主体维度的绩效水平降低。通过优化保险机构的承保方案，降低赔付风险，在农户现有缴费额度和政府现有补贴规模下，通过合适的政策规定和引导，农业保险机构将能提高风险保障水平，并在灾害发生时给予农户更高的经济赔偿，提高政府和农户的绩效水平。

第三，农业保险绩效水平提升的路径之三：精准的风险管控。

上述两个绩效水平的提升路径（优化保费补贴方案和优化保险机构承保方案）都是通过运筹和优化现有方案就能实现的直接路径，可以利用仿真方法模拟优化后的绩效水平，通过对比“模拟绩效水平”和“原有绩效水平”对提升路径的实际效果进行测度。从长远考虑，农业保险绩效水平的提升需要农业保险完成从“粗放”到“精准”的转变，不再以保险发展的市场规模为关注点，在注重“量”的同时更加注重“质”，因此我们需要从种植业风险“精准”管控的角度分析农业保险绩效水平提升的路径，实现农业保险的跨越式发展。

农业保险向“精准”改革是一个系统工程，需要多方的参与和努力。但是就“精准”的风险管控而言，则需要我们首先关注种植业灾害损失的测度方法。更加精准地测度农业保险的风险，分析种植业灾害性损失的风险特征，这是农业保险方法优化的前提和基础，是提高农业保险绩效水平的关键环节（王克等，2013），对农业保险费率的厘定、种植业风险区域的划分、农业保险保费补贴比例的选择、农户缴纳保费比例的确定以及农业保险机构的赔付和利润的预测等都有直接或间接的影响，有利于提升三个参与主体维度的绩效水平。根据对农业保险绩效水平影响因素的实证研究可以看出，政府维度农业保险绩效水平提高的关键在于通过对种植业灾害风险的精确估计，根据不同区域的风险特征制定保费补贴政策，实现政府保费补贴政策的区域差异化，以提高保费补贴资金的使用效率；农户维度农业保险绩效水平提高的关键在于通过对种植业灾害风险的精确估计，三个参与主体协同制定合理的灾害赔付额度和策略，有效提高农业保险对农户的灾害补偿作用，通过转移支付实现农户收入水平的提高和稳定；保险机构维度农业保险绩效水平提高的关键在于通过对种植业灾害风险的精确估计，更加精准地厘定农业保险的费率，并利用风险分区分散农业保险的赔付风险。

本章利用第三节研究保费补贴方案的优化及其对绩效水平的影响，利用第四节研究保险机构承保方案的优化及其对绩效水平的影响，利用第五节研究种植业灾害性损失估计方法的选择和优化。尽管限于研究时间和水平，本章未能分析灾害损失估计方法的优化对农业保险绩效水平的具体影响，但提出的加权非参数估计方法作为与农业保险相关的成果，将对后续研究提供基础和参考。

第三节　保费补贴方案的优化及其对绩效水平的影响

一、保费补贴方案优化的基本思路

从政府维度农业保险的绩效评价结果和对影响绩效水平主要因素的分析来看，政府的保费补贴政策是农业保险存在和发展的最大推动力量，但是由于部分地区的保费补贴资金额度不够，并且使用效率较低，农业保险的保障水平未能达到成本保险的最低需求，导致全国和各地区的绩效水平较低。因此应从农业保险风险保障水平的角度分析政府保费补贴的测算方法，根据不同地区种植业的风险特征确定保费补贴的比例和额度。

国内对农业保险保费补贴最优规模的相关研究还比较缺乏，保费补贴额度的测算方法也没有统一。刘布春等（2009）认为在成本保险的情况下，农业保险保费补贴额度应等于补贴比例、保险费率、生产成本以及种植面积的乘积，因此在研究中利用农业生产成本、农作物种植面积的宏观统计数据，结合当时试点地区的保险费率以及中央关于农业保险保费补贴比例的相关规定，对全国各省 9 种农作物农业保险的保费补贴额度进行了测算。梁来存（2012）从农户对农业保险需求的角度对保费补贴额度进行了研究，认为我国农户的效用随收入呈现 S 形的变化特征，通过定位农户效用曲线的两个拐点，求得农业保险保费补贴的下限和上限，当保费补贴低于下限时，保费补贴达不到刺激农户购买农业保险的目的，而当保费补贴高于上限后，由于农户对农业保险的需求已趋于饱和，保费补贴也不能促进农业保险的需求。张祖荣（2012）认为保费补贴是农业保险价格的组成部分，其主要目标是促进农业保险的参保率，通过研究农业保险供需均衡关系，提出了在保证一定投保率的条件下确定保费补贴比例的理论方法。郑军等（2014）利用 2011 年的相关数据，通过计量经济学方法，估计得到农业保险财政补贴对农业总产值的产出弹性，并利用该弹性衡量农业保险财政补贴的效率，分析财政补贴应具有的最优规模。王克（2014）从农户的视角出发，利用幂函数效用评估模型对我国种植业政策性保险实施效果进行了模拟，模拟结果认为，我国政府提供 45% 以上的保费补贴是农业保险顺利推行的必要条件，并且当保费比例低于一定水平时，农户的福利水平反而会降低。袁祥州（2016）详细分析了美国农业保险财政补贴的机制及对我国的借鉴作用，认为理论上的最优补贴规模应该是农业保险机构愿意接受的最低保费与农户愿意支付的最高保费之间的差额，过低的保费补贴无法形成有效的保险市场，过高的保费补贴会使财政资金的边际成本大于边际收益，造成社会总体福利水平的下降。

从上述研究成果可以看出，现有文献主要从农户和保险机构视角分析我国农业保险保费的最优补贴额度或补贴比例，而从政府视角进行的研究则非常少。政府是农业保险政策的主导者和积极推动者，是保费补贴的提供者，适度保费补贴比例的确定应该以一个国家或地区举办农业保险所要达到的政策目标为前提（张祖荣，2012）。此外，现阶段政府参与农业保险的首要政策目标是推动农业保险的发展，提高种植业生产的安全风险管控水平，补偿农户的灾害损失。

在农业保险的实践过程中，业界和理论界往往以“巨灾赔付”为由，认为农业保险机构在灾害较低年份应该进行资金积累以保证发生较大范围自然灾害时能够降低“破产风险”，这是造成保费补贴资金杠杆效率较低，农业保险保障水平未能达到理想状态的主要原因之一。但是什么时候会发生巨灾，进而保险机构的资金积累什么时候才能以保险赔偿的方式支付给农户是未知的，而该问题的直接结果是政府维度农业保险的绩效水平较低，保险机构未能提供与保费补贴规模相匹配的保障额度（表现为技术效率较低）。为解决该问题，我们认为可以将农业保险机构面临的风险按照发生的概率分为两类，一类是普通风险，另一类是巨灾风险，普通的农业保险机构只赔付普通风险损失的赔偿，而巨灾风险损失则由独立设置的巨灾保险机构进行赔偿。保费补贴也相应划分为两个部分，一部分直接补贴保险机构，同时要求保险机构提供相应的风险保障水平，另一部分用于巨灾风险准备金。这样既降低了政府救济方式财政预算机会成本的问题，又解决了保险机构的“超额利润”问题，最大限度地发挥保费补贴的“杠杆效应”，提高保障额度，进而提高政府维度农业保险的绩效水平。

二、补贴额度测度方法设计

利用Matlab和Lingo软件编程，计算得到方案优化后各省巨灾准备金在总保费中的最优占比情况（见表6-4）。

表 6-4　　方案优化后各省份巨灾准备金的测算结果　　单位：%

省份	巨灾准备金比例	保额增加率	省份	巨灾准备金比例	保额增加率
北京	4.54	0.58	湖北	9.62	0.44
天津	1.19	4.69	湖南	1.50	0.30
河北	3.40	0.41	广东	1.13	3.61
山西	—	—	广西	3.02	10.57
内蒙古	2.41	0.73	海南	0.78	0.93
辽宁	1.30	1.64	重庆	3.22	2.22
吉林	—	—	四川	—	—
黑龙江	1.83	0.25	贵州	11.21	36.49
上海	—	—	云南	—	—
江苏	2.26	1.25	西藏	26.13	22.41
浙江	1.15	8.15	陕西	—	—
安徽	4.75	0.01	甘肃	4.10	4.12
福建	2.97	11.50	青海	4.61	1.04
江西	9.55	29.77	宁夏	—	—
山东	—	—	新疆	—	—
河南	19.24	17.71	全国	—	5.12

注：我们将巨灾准备金的赔付限定在十年一遇的灾害范围内，即取保额损失率的 90 分位数进行计算。

巨灾准备金占比越高，农业保险赔付的均值越低，赔付波动性越小，因此相同保费收入能够提供的保障额度越高，但每个地区的保费收入是一定的，巨灾准备金占比越高，剩余的保费越少，保障额度又存在降低的可能，所以巨灾准备金的最优提取比例取决于保额损失率的均值和波动特征。以北京市为例，随着巨灾准备金规模的增加，其所能提供的保障水平呈现先增后减的抛物线特征（见图 6-3），在巨灾准备金占保费比例达到 4.54%时，保障水平增加额度达到最大，因此北京市的巨灾准备金设置为占保费总比例的 4.54%，此时保额增减率达到 0.58%。部分省份设置巨灾准备金后，保障额度反而降低，因此这些省份我们暂时未考虑绩效改进方案。

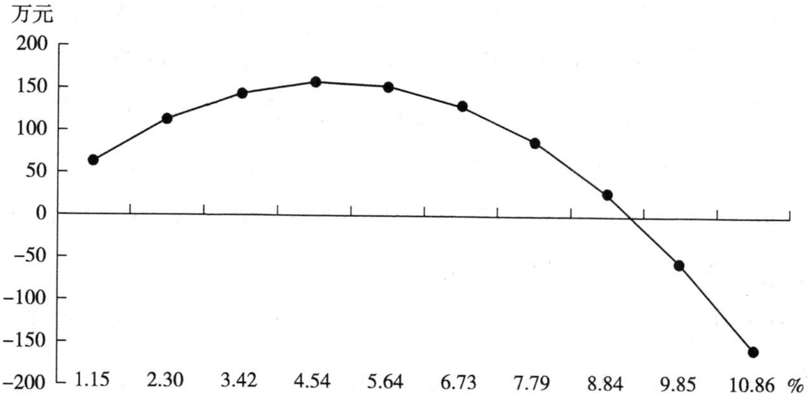

图6-3　北京市不同巨灾准备金规模情况下保障金额的增长额

三、政府和农户维度绩效水平提升效果

进一步计算得到政府维度农业保险绩效水平的变化情况（见表6-5）。

表6-5　　补贴方案优化后对政府维度绩效水平的影响　　单位：%

省份	绩效水平（改进前）	绩效水平（改进后）	提高水平	提高比例	省份	绩效水平（改进前）	绩效水平（改进后）	提高水平	提高比例
北京	165.29	166.25	0.96	0.58	湖南	60.93	61.11	0.18	0.30
天津	51.57	53.99	2.42	4.69	广东	29.00	30.04	1.05	3.61
河北	47.27	47.46	0.19	0.41	广西	74.60	82.49	7.88	10.57
山西	104.17	104.17	0.00	0.00	海南	33.41	33.72	0.31	0.93
内蒙古	110.61	111.42	0.81	0.73	重庆	67.68	69.18	1.50	2.22
辽宁	30.35	30.85	0.50	1.64	四川	64.16	64.16	0.00	0.00
吉林	66.28	66.28	0.00	0.00	贵州	118.43	161.64	43.21	36.49
黑龙江	36.76	36.85	0.09	0.25	云南	81.03	81.03	0.00	0.00
上海	134.67	134.67	0.00	0.00	西藏	140.07	171.47	31.40	22.41
江苏	28.81	29.17	0.36	1.25	陕西	74.25	74.25	0.00	0.00
浙江	73.47	79.45	5.99	8.15	甘肃	98.87	102.94	4.07	4.12
安徽	57.96	57.97	0.01	0.01	青海	233.68	236.11	2.43	1.04
福建	60.77	67.76	6.99	11.50	宁夏	53.97	53.97	0.00	0.00
江西	77.88	101.07	23.19	29.77	新疆	50.83	50.83	0.00	0.00
山东	22.60	22.60	0.00	0.00	全国	74.23	78.73	4.50	5.12
河南	32.49	38.24	5.75	17.71	标准差	46.18	49.96	9.96	9.30
湖北	19.29	19.37	0.08	0.44	变异系数	0.62	0.63	2.22	1.82

从表6－5中可以看出，基于我们所设计的保费补贴优化方案，在保费补贴额度及保费收入不增加，以及各省份绩效水平不降低的前提下，部分省份的绩效水平得到了提高，提高幅度最大的为贵州省，绩效水平从118.43%提高至161.64%，提高了36.49%，其次为江西省，绩效水平从77.88%提高至101.07%，提高了29.7%。从全国来看，绩效水平从74.23%提高至78.73%，提高了5.12%。

政府维度绩效水平的增加意味着在保费补贴规模不变的前提下，农业保险的保障水平得到了提高，更接近物化成本全覆盖的政策目标。从上面的测度结果可知，保费补贴方案的优化能够提高农业保险的保障水平，在赔付率不变的前提下，保障水平的提高意味着农户能够得到更多的赔偿资金，即农户维度农业保险的绩效水平会有所改善。根据各省保障水平的变动情况，计算得到方案优化后对农户维度绩效水平的影响（见表6－6）。

表6－6　方案优化后对农户维度绩效水平的影响　单位：%

省份	绩效水平（改进前）	绩效水平（改进后）	提高水平	提高比例	省份	绩效水平（改进前）	绩效水平（改进后）	提高水平	提高比例
北京	85.90	86.14	0.24	0.28	湖北	13.81	13.87	0.06	0.42
天津	44.09	45.31	1.22	2.76	湖南	32.68	32.76	0.09	0.26
河北	28.03	28.13	0.10	0.36	广东	21.76	22.46	0.70	3.22
山西	22.41	22.41	0.00	0.00	广西	38.84	42.22	3.38	8.70
内蒙古	35.73	35.95	0.23	0.64	海南	31.20	31.46	0.26	0.83
辽宁	29.35	29.78	0.42	1.44	重庆	29.96	30.51	0.55	1.83
吉林	44.32	44.32	0.00	0.00	四川	34.81	34.81	0.00	0.00
黑龙江	35.71	35.79	0.08	0.22	贵州	28.32	36.53	8.22	29.01
上海	100.00	100.00	0.00	0.00	云南	22.45	22.45	0.00	0.00
江苏	51.63	52.08	0.45	0.87	西藏	52.61	54.01	1.41	2.67
浙江	17.58	18.88	1.30	7.39	陕西	18.74	18.74	0.00	0.00
安徽	47.98	47.98	0.00	0.01	甘肃	28.76	29.79	1.03	3.58
福建	22.51	24.89	2.37	10.55	青海	65.82	66.23	0.41	0.63
江西	25.94	32.70	6.76	26.07	宁夏	50.81	50.81	0.00	0.00
山东	37.89	37.89	0.00	0.00	新疆	71.10	71.10	0.00	0.00
河南	52.31	58.57	6.26	11.96	均值	39.45	40.60	1.15	3.67

从表6－6中可以看出，部分省份农户维度农业保险的绩效水平确实得到了提升（符合帕累托改进原则的提升），提升程度最大的省份为贵州，绩效水平从28.32%提高至36.53%，提高了29.01%。其次为江西，绩效水平从25.94%提高至32.70%，提高了26.07%。从全国平均水平来看，绩效水平从39.45%提高至40.60%，提高了3.67%。农户维度绩效水平的提升意味着农户从农业保险中获得了更多的灾害补偿，同时也从政府的补贴资金中得到了更多的转移支付，将有助于促进农户参保的满意度和积极性。

需要说明的是，保险的保费补贴除中央资金外，还有地方各级政府的补贴资金，从操作层面来讲，只有中央财政资金才有可能在各省重新分配。由于未能获取各级政府的补贴额度，因此在模拟过程中，我们将所有补贴资金都视为可以重新分配的。虽然实际效果达不到模拟效果，但是模拟过程和结果仍是可参考的。

第四节　保险机构承保方案的优化及其对绩效水平的影响

一、承保方案优化的基本思路

从保险机构维度农业保险绩效评价结果及绩效水平的影响因素可知，保险机构承保区域的空间相关性将显著提高农业保险的赔付风险。保险机构若能优化承保区域，则能够降低空间相关对赔付风险的影响，提高保险机构维度农业保险的绩效水平。

农业保险机构承保方案的优化主要涉及两个因素。一是农业保险市场的结构（主要由保险机构的数量决定），农业保险经营主体个数过多或过少都不利于农业保险的发展。经营主体数量过少，会造成农业保险经营网点布局稀疏，进而导致农户较难接收到农业保险的宣传信息，降低购买意愿，甚至农户可能因为距离较远或交通不便等原因而放弃获取保险的机会，影响农业保险风险保障作用的发挥（祝仲坤等，2016），因此农业保险经营主体的增加有助于促进我国农业保险的发展。经营主体数量过多，将会增加市场竞争程度，可能造成各保险机构没有足够大的承保范围，或者不能合理地安排承保区域，种植业生产的灾害风险将不能得到有效分散，导致保险经营面临较高的赔付风险，当赔付超过偿付能力时，保险机构将面临破产。因此需要根据农业保险的市场规模和风险特征确定农业保险经营主体的最优数量。

二是农业保险承保区域的选择。我国种植业生产的地域非常辽阔，存在利用空间分散风险的可能性，农业保险机构若能利用种植业风险的区域差异，优化承保区域结构，使所选择的承保区域具有“有限距离正相关”的性质，则能够减少空间相关的影响，降低农业保险的整体赔付风险。因此，可以以赔付风险的改进为目标，构建优化模型，对各保险机构的承保区域进行重新规划，提高农业保险风险管控的绩效水平。

综上所述，农业保险机构承保方案的优化需要同时对保险市场结构（保险机构数量）和保险机构的承保区域进行优化。然而现有文献对我国农业保险市场结构的相关研究较少，已有研究侧重于分析市场结构与市场规模以及绩效之间的相互作用和影响，例如吴永辉（2009）以及张燕（2010）等对农业保险的市场结构做了描述性统计分析，黄琦等（2017）研究了农业保险市场结构及空间特征，认为我国农险市场存在高寡占的市场结构，地区差异显著，弱化了农业保险的普惠性本质。祝仲坤等（2016）的研究认为农业保险机构数量的增加，尤其是国外的中航安盟、日本财险、劳合社等机构进入中国农业保险市场，能强化市场竞争，激发农业保险经营机构的危机意识、创新意识和服务意识，增强农户的投保意愿，因此保险机构数量的增加和市场竞争的加剧将有助于扩大农业保险的市场规模，并利用我国2007—2013年的省际面板数据验证了该结论。谭偲凤等（2017）利用2007—2015年省际面板数据研究了我国农业保险市场供给侧结构变动的门限效应，结果认为农业保险的市场集中程度对农业保险发展存在非线性效应，市场集中度下降能够促进农业保险的发展。

从现有研究成果中可以看出，鲜有文献关注如何确定某区域农业保险机构的最佳数量，如何规划各个保险机构承包区域，进而降低农业保险的赔付风险等问题。因此，我们从降低农业保险赔付风险的角度出发，构建规划模型，以河北省为例对农业保险机构的最优数量和承保区域进行优化和选择。

二、承保方案优化方法设计

（一）理论基础

大数法则是保险的数学基础，是指从总体中任意抽取 n 个样本，则样本的均值等于总体的均值$\mu_{\bar{x}} = \mu_x$，样本均值的标准误等于总体的标准误除以 n 的平方根，即 $\sigma_{\bar{x}} = \sigma_x / \sqrt{n}$。因为总体标准差独立于样本容量，所以样本分布的标准误随着样本容量的增加而减少，也就是随着承保个体的增加，保险机构的实际赔付与预期赔付越来越接近，直至完全相等。这一结果对于保险机构的安全运营具有重大意义，当实际赔付严重偏离预期时，保险机构将面临经营和财务的不稳定，因此保险机构都尽力扩大承保数量，以利用大数法则分散风险。

根据保险理论，保险机构在应对财务稳定性的风险时，还存在核保风险，核保风险等于承保数量与平均损失标准误的乘积：$n \times \sigma_{\bar{x}} = \sqrt{n} \times \sigma_x$，所以当保险机构的承保数量增加时，由于更多的被保险标的物可能导致更多的损失，保险机构的核保风险也就是保险机构的最大损失会增加。农业保险是一种特殊的财产保险，农业保险标的物容易受到大面积自然灾害的影响，不同区域同时发生损失，容易发生系统风险和巨灾风险，即农业保险不同于一般的财产保险，赔偿的总体方差更大。因此对经营农业保险机构而言，增加承保数量虽然在一定程度上能够提高财务稳定性，但同时也意味着较高的核保风险，当核保风险高于保险机构自身能用于灾害赔偿的全部资产时，保险机构将面临破产的风险。通过一个假想的案例对上述理论进行更直观的分析和验证，如表 6－7 所示。

表6－7中模拟了4个虚拟区域的赔付率情况，假设有4个经营主体分别经营4个规模相同的农业生产区域（甲、乙、丙、丁），每个经营主体只选择一个保险机构投保，即每个保险区域只能由1个保险机构承保，并且每个区域的保费收入都为50单位，假设已知4个区域未来3年（用1、2、3表示）的赔付率。

表6－7　　模拟仿真4个虚拟区域3年的赔付率

承保区域	赔付率1	赔付率2	赔付率3	均值	标准差
甲	53.12%	89.28%	64.00%	68.80%	15.15%
乙	88.64%	48.96%	68.80%	68.80%	16.20%
丙	70.08%	56.32%	80.00%	68.80%	9.71%
丁	72.00%	76.80%	57.60%	68.80%	8.16%

注：数据为构造虚拟数据。

对于上述情况，假设有三种可供选择的保险方案，方案一是4个生产区域由一个保险机构（A）承保；方案二是4个生产区域由两个保险机构（A和B）承保，其中保险机构A承保区域甲和丙，保险机构B承保区域乙和丁；方案三也由两个保险机构（A和B）承保，不同的是保险机构A承保区域甲和乙，保险机构B承保区域丙和丁。三种方案下各个保险机构的赔付情况如表6－8所示。

表6－8　　保险机构不同承保方案的模拟赔付情况

方案	保险机构	赔付率1/赔付金额	赔付率2/赔付金额	赔付率3/赔付金额	均值 赔付率/赔付金额	标准差 赔付率/赔付金额
方案一（1个保险机构）	保险机构A	70.96%	67.84%	67.60%	68.80%	1.53%
		141.92	135.68	135.2	137.60	3.06
方案二（2个保险机构）	保险机构A（承保甲和丙）	61.60%	72.80%	72.00%	68.80%	5.10%
		61.60	72.80	72.00	68.80	5.10
	保险机构B（承保乙和丁）	80.32%	62.88%	63.20%	68.80%	8.15%
		80.32	62.88	63.20	68.80	8.15
方案三（2个保险机构）	保险机构A（承保甲和乙）	70.88%	69.12%	66.40%	68.80%	1.84%
		70.88	69.12	66.4	68.80	1.84
	保险机构B（承保丙和丁）	71.04%	66.56%	68.80%	68.80%	1.83%
		71.04	66.56	68.8	68.80	1.83

从表6-8中可以看出：（1）方案一中保险机构赔付率的标准差小于方案二与方案三，即大数法则的含义：承保数量越多，保险赔付率的标准差越小。因此，当农业生产区域一定时，保险机构的数量越多，各个保险机构能够承保的区域数量减少，保险机构面临较大的赔付率标准差，方案二和方案三中保险机构财务稳定性要劣于方案一。

（2）方案一中保险机构的总赔付的标准差为3.06，方案三中两个保险机构赔付金额的标准差分别为1.84和1.83，说明对每个保险机构而言，方案一的核保风险要大于方案三，即方案一中的保险机构A的破产概率更大。简要说明如下：

为方便分析，假设保险机构A和B均须将保费收入的40%用于运营管理费用，并且除保费收入外，每个保险机构每年能够用于赔付支出的资产为20单位。则根据情景假设，在方案一中，保险机构A共得到200单位的保费（每个区域的保费收入为50），能够用于赔偿的资金量为200×（1-40%）+20=140，超过该数值，A即面临破产，所以方案一中保险机构A存在1/3的破产概率。对于方案三而言，两个保险机构分别收取100单位的保费，分别减掉40%的运营管理费用，则用于赔偿的资金量分别为100×（1-40%）+20=80，这样两个保险机构的破产概率为0。

（3）保险机构的破产概率与能够用于赔付支出的资产数量负相关。在上述分析中，当保险机构的固定资产降低为10单位时，方案一中的保险机构的破产概率提高到百分之百，而方案二中的两个保险机构的破产概率从0提高到1/3。

（4）承保区域的不同规划会影响到保险机构的赔付特征。方案二和方案三都是两个保险机构，但是无论是财务稳定性还是破产概率，方案三都要优于方案二。因此，农业保险的赔付风险能够通过运筹规划的方法进行优化。

（二）模型构建及算法

从风险管控的角度来看，农业保险的市场结构面临两难选择：当保险机构的数量增加时，由于每个保险机构承保数量上限降低，使得赔付率的标准差增加，提高了财务稳定系数，造成保险机构经营和财务的不稳定性变大；当保险机构数量降低时，由于农业保险标的物发生较大的损失方差，因此保险机构的核保风险提高，破产概率增大。综合考虑上述两个方面的风险，则随着农业保险市场上经营机构数量的增加，其运营的总风险应该存在先降低然后再提高的U形结构（见图6－4）。因此，通过优化模型寻找总风险曲线的最低点能够确定市场上保险机构的最佳数量。

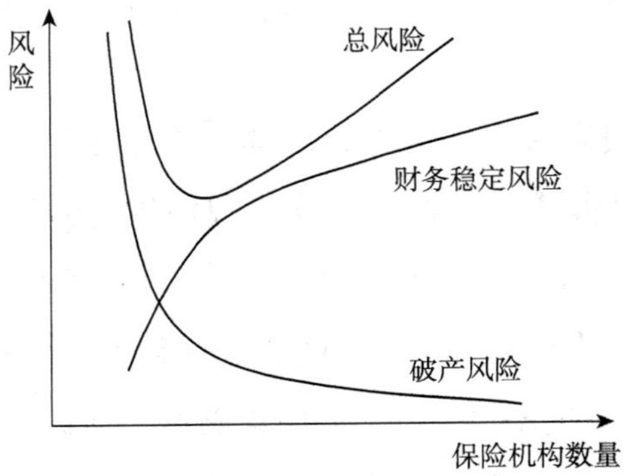

图6－4　保险机构数量增加对财务稳定性与破产概率的影响

假设农业保险市场上有 N 个农业生产区域和 J 个保险机构，y_{it} 与 l_{it} 分别表示第 i 个区域第 t 年单位面积的产量和损失，s_i 表示第 i 个区域的种植面积，若单位面积的保额为1，则第 i 个区域的保额为 $y_{it} \times s_i$，损失为 $l_{it} \times s_i$。定义 a_{ij} 为0－1决策变量，$a_{ij}=1$ 表示第 i 个区域由第 j 个保险机构承保，$a_{ij}=0$ 表示第 i 个区域不由第 j 个保险机构承保，我们假设农业生产区域范围较小，每个农业生产区域都只有一个保险机构承保，即应满足式（6－6）。

$$\sum_{j=1}^{J} a_{ij} = 1 \tag{6-6}$$

根据上述假设，我们可以得到第 j 个保险机构的总承保面积 S_j，所占份额 w_j，分别如式（6－7）和式（6－8）所示。

$$S_j = \sum_{i=1}^{N} a_{ij} s_i \quad (6-7)$$

$$w_j = S_j / \sum_{j=1}^{J} S_j \quad (6-8)$$

若农业保险为全额保险，所有损失都由保险公司进行赔付，不计免赔也不存在赔付封顶，则第 j 个保险机构第 t 年的保额 T_{jt} 和赔付额度等于损失额度 L_{jt} ，应分别满足式（6－9）和式（6－10）。

$$T_{jt} = \sum_{i=1}^{N} (a_{ij} \times y_{it} \times s_i) \quad (6-9)$$

$$L_{jt} = \sum_{i=1}^{N} (a_{ij} \times l_{it} \times s_i) \quad (6-10)$$

赔付率等于损失率，应为 $x_{jt} = L_{jt}/T_{jt}$，因此第 j 个保险机构保额损失率的均值和标准差分别为 $\mu_j = mean(x_{jt})$ 和 $\sigma_j = std(x_{jt})$。

对于第 j 个保险机构而言，σ_j 越大意味着赔付的波动性越大，财务稳定风险越高，所以从风险管控的角度来看，σ_j 越小越好。当 σ_j 一定时，μ_j 越小则保险机构的赔付支出越少，利润越高，所以保险机构有减小 μ_j 的内在动力。综合考虑均值和标准差的影响，我们定义 $k_j = \sigma_j/(1-\mu_j)$，表示第 j 个保险机构财务稳定风险的大小。

当保险机构的赔付总额超过偿付能力时，保险机构面临破产风险，因此可以利用保险机构破产概率对其破产风险进行衡量，定义 $r_j = P(L_j > \alpha_j)$，表示保险机构总赔付额度大于一定数值的概率，则 r_j 越大意味着第 j 个保险机构破产的概率越高，其中 α_j 为保险机构能够用于赔付的资金总量。将财务稳定风险和破产风险综合考虑，定义 $z_j = r_j \times k_j$，则 z_j 与 0 的距离越小其总风险越低，定义 Z 为各保险机构的风险与 0 的加权距离，如式（6－11）。

$$Z = \sum_{j=1}^{J} w_j z_j^2 \quad (6-11)$$

其中，w_j 表示第 j 个保险机构的市场份额。由上式所定义的 Z，既考虑了财务稳定风险和破产风险之间的平衡，又考虑了各个保险机构之间的均衡性，

因此我们选择 Z 作为规划的目标函数，当 Z 最小时，从风险管控的角度而言，各个保险机构选择了最优的承保区域，逐步改变 J 的大小，并计算对应的 Z 值，根据总风险变化的 U 形特征可知，Z 值集合中的最小值对应着最佳的保险机构数量。

综上所述，构建规划模型如下，其中目标函数为式（6－12），表示所有保险机构按照市场份额加权求和的总风险，约束条件为式（6－13），表示每个生产区域（本书中为一个县）只有一个保险机构承保，a_{ij}为 0－1 决策变量，决定第 i 个区域是否由第 j 个保险机构承保。

$$\min \quad Z = \sum_{j=1}^{J} w_j z_j^2 \tag{6-12}$$

$$\text{s. t.} \quad \sum_{j=1}^{J} a_{ij} = 1 \tag{6-13}$$

上述模型为非线性 0—1 规划，其求解具有 NP－hard 性，因此我们通过遗传算法进行求解。主要步骤如下：

步骤 1：产生初始种群。首先生成 N 行 J 列元素为 0 的矩阵 A，然后在矩阵的每一行中任取一个位置，将该位置的元素赋值为 1，则矩阵 A 满足限制条件式（6－13）。重复该过程 M 次，则得到规模为 M 的初始种群。

步骤 2：交叉与复制。从上面的现有种群中任取两个种子在一个随机的位置进行交叉，得到新的种子，判断新的种子是否满足限制条件，并将满足限制条件的种子并入种群中。

步骤 3：变异。对每个种子选择随机位置进行变异，即将所选择的位置赋值为 1，其他元素赋值为 0，判断变异后是否满足限制条件，将满足限制条件的变异种子并入种群。

步骤 4：计算 Z 值。对种群中的每个种子计算 Z 值并排序，选择最小的 M 个 Z 值对应的种子作为新的种群。反复迭代步骤 2—4，得到最优解。

步骤 5：寻找最优市场结构。变换 J 的取值，并记录与之对应的 Z 值，其中最小的 Z 对应的 J 即为最佳的保险机构数量，最优解为保险机构最优的承保区域。

（三）模型求解

本节以河北省粮食作物保险为例，探索农业保险市场上保险机构的最优数量和最优承保区域的分配与选择问题。利用 Matlab 编写程序，实现上述非线性 0—1 规划的求解算法。在求解过程中，我们假定各个保险机构能够用于赔付的资金总量 α_j 相等（$\alpha_j = \alpha$），并将 α 折算为种植面积 C（当单位面积的粮食产量以及价格确定时，该折算比较容易实现），当 C 取 6 万亩（即保险机构能用于赔偿的资金总量为 6 万亩的粮食产值），并假设有 5 个保险机构承保时，遗传算法的迭代过程如图 6－5 所示。从中可以看出，随着迭代次数的增加，目标值收敛于 0.9，并得到各保险机构承保区域的最优安排。

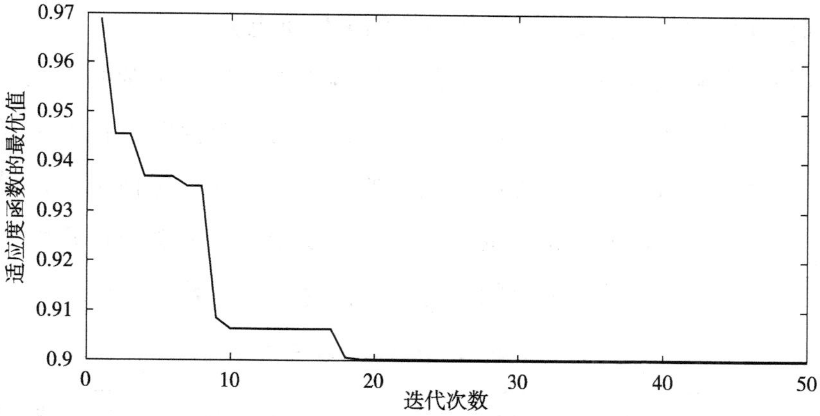

图 6－5 遗传算法的迭代收敛过程

通过设置 C1＝100 万，C2＝6 万，C3＝4 万，并在保险机构的数量分别为 1—20 的情况下求解最优解（见图 6－6）。

从图 6－7 中可以看出：（1）随着保险机构的数量增加，最优值先降低后升高，即农业保险市场总风险的变化确实呈现 U 形特征；（2）保险机构能够用于保险赔付的资金总额对市场结构有重要影响：随着 C 的增加，市场上最优保险机构数量逐渐减少（分别为 8、5 和 1），当 C 大到一定程度时，核保风险不再存在，即无论多少赔付，保险机构都能够自行承担，不

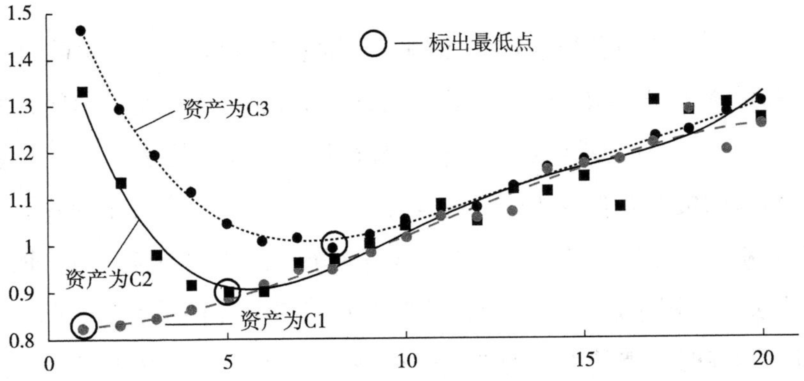

图 6-6 不同情况下最优值的变化情况

会发生破产，因此从风险分散的角度看，市场上保险机构的数量越少越好，并且当核保风险越来越低时，U 形曲线的最低点也会随之下降。

在最佳保险机构数量下，模型的最优解给出各保险机构的承保区域规划情况，限于篇幅，我们仅给出最佳保险机构为 5 时保险机构的承保区域（见表 6-9）。从表 6-9 中可以看出，各保险公司的承保情况与赔付情况不存在很大差异，因此最优解既考虑了财务稳定风险和破产风险之间的平衡，又考虑了各个保险机构之间的均衡性，达到了模型的目的。

表 6-9 保险机构承保区域的最优解

保险公司	承保县域（个数）	承保面积（万亩）	损失率均值	损失率标准差	破产概率
A	30	1908	0.0311	0.0273	0.0000
B	21	1399	0.0312	0.0296	0.0000
C	31	2195	0.0347	0.0312	0.0356
D	30	1963	0.0341	0.0282	0.0000
E	24	1518	0.0277	0.0280	0.0000

数据来源：根据 Matlab 求解结果整理得到。

综上所述，我们从赔付风险角度分析了市场上保险机构的数量及承保区域的选择对农业保险经营稳定性的影响机理，综合考虑保险机构的财务稳定风险与破产风险，以市场上所有保险机构的加权风险最小为目标构建了对农业保险承保区域进行优化的规划模型，并以河北省县域粮食产量保险为例，采用遗传算法对模型求解，结果显示：（1）通过对保险机构的承保区域进行优化可以降低保险机构的总风险，提高保险机构的经营稳定性和安全性；（2）保险机构的总风险随着保险机构数量的增加呈现 U 形变化，从风险管理角度来看，农业保险市场存在最优结构，保险机构的数量过多或过少都会提高农业保险市场的整体经营风险；（3）保险机构能够用于赔付的资金总量对农业保险的总体风险有重要影响，资金量越大，农业保险的总体风险越小，因此农业保险机构应该充分利用再保险市场、资本市场等方式有效地提高自身的偿付能力，提高农业保险经营的稳定性和安全性。

当然，我们研究的切入视角为农业保险机构的风险管理，除了风险因素外，成本控制以及农户的满意程度等也是农业保险经营需要考虑的重要因素，条件允许的情况下可以将这些因素也考虑在内，构建和求解更加综合的优化模型，使农业保险的市场结构更加符合我国农业保险的现实。

三、保险机构维度绩效水平提升效果模拟

（一）减少空间相关性的对策及效果

我们通过运筹学模型初步设计了农业保险机构的承保方案优化方法，并以河北省粮食作物保险为例测算了最优的保险机构数量和各保险机构的承保区域。该方法设计和求解适用于农业保险市场尚未形成或发展之初，政府通过市场准入制度，使农业保险经营主体的数量维持在最优水平上。目前我国已经形成较为稳定的农业保险市场结构，农业保险经营主体进入和退出市场对企业和社会都将会有较大影响，并且所需时间也较长，因此我们还需以我国农业保险市场结构的现状为基础和依据，设计我国主要农业保险机构承保区域的优化方法，探索保险机构维度农业保险绩效水平的提升路径。

从第五章研究过程可以看出，种植业灾害空间相关性对农业保险赔付的影响主要体现为提高了赔付率的标准差，因此可以以赔付风险的改进为目标，构建优化模型，将各保险机构在我国各省的承保份额进行重新规划，

提高农业保险机构运营的稳定性。定义目标函数如式（6-14）所示。

$$z = \prod_{j=1}^{J} \eta_j \tag{6-14}$$

其中，$\eta_j = \sigma_j / \sigma_j^0$ 表示第 j 个保险机构的赔付率标准差在改进后与改进前的比值（σ_j 和 σ_j^0 分别为第 j 个保险机构改进后与改进前简单赔付率的均值），z 值越小意味着改进后方案的整体优化程度越大。为保证改进方案的合理性和可行性，优化模型应满足下面三个原则：

（1）改进后各保险机构的赔付率均值不应大于改进前。模型优化目标的本质是降低赔付的标准差，但是由于各省农业生产风险存在较大差异，在方案改进过程中很有可能提高了某个保险机构的赔付率均值，这显然是不合理的改进方案。因此，模型应满足限制条件 $\bar{x}_j \leqslant \bar{x}_j^0$，其中 $\bar{x}_j$ 和 $\bar{x}_j^0$ 分别为第 j 个保险机构改进后与改进前简单赔付率的均值。

（2）帕累托改进原则，即在没有提高任何保险机构赔付风险的同时，降低部分或全部保险机构的赔付风险。模型优化目标考虑所有保险机构赔付风险的整体优化情况，但在计算过程中可能出现“倾向性”，使得某保险机构的赔付风险大幅度降低，同时提高了其他保险机构的赔付风险，这从公平性的角度来看显然是不可行的，因此模型应满足限制条件 $\sigma_j \leqslant \sigma_j^0$，即任意一个保险机构承保方案改进后的标准差不能大于改进前。

（3）市场规模的平衡性约束。在优化的过程中，各省和各保险机构的保险规模不应发生改变，否则改进方案不具有可行性。式（6-15）的平衡性约束表示第 j 个保险机构在各省的保费收入之和应等于方案改进前该保险机构的保费收入 I_j^0；式（6-16）的平衡性约束表示所有保险机构在第 i 省的保费收入之和应等于方案改进前该省的保费收入 I_i^0。

$$\sum_{i=1}^{N} a_{ij} = I_j^0 \tag{6-15}$$

$$\sum_{j=1}^{J} a_{ij} = I_i^0 \tag{6-16}$$

当然，改变农业保险机构在各省的份额需要付出一定的成本，因此满足上述条件的最优解可能会因为市场重组的成本太高而无法执行，但我们重点是从风险管理的角度，尝试给出一个至少能够降低空间相关性影响的可行方案，设计一套可以降低农业保险赔付风险的思路和方法，因此在模型中并未考虑市场重组成本，甚至农户对某个保险机构偏好的影响。以我们的模型为基础，可统筹考虑风险管理和成本控制，建立更加综合性的模型，使其更符合我国农业保险市场的复杂情况。

综上所述，构建农业保险赔付风险的优化模型由式（6－17）及式（6－18）构成。其中目标函数 z 为方案改进后，市场上所有保险机构赔付率标准差改进后与改进前比值（η_j）的乘积，约束条件（1）表示方案改进后，任意保险机构的赔付率均值不增加（$\bar{x}_j$ 和 $\bar{x}_j^0$ 分别为第 j 个保险机构改进后与改进前简单赔付率的均值）；约束条件（2）表示方案改进后，任意保险机构的赔付率标准差不增加（σ_j 和 σ_j^0 分别为第 j 个保险机构改进后与改进前简单赔付率的均值）；约束条件（3）表示方案改进后，第 j 个保险机构在各省的保费收入之和应等于方案改进前该保险机构的保费收入（I_j^0）；约束条件（4）表示方案改进后，所有保险机构在第 i 个省份的保费收入之和应等于方案改进前该省份的保费收入（I_i^0）。a_{ij} 为决策变量，表示方案改进后第 j 个保险机构在第 i 个省份的市场份额。

$$\min\ z = \prod_{j=1}^{J} \eta_j \qquad (6-17)$$

$$s.t.\begin{cases} \bar{x}_j \leqslant \bar{x}_j^0 \quad j = 1,\cdots,J & (1) \\ \sigma_j \leqslant \sigma_j^0 \quad j = 1,\cdots,J & (2) \\ \sum_{i=1}^{N} a_{ij} = I_j^0 \quad j = 1,\cdots,J & (3) \\ \sum_{j=1}^{J} a_{ij} = I_i^0 \quad i = 1,\cdots,N & (4) \end{cases} \qquad (6-18)$$

利用@ risk 的模拟结果数据及软件 LINGO. 11 求解上述模型，得到各保险机构在各省承保份额的最优解，承保方案改进前后各省风险指标的变化情况，如表 6－12 所示。

表 6-10　　承保方案改进前后各省风险指标的变化情况

省份	改进前			改进后			变化情况		
	均值	财务稳定系数	巨灾赔付指数	均值	财务稳定系数	巨灾赔付指数	均值	财务稳定系数	巨灾赔付指数
北京	0.634	0.163	0.821	0.636	0.101	0.747	0.002	-0.062	-0.074
天津	0.655	0.167	0.851	0.658	0.098	0.764	0.002	-0.069	-0.088
河北	0.640	0.161	0.824	0.640	0.134	0.819	0.000	-0.027	-0.005
山西	0.666	0.242	0.982	0.664	0.168	0.915	-0.002	-0.073	-0.067
内蒙古	0.646	0.169	0.841	0.646	0.138	0.825	0.000	-0.031	-0.016
辽宁	0.638	0.170	0.825	0.638	0.140	0.821	-0.001	-0.030	-0.004
吉林	0.642	0.187	0.856	0.641	0.131	0.806	-0.001	-0.055	-0.050
黑龙江	0.690	0.281	1.105	0.689	0.213	1.097	-0.001	-0.068	-0.008
上海	0.570	0.205	0.814	0.571	0.118	0.676	0.001	-0.087	-0.138
江苏	0.628	0.187	0.823	0.628	0.156	0.829	0.000	-0.031	0.006
浙江	0.600	0.159	0.782	0.599	0.115	0.749	-0.001	-0.044	-0.033
安徽	0.660	0.258	1.005	0.664	0.157	0.894	0.004	-0.101	-0.111
福建	0.654	0.172	0.842	0.655	0.110	0.782	0.002	-0.062	-0.060
江西	0.654	0.176	0.858	0.655	0.125	0.813	0.001	-0.051	-0.044
山东	0.629	0.162	0.816	0.629	0.129	0.801	0.000	-0.033	-0.016
河南	0.647	0.306	1.142	0.647	0.244	1.126	0.000	-0.062	-0.015
湖北	0.646	0.169	0.838	0.646	0.137	0.831	0.000	-0.032	-0.006
湖南	0.658	0.168	0.854	0.658	0.140	0.847	-0.001	-0.028	-0.006
广东	0.657	0.184	0.878	0.658	0.130	0.833	0.001	-0.054	-0.044
广西	0.668	0.193	0.880	0.668	0.133	0.852	0.000	-0.060	-0.028
海南	0.640	0.162	0.829	0.641	0.106	0.766	0.001	-0.055	-0.062
重庆	0.658	0.181	0.874	0.660	0.100	0.771	0.001	-0.082	-0.103
四川	0.600	0.170	0.790	0.599	0.131	0.773	-0.001	-0.040	-0.017
贵州	0.658	0.188	0.889	0.659	0.148	0.873	0.000	-0.040	-0.016
云南	0.622	0.172	0.833	0.621	0.128	0.795	0.000	-0.044	-0.038
西藏	0.655	0.173	0.848	0.655	0.143	0.849	0.000	-0.030	0.001
陕西	0.599	0.168	0.789	0.599	0.114	0.742	0.000	-0.054	-0.047
甘肃	0.630	0.162	0.812	0.630	0.135	0.812	0.000	-0.027	0.000
青海	0.653	0.176	0.854	0.653	0.124	0.814	0.000	-0.052	-0.039
宁夏	0.654	0.175	0.853	0.655	0.106	0.779	0.001	-0.069	-0.075
新疆	0.657	0.160	0.834	0.657	0.134	0.833	0.000	-0.027	-0.001

数据来源：根据 LINGO11.0 计算结果整理得到。

根据模型求解结果，对各保险机构的赔付率进行重新模拟，得到改进后各保险机构的赔付率，图 6 –7 以人保财险和安信农险为例给出空间相关、空间不相关以及改进后保险赔付率分布情况的对比。

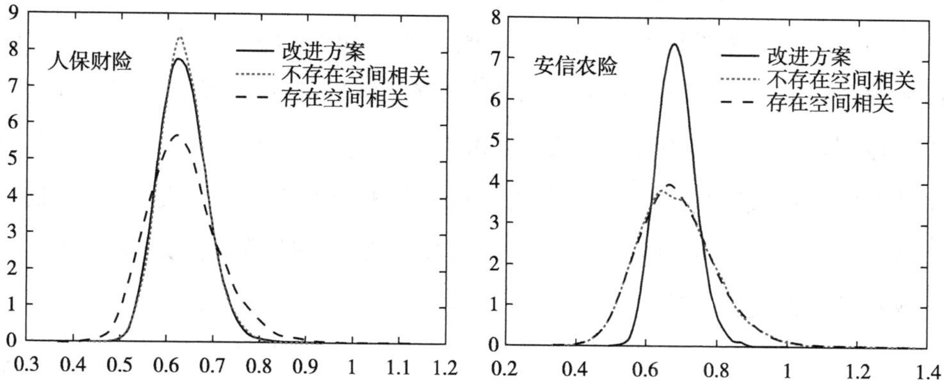

图 6 –7　改进前与改进后保险赔付率分布情况对比

从图 6 –7 中可以看出，对人保财险而言，承保方案改进后，赔付率的分布已经基本回到了空间不相关的状态，赔付风险降低；而对于安信农险而言，尽管空间相关性对其赔付风险没有影响（空间相关与空间不相关两种状态下，赔付率的分布基本重合），但改进后的方案仍然降低了农业保险的赔付风险，赔付率分布的标准差显著降低。

根据承保方案优化后各保险机构赔付风险指标的变化情况（根据模型的设定，赔付率均值没有变化，财务稳定系数和巨灾赔付指数有不同程度的变化），以及各保险机构在各省保险份额的变化情况，利用式（6 –19）计算得到承保方案优化后保险机构维度农业保险的绩效水平（见表 6 –11）。其中 Ψ_i 表示第 i 个省份的赔付风险指标，φ_j 表示第 j 个保险机构的赔付风险指标，γ_{ij}表示第 j 个保险机构在第 i 个省份的保费收入占比（保险份额）。

从表 6 –11 中可以看出，承保方案优化后，除广西和重庆外，其他各省保险机构维度农业保险的绩效水平均有所提高，提高幅度最高的为上海，从 87.31% 提高到 94.89%，提高了 8.68%，其次为重庆，从 80.85% 提高到87.55%，提高了8.28%。从全国平均来看，从84.07%提高到87.55%，提高了4.15%。本节的研究结果表明，我国农业保险能够通过承保区域和份额的重组减少空间相关性的影响，降低农业保险的赔付风险，提高保险机构维度的绩效水平。

当然上述对策的研究还有进一步改进的空间：（1）我们主要从风险管控的视角研究了空间相关性对农业保险赔付风险的影响，除了风险因素外，成本控制也是农业保险经营需要考虑的因素；（2）我们考察了省际空间相关性对农业保险赔付的影响，若能够获得各地市甚至农户的数据，则能够更加深入地刻画空间相关性的影响，为我国农业保险政策的改进提出更加细致和精准的完善方案。

$$\Psi_i = \sum_{j=1}^{n} (\varphi_j \times \gamma_{ij}) \quad (6-19)$$

表6-11　承保方案优化后对保险机构维度绩效水平的影响　单位：%

省份	绩效水平（改进前）	绩效水平（改进后）	提高水平	提高比例	省份	绩效水平（改进前）	绩效水平（改进后）	提高水平	提高比例
北京	87.38	93.01	5.62	6.44	湖北	90.77	92.85	2.08	2.29
天津	90.25	96.79	6.54	7.25	湖南	93.48	95.38	1.90	2.04
河北	82.02	83.68	1.65	2.01	广东	79.76	83.28	3.52	4.41
山西	76.34	80.10	3.76	4.93	广西	80.22	83.78	3.56	4.43
内蒙古	79.16	81.09	1.94	2.45	海南	88.81	93.76	4.95	5.57
辽宁	86.59	88.45	1.86	2.14	重庆	80.85	87.55	6.70	8.28
吉林	92.76	97.06	4.30	4.64	四川	84.56	87.20	2.65	3.13
黑龙江	80.42	82.89	2.47	3.08	贵州	92.63	95.18	2.54	2.75
上海	87.31	94.89	7.58	8.68	云南	80.97	84.08	3.11	3.83
江苏	86.08	87.62	1.54	1.79	西藏	86.12	87.81	1.69	1.97
浙江	91.12	94.84	3.72	4.08	陕西	85.90	90.23	4.33	5.04
安徽	78.44	83.88	5.45	6.94	甘肃	87.88	89.61	1.73	1.97
福建	80.75	85.45	4.70	5.82	青海	76.36	79.74	3.38	4.43
江西	90.03	93.98	3.95	4.39	宁夏	78.22	83.44	5.22	6.67
山东	81.79	83.97	2.18	2.67	新疆	79.10	80.62	1.52	1.92
河南	69.96	71.78	1.82	2.60	均值	84.07	87.55	3.48	4.15

（二）空间相关性对农户缴费及政府补贴的影响

根据方差原理①，农业保险机构的保费总收入应满足式（6－20），其中$\beta > 0$为负荷系数。

$$G = \sum_{i=1}^{N} \mu_i + \beta \times N\overline{\sigma_N^2}[1 + (N-1)\bar{\rho}] \qquad (6-20)$$

当不存在空间相关性，即区域相关系数$\bar{\rho} = 0$时，保险机构应达到的总保费收入为：

$$G^* = \sum_{i=1}^{N} \mu_i + \beta \times N\overline{\sigma_N^2} \qquad (6-21)$$

由式（6－20）和式（6－21）两式可知，种植业生产风险的空间正相关性（$\bar{\rho} > 0$）使得农业保险机构的总保费标准整体上提高了$\beta N(N-1)\overline{\sigma_N^2}\bar{\rho}$，并且空间相关性越大，保费标准越高。

若大区域S中的N个小区域分别由N个农户承保种植，农户i的总收入水平为w_i（包括农业收入、打工收入、商业收入等），假设该收入不稳定的因素仅来自种植业收入，风险损失为x_i，$E(x_i) = \mu_i$，$Var(x_i) = \sigma_i^2$。农户可以选择自己承担该损失，也可以选择购买保费为h_i的保险，当选择自己承担损失时农户的财富水平为随机变量$w_i - x_i$，当选择购买保险时农户的收入水平为常数$w_i - h_i$（在不考虑免赔的情况下）。假设农户的效用函数为$u(w_i)$，则按照效用最大化原则，农户选择购买农业保险的期望效用应大于选择自己承担风险的期望效用，即应满足式（6－22）。

$$u(w_i - h_i) \geqslant E[u(w_i - x_i)] \qquad (6-22)$$

对式（6－22）左边进行泰勒展开得到式（6－23）②：

$$u(w_i - h_i) = u(w_i - \mu_i + \mu_i - h_i) = u(w_i - \mu_i) + (\mu_i - h_i)u'(w_i - \mu_i) \qquad (6-23)$$

① 注：相关学者根据不同的保险情况提出了十几种保费原理（温利民等，2015），对于财产保险而言，在保险公司的实际操作过程中，方差保费原理与标准差保费原理在精算学中扮演重要角色（Y. Chi 等，2013），相对于标准差保费原理而言，方差保费原理具有线性和可迭代性等更适合理论分析的性质（Bühlmann，1970），因此本书选择方差保费原理进行理论分析，即$G = E(X) + \beta \times Var(X)$。

② 注：为使最后的保费表达式具有较为明确的经济含义，此处参照魏世勇（2008）的做法，仅作一阶泰勒展开。

对式（6－22）右边泰勒展开得到式（6－24）：

$$\begin{aligned} E[u(w_i - x_i)] &= E[u(w_i - \mu_i + \mu_i - x_i)] \\ &= E[u(w_i - \mu_i)] + E[(\mu_i - x_i)u'(w_i - \mu_i)] \\ &\quad + E[(\mu_i - x_i)^2 u''(w_i - \mu_i)/2] \\ &= u(w_i - \mu_i) + \sigma_i^2 u''(w_i - \mu_i)/2 \end{aligned} \tag{6－24}$$

由效用函数的单调增性，当不等式取等号时，达到农户愿意支付的最大保费，即式（6－25）：

$$u(w_i - \mu_i) + (\mu_i - h_i)u'(w_i - \mu_i) = u(w_i - \mu_i) + \frac{1}{2}\sigma_i^2 u''(w_i - \mu_i) \tag{6－25}$$

求解式（6－25）得：

$$h_i^* = \mu_i - \frac{1}{2}\sigma_i^2 \frac{u''(w_i - \mu_i)}{u'(w_i - \mu_i)} = \mu_i + \frac{1}{2}\sigma_i^2 ARR \tag{6－26}$$

其中，ARR 为相对风险厌恶系数。根据 Turvey（1992）、Wang 等（1998）、Coble 等（2000）、王克等（2014）的研究，幂效用函数是反映农户效用情况较好的一种函数形式，因此我们采用幂效用函数研究农户对农业保险的支付意愿，假设农户效用的水平由式（6－27）表示。

$$u(w_i) = \frac{1}{1-\theta} w_i^{\,1-\theta} \tag{6－27}$$

其中，θ 为绝对风险厌恶系数，则相对风险厌恶系数 $ARR = -u''/u' = \theta/w_i$，因此农户愿意支付的最大保费为：

$$h_i^* = \mu_i + \sigma_i^2 \frac{\theta}{2(w_i - \mu_i)} \tag{6－28}$$

所有农户的保费支付为：

$$H^* = \sum_{i=1}^{N} h_i^* = \sum_{i=1}^{N} \mu_i + N\overline{\sigma}_N^2 \sum_{i=1}^{N} \frac{\theta}{2(w_i - \mu_i)} \tag{6－29}$$

不考虑道德风险、逆向选择等相关因素对农业保险市场的影响，则不存在空间相关性时，农业保险市场能够达到均衡，农户愿意支付的最高保费等于保险机构最低收取需求（$H^* = G^*$）。然而由于种植业生产损失空间相关性的存在，保险机构需要收取的总保费必须增加$\beta N(N-1)\overline{\sigma}_N^2\overline{\rho}$才能达到正常运营的要求，超过农户的最大支付意愿，农业保险市场无法实现均衡状态，在没有政府补贴的情况下，农业保险市场将难以持续经营和发展。

接下来分析空间相关性对政府保费补贴比例的影响，假设政府的保费补贴比例为λ，农业保险市场达到均衡时有：

$$G = \sum_{i=1}^{N} h_i^* + \lambda \times G \tag{6-30}$$

则政府保费补贴比例推导如式（6－31）所示。

$$\lambda = 1 - \sum_{i=1}^{N} h_i / G = 1 - \frac{\sum_{i=1}^{N}\mu_i + N\overline{\sigma}_N^2 \sum_{i=1}^{N} \frac{\theta}{2(w_i - \mu_i)}}{\sum_{i=1}^{N}\mu_i + \beta N\overline{\sigma}_N^2[1 + (N-1)\overline{\rho}]} \tag{6-31}$$

为简化该公式，将$\frac{1}{N}\sum_{i=1}^{N}\mu_i$记为$\mu$，$\max(\theta/2(w_i - \mu_i))$记为$\alpha$，则得到政府保费补贴比例的一个下限估计值，如式（6－32）所示。

$$\lambda \geqslant 1 - \frac{\mu + \alpha\overline{\sigma}_N^2}{\mu + \beta\overline{\sigma}_N^2[1 + (N-1)\overline{\rho}]} \tag{6-32}$$

从该式可以看出：政府的保费补贴比例（λ）是区域相关系数（$\overline{\rho}$）的增函数，并且当$\overline{\rho} \to 1$时，$\lambda \to 1$，当$\overline{\rho} \to 0$时，$\lambda \to 0$。

基于上述数理分析可知，农业风险的空间相关性除对赔付风险造成影响外，还将提高农户缴费以及政府保费补贴额度，降低政府和农户维度农业保险的绩效水平，因此保险机构承保方案的优化不但能够降低赔付风险，提高保险机构维度的绩效水平，而且能够提高政府和农户维度的绩效水平。

四、两种优化方案下绩效水平的综合提升效果

综上所述，保费补贴方案能够提高政府和农户维度农业保险的绩效水平，保险机构承保方案的优化能够提高保险机构维度农业保险的绩效水平。

表 6－12 给出了两种优化方案提升农业保险综合绩效水平的效果。

表 6－12　　　　农业保险综合绩效水平提升的效果　　　　单位：%

省份	改进前				改进后				综合提升水平	综合提升比例
	政府	农户	保险机构	综合绩效水平	政府	农户	保险机构	综合绩效水平		
北京	165.29	85.90	87.38	89.81	166.25	86.14	93.01	90.03	0.22	0.25
天津	51.57	44.09	90.25	47.91	53.99	45.31	96.79	49.69	1.78	3.72
河北	47.27	28.03	82.02	37.71	47.46	28.13	83.68	37.87	0.16	0.43
山西	104.17	22.41	76.34	54.65	104.17	22.41	80.10	54.67	0.02	0.04
内蒙古	110.61	35.73	79.16	60.29	111.42	35.95	81.09	60.41	0.12	0.19
辽宁	30.35	29.35	86.59	30.67	30.85	29.78	88.45	31.15	0.48	1.55
吉林	66.28	44.32	92.76	54.34	66.28	44.32	97.06	54.37	0.04	0.07
黑龙江	36.76	35.71	80.42	36.74	36.85	35.79	82.89	36.86	0.12	0.33
上海	134.67	100.00	87.31	98.74	134.67	100.00	94.89	99.49	0.75	0.76
江苏	28.81	51.63	86.08	42.30	29.17	52.08	87.62	42.70	0.40	0.95
浙江	73.47	17.58	91.12	44.82	79.45	18.88	94.84	47.50	2.68	5.97
安徽	57.96	47.98	78.44	52.69	57.97	47.98	83.88	52.74	0.06	0.11
福建	60.77	22.51	80.75	41.44	67.76	24.89	85.45	45.42	3.98	9.61
江西	77.88	25.94	90.03	49.74	101.07	32.70	93.98	59.00	9.26	18.62
山东	22.60	37.89	81.79	32.22	22.60	37.89	83.97	32.26	0.04	0.12
河南	32.49	52.31	69.96	43.93	38.24	58.57	71.78	49.68	5.75	13.08
湖北	19.29	13.81	90.77	18.38	19.37	13.87	92.85	18.53	0.14	0.78
湖南	60.93	32.68	93.48	46.18	61.11	32.76	95.38	46.32	0.14	0.30
广东	29.00	21.76	79.76	26.10	30.04	22.46	83.28	27.00	0.90	3.45
广西	74.60	38.84	80.22	54.56	82.49	42.22	83.78	59.02	4.46	8.18
海南	33.41	31.20	88.81	33.02	33.72	31.46	93.76	33.38	0.36	1.10
重庆	67.68	29.96	80.85	47.58	69.18	30.51	87.55	48.50	0.92	1.92
四川	64.16	34.81	84.56	48.49	64.16	34.81	87.20	48.52	0.03	0.05
贵州	118.43	28.32	92.63	57.11	161.64	36.53	95.18	60.75	3.64	6.38
云南	81.03	22.45	80.97	49.31	81.03	22.45	84.08	49.34	0.02	0.05
西藏	140.07	52.61	86.12	68.91	171.47	54.01	87.81	69.70	0.79	1.15

续表

省份	改进前				改进后				综合提升水平	综合提升比例
	政府	农户	保险机构	综合绩效水平	政府	农户	保险机构	综合绩效水平		
陕西	74.25	18.74	85.90	45.49	74.25	18.74	90.23	45.53	0.04	0.08
甘肃	98.87	28.76	87.88	57.02	102.94	29.79	89.61	57.71	0.70	1.22
青海	233.68	65.82	76.36	76.57	236.11	66.23	79.74	76.85	0.28	0.37
宁夏	53.97	50.81	78.22	52.48	53.97	50.81	83.44	52.53	0.05	0.09
新疆	50.83	71.10	79.10	61.66	50.83	71.10	80.62	61.67	0.01	0.02
均值	74.23	39.45	84.07	50.35	78.73	40.60	87.55	51.59	1.24	2.46

注：提升比例的单位为%。综合绩效水平的计算方法见第六章第一节中“综合绩效水平测度方法的选择”部分，为使数据具有可比性，计算改进后综合绩效水平时，各维度的权重与改进前保持一致。

从表6－12可以看出，两种方案同时优化使全国农业保险的平均绩效水平提高了2.46%，从50.35%提高至51.59%。并且综合绩效水平的优化满足帕累托改进原则，即所有省份的综合绩效水平都有不同程度的提高，而没有出现绩效水平降低的省份，综合绩效水平提升最高的省份为江西省，提高了18.62%，其次为河南省，提高了13.08%。进一步计算结果表明，方案改进前各省综合绩效水平的变异系数为0.34，改进后变异系数降低为0.33，说明各省之间的差异状况得到了改善。该结果表明，我们提出的农业保险绩效水平提升路径是有效的。

第五节　灾害性损失风险估计方法的选择与优化

一、现有估计方法的综述与评价

（一）种植业风险评估法

农作物灾害性损失风险的估计作为保险费率厘定的基础和前提，是农业保险科学化、规范化和现代化管理的关键。为对农作物灾害风险进行准确估计，Goodwin（1998、2004）、Ker（2000）、Coble（2007）、张峭（2007、2011）、王克（2013）、邢鹂（2004、2006）等学者在估计农作物灾害性损失方法方面作了巨大努力，但业界目前仍缺乏评价不同估计方法优劣的依据，而且就如何选择最优估计方法也没有达成一致结论（王克等，2013）。同时，叶涛等（2012）则认为现有估计方法均存在一定的缺点和不足，不同程度地造成农作物灾害性损失估计偏差，影响了农业风险管理的效率。

农作物灾害性损失风险的估计方法主要有三种：风险因子法、风险机理法和单产损失法（见图6－8）。风险因子法是从造成农作物灾害性损失的各种具体、单一风险因子入手构建指标体系，开展风险评估建模；风险机理法是从农作物受灾过程机理和灾害脆弱性机理的视角评估农作物灾害风险；单产损失法是从农作物生产损失结果的角度入手进行风险评估。相对而言，农作物单产损失法更适合于我国农作物灾害性损失风险的评估。

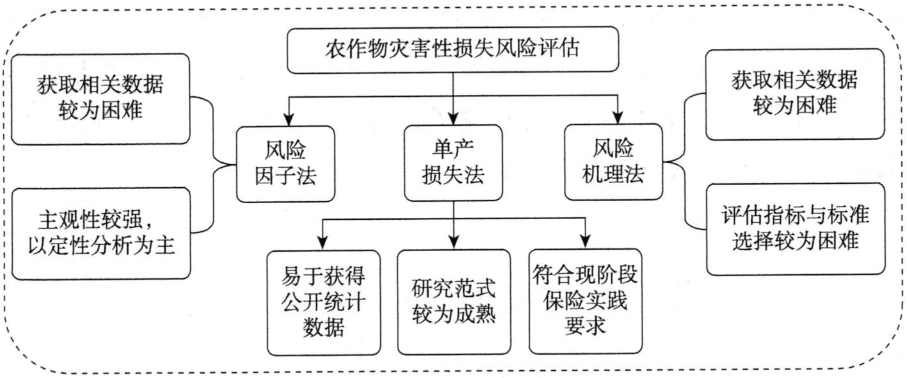

图6－8　农作物生产风险评估方法结构

根据数据来源不同，风险损失的估计主要有三种：基于单产数据、基于灾情数据以及基于多源数据融合的损失估计法。基于单产数据的损失估计是以农作物产量统计数据为依据，通过比较趋势产量与真实产量得到损失估计。基于灾情数据的损失估计法以民政部门灾情统计数据为基础，通过综合受灾、成灾和绝收面积，折算出农作物因灾损失率。基于多源数据融合的损失估计法是将单产数据与灾情数据结合在一起，利用单产数据的风险评估结果对灾情数据的风险评估进行调整，得到最终的风险损失估计。图6－9描述了可供选择的农业生产风险评估方法和数据来源。

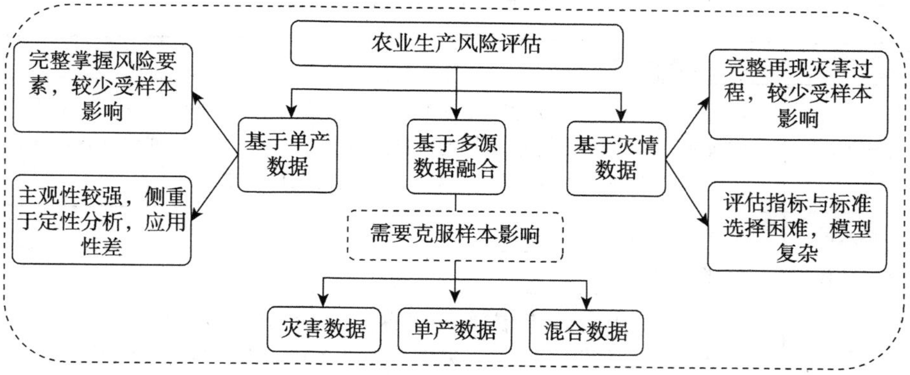

图6－9　农业生产风险评估方法和数据来源

上述三种不同数据来源中，基于单产数据的损失估计方法更适合于我国现阶段的基本情况。

1. 另外两种方法都需要农业灾情统计数据，我国只有分灾种（干旱、洪涝等）数据，而没有作物品种信息，也就是不能针对某种作物进行风险损失估计，尽管多源数据融合方法尝试用调整的方式解决该问题，但是由于灾害数据是按照一定的损失区间（10%～30%、30%～80%、80%以上）进行分类（受灾、成灾和绝收）的，其调整结果并不能保证精确性。

2. 现阶段我国农业保险中的保险责任并没有对不同的灾害类型进行区分，只依据最终产量损失结果，无论哪种形式的灾害，只要达到损失比例触发值即进行赔偿（见表6－13），因此单产损失是我国现阶段农业保险关注的核心问题。

3. 基于单产数据的损失估计方法确实存在“单产波动空间加总偏差”问题，即不同区域之间的单产波动会因为统计加总而彼此抵消，空间尺度越大加总偏差越严重，但是我国可直接获得的农作物单产统计数据可以具体到市（县）一级，并且由于农业风险的空间关联性，农业保险公司在勘察定损时也主要依靠某一区域的整体损失情况，而不仅仅计算某个农户的产量损失，相对于另外两种方法存在的问题来说，基于单产数据的方法是我国现阶段更精确，也是更有实效的损失估计和风险评估方法。

表 6－13　　部分农业保险公司保险责任的表述

保险公司	保险标的物	保险责任
华农财产	小麦水稻	由于下列原因直接造成的损失，且损失率达到 30%（含）以上的，保险人按照本保险合同的约定负责赔偿：（一）暴雨、洪水（政府行蓄洪除外）、内涝；（二）风灾、雹灾；（三）冻灾。
中国人保	玉米	同上。
中华联合	玉米	同上。
太平洋保险	水稻	由于下列原因直接造成的损失，损失率达到 15% 以上的，保险人按照本保险合同的约定负责赔偿：（一）暴雨、洪水（政府行蓄洪除外）、内涝；（二）风灾、雹灾；（三）冻灾。
安信农险	水稻	在保险期间内，由于下列原因直接造成损失的，保险人按照本保险合同的约定负责赔偿：（一）暴风、暴雨、台风、龙卷风、冰雹；（二）稻瘟病、纹枯病、稻曲病、青枯病、条纹叶枯病；（三）稻飞虱、螟虫、稻纵卷叶螟。

数据来源：根据各保险公司的保险条款整理获得。

（二）单产趋势估计法

由于农业科技的进步，农作物单位面积产量一般都有一个向上的趋势，直接利用原始统计数据并不能计算出灾害损失大小，需要剔除趋势项，将剩余部分的波动大小作为农业生产风险的高低。因此，基于单产数据估计农作物灾害损失的基本范式是：首先，根据统计数据计算出农作物单产的时序数据 Y；其次，将 Y 分解为两部分：Y_{trend} 与 U，其中 Y_{trend} 为农作物单产趋势项，这是农业技术进步、农业基础设施建设以及农民素质提高等因素引起的作物单产序列的增长趋势，需要利用相关方法提取出该趋势项；最后，将原始序列剔除增长趋势，得到产量损失 $U = Y - Y_{trend}$，并在此基础上研究农作物损失的风险特征。

1. 从数据需求来看，单产损失法更能满足现有统计数据的要求。目前，我国公开统计数据资料中仅有农作物总体灾害统计数据，相对缺乏农作物单一受灾信息，而风险因子法和风险机理法对农作物详细的单一灾情统计数据要求很高，现有数据基础无法满足这一要求。尽管也有学者（王克，2013）尝试利用多源数据融合的方法解决该问题，但灾情统计数据的不准确影响到估计效果，难以满足农业保险精算的要求。单产损失法以农作物单产为研究对象，研究人员可以获得县级农作物单产的时序数据，准确、翔实的统计数据为科学评估农作物灾害性损失风险提供了数据基础。

2. 从农业保险的实践来看，单产损失估计更能满足我国现阶段农作物保险的要求。目前，单产损失是现阶段我国农业保险关注的核心问题，人保、安华、阳光等大部分保险机构将保险责任界定为“由于下列原因直接造成的损失，损失率达到30%以上的，保险人按照本保险合同的约定负责赔偿：（一）暴雨、洪水（政府行蓄洪除外）、内涝；（二）风灾、雹灾；（三）冻灾。（人保水稻保险条款，2009）”虽然不同保险机构对损失率和灾害原因的规定略有差异，但保险赔偿主要依据农作物单产的损失比例，并未详细区分具体哪种自然灾害造成的损失，也较少关注灾害发生的具体过程，即目前我国的农业保险以综合险为主而非单一险。

3. 从具体应用来看，单产损失法更精确。风险因子法侧重于对风险因素的研究，主要用于定性分析和评价，较难满足现代农业保险和风险管理定量研究的要求；风险机理法虽然能够剖析风险的起因、过程和结果，但需构建较为复杂的模型，缺少统一评价指标和标准，目前尚处于探索阶段。因此，相对于风险因子法和风险机理法而言，单产损失估计法是我国现阶段更精确、更有实效的损失估计与风险评估方法。

一般而言，利用单产数据估计农作物灾害性损失风险的基本范式是：“作物单产—趋势剔除—分布拟合—定量评估”。尽管该基本范式已比较成熟，在国内外都得到了广泛应用，但在各环节具体技术的选择上还未达成一致，导致估计结果存在不确定性（叶涛，2012），其中单产的趋势估计是该范式中的首要和关键步骤。相关文献刻画和提取农作物单产趋势的方法主要包括回归分析法、移动平均法、直线移动平均法、HP 滤波法以及时间序列预测法。下面对这几种方法的基本思路及存在的缺点简要阐述如下。

回归分析法：由于产量趋势分析的目的是考察产量与时间的关系，因此可以构建模型 $y_t = f(t) + u$，利用回归分析方法对两个变量进行拟合。最简单的函数形式为 $f(t) = a + bt$，即一元线性回归，可利用最小二乘法对其进行估计。Goodwin 和 Mahul（2004）、Chen（2015）、Ozaki 等（2008）、钟甫宁等（2004）以及肖宇谷（2014）等文献中利用该方法进行单产趋势的估计。邓国（2002）认为由于单产时间趋势形式未定，因此建立多项式回归模型，通过逐步回归的方法，逐步扩大 t 的阶数，并不断调整方程中 t 的项数，选择使回归系数都显著，且方程拟合优度最大的方程为最优模型。由此可见，回归分析法的优点是形式较为简单、算法成熟，但缺点是难以确定准确的函数形式，回归模型的选择带有较大的主观性。

直线移动平均法：趋势拟合的经典方法是移动平均法，该方法为人们所熟知，在此不再赘述。移动平均法的优点是简单易行，不用主观假定函数形式，姜会飞（2009）研究农业保险费率和保费时利用了该方法。由于移动平均法会引起样本量的减少，而我国统计数据时序较短，样本量的损失会对预测造成较大影响，因此较多文献采用了直线移动平均法，如 Ker（2000）、Zhang（2010）、刘春梅（1998）、王克（2008）以及杨晓煜（2012）等。直线移动平均法的基本思路是将回归分析与移动平均两种方法结合在一起，将产量的时间序列（假设有 n 个样本）在某个阶段内（包含连续的 k 个样本，k 为移动步长）的变化视为线性函数，估计 $n-k+1$ 个线性趋势方程 $y_i = a_i + b_i t$，并计算每个时点上线性估计值的均值，以该值作为趋势预测值。该方法虽然解决了样本量损失的问题，当选取的移动步长较短时，线性方程也可能是比较合适的方程形式，但是步长的选择仍然带有主观色彩，步长过短容易受到单产短期波动的影响，步长过长又会再次出现到回归分析法函数形式确定的困难。

HP 滤波法：除上述方法外，HP 滤波法也是估计单产趋势的常用方法，例如徐磊（2011）、鄢姣（2014）等。HP 滤波法通过极小化如式（6－33）所示的目标函数，从初始序列 Y 中提取光滑的时间序列 Y_{trend} 作为趋势预测值，其中 λ 为波动惩罚因子。

$$\min\left\{\sum_{t=1}^{n}u_t^2+\lambda\sum_{t=1}^{n}\left[(y_{trend,t}-y_{trend,t-1})-(y_{trend,t-1}-y_{trend,t-2})\right]^2\right\} \tag{6-33}$$

HP 滤波法能够充分利用样本信息，并且不需要事先假定函数形式，是研究作物单产趋势的有效方法。然而，相关学者对 HP 滤波方法中平滑参数 λ 的取值存在较大分歧，例如 Backus 和 Kehoe（1992）认为平滑参数应取值100，Cooley 和 Ohanian（1991）以及 Correia、Neves 和 Rebelo（1992）认为应取值400，Baxter 和 King（1999）认为 $\lambda=10$ 是更合理的平滑参数，而 Ravn 和 Uhlig（2001）则认为 λ 应该是6.25。不同的 λ 值会得到不同的结果，得到不同的趋势，进而会对农作物的损失估计产生影响。

时间序列预测方法：除上述趋势估计方法外，灰色预测方法（GM）、模糊数学法以及 ARIMA 等时间序列分析技术也被用于单产趋势的估计，如 Chen（2015）利用 GM 法对我国玉米单产数据进行趋势拟合，而 Goodwin（1998）、李文芳（2009）等则认为 ARIMA 方法拟合单产趋势的效果最好。时间序列预测方法追求较高的预测精度，估计结果能够最大限度地拟合现有数据，但过分强调拟合优度，对农作物单产数据的拟合过于“准确”，会将自然灾害造成的损失也视为趋势，造成“过度拟合”，最终导致对风险的低估（叶涛等，2012）。

现将各种方法的主要特征、评判标准、优缺点以及主要参考文献总结于表6－14。从中可以看出，不同模型方法有不同的特点，但也在函数形式和参数选择等方面存在不足，致使估计结果出现较大不一致。那么是否存在对函数形式和参数选择要求不高且能提高农作物灾害性损失风险估计精度的模型方法呢？进而，现有方法中单纯强调对农作物单产数据的拟合度，但缺乏将自然灾害损失考虑在内的拟合度可能存在一定问题，即过分强调对农作物单产数据的拟合优度，会将自然灾害造成的损失也视为趋势并造成“过度拟合”，导致农作物灾害性损失风险的低估，趋势的拟合程度并不是通常意义下模型对原始数据的“拟合优度”或“预测准确度”。因此，需要提出更有效的模型方法对现有趋势估计模型方法进行评价和选择，继而构建更优的农作物灾害性风险估计模型。

表 6-14　　现有农作物单产趋势估计方法的主要不足

主要模型方法	部分参考文献	主要特征	拟合优劣标准	存在不足
回归分析法	Goodwin（2004），Chen（2015），钟甫宁（2004），肖宇谷（2014）	算法成熟便于估计	拟合优度	不同函数形式结果差别较大
移动平均法	姜会飞（2009）	计算简单	均方误差	损失自由度
直线移动平均法	Ker（2000），Zhang（2010），刘春梅（1998），王克（2008）杨晓煜（2012）	综合回归法与移动平均	均方误差	步长的选择具有主观性
滤波法（HP）	徐磊（2011），鄢姣（2014）	不需事先设定函数形式	对原始数据的平均预测误差	平滑参数的选择存在分歧
时间序列方法	Goodwin（1998），Chen（2015）李文芳（2009）	预测精度较高	对原始数据的平均预测误差	“过度拟合”

科学地评判不同方法优劣的最终依据是对包含损失在内的真实数据趋势的拟合程度，在真实数据未知的情况下，可以用仿真模型模拟农作物单产增长趋势和灾害损失情况，并将现有不同模型方法的结果对仿真模拟真实数据结果的拟合优度作为评价依据，选择更准确的农作物单产灾害性损失估计方法。

一般而言农作物生产及其风险产生的过程为：农作物在各种生产要素的共同作用下获得产量，其单产水平在农业资本积累、农业科技进步等相关因素的影响下逐年增长，而不定期的自然灾害给种植业生产造成随机的外在冲击，使得农作物单产水平降低，产生灾害性损失，形成生产风险。由于考虑损失在内的农作物单产真实数据趋势无法获知，为此我们建立了符合农作物单产增长趋势统计规律的模型公式（数据生产过程，DGP）如式（6－34）所示。

$$y_t = -2t^2 + 260t + 800 \tag{6-34}$$

上述数据生成过程符合农作物单产理想增长趋势（统计数据）的一般规律和数据特征：（1）对时间 t 的一阶导数大于0，即在研究期限内，农作物单位产量是时间变量的增函数；（2）对时间 t 的二阶导数小于0，即在研究期限内，农作物单位产量的增长率是时间变量的减函数；（3）自然灾害发生的年份与造成的损失程度是随机变量，若不存在自然灾害，除随机误差 ε 外，农作物单产不会出现突然的降低；（4）该数据生成过程的参数取值（－2，260，800）参考了全国粮食作物单产的基本特征，经测试，若将参数调整为其他取值，只要满足上述三个数据特征，我们的主要结论仍然成立。

农作物单产可利用式（6－35）的数据生成过程生成模拟数据。

$$y_t = -2t^2 + 260t + 800 - \delta_t u_t y_{trend,t} + \varepsilon_t \tag{6-35}$$

其中，y_t 为第 t 年（$t = 1,\cdots,T$）可以观测到的农作物单产，不考虑风险的模拟真实增长趋势如式（6－36）所示：

$$y_{trend,t} = -2t^2 + 260t + 800 \tag{6-36}$$

其中，δ_t 为服从二项分布的随机变量，即 $\delta_t \sim B(N,p)$，p 表示发生自然灾害的概率，δ_t 表示在第 t 年农作物是否发生自然灾害，$\delta_t = 1$ 表示在第 t 年发生自然灾害，否则为0；u_t 表示第 t 年农作物损失比例，为服从均匀分布的随机变量，$u_t \sim U(0,q)$，q 为灾害损失占趋势产量的最大比例，$q \in (0,1)$，因此 $\delta_t u_t y_{trend,t}$ 表示若第 t 年发生自然灾害，则其单产损失如式（6－37）所示，其中 ε_t 表示随机误差项，$\varepsilon_t \sim N(0,\sigma^2)$。

$$u_t \times y_{trend,t} = u_t \times (-2t^2 + 260t + 800) \tag{6-37}$$

如果农作物单产的模拟真实数据生成过程是可知的（见上述公式），则可以通过测度估计值与真实值的差距，对不同估计方法进行比较。将平均预测误差率（Average Forecasting Error Rate）定义为式（6－38），则 *AFER* 越小意味着趋势拟合越准确。

$$AFER = \frac{1}{T}\sum_{t=1}^{N} \mid \widehat{y}_{trend,t} - y_{trend,t} \mid \tag{6-38}$$

参考我国粮食农作物单产变动的基本特征，令 $N=66$，$p=0.3$，$q=0.3$，利用 Matlab 进行模拟计算，不同结果的对比如图 6－10 所示。

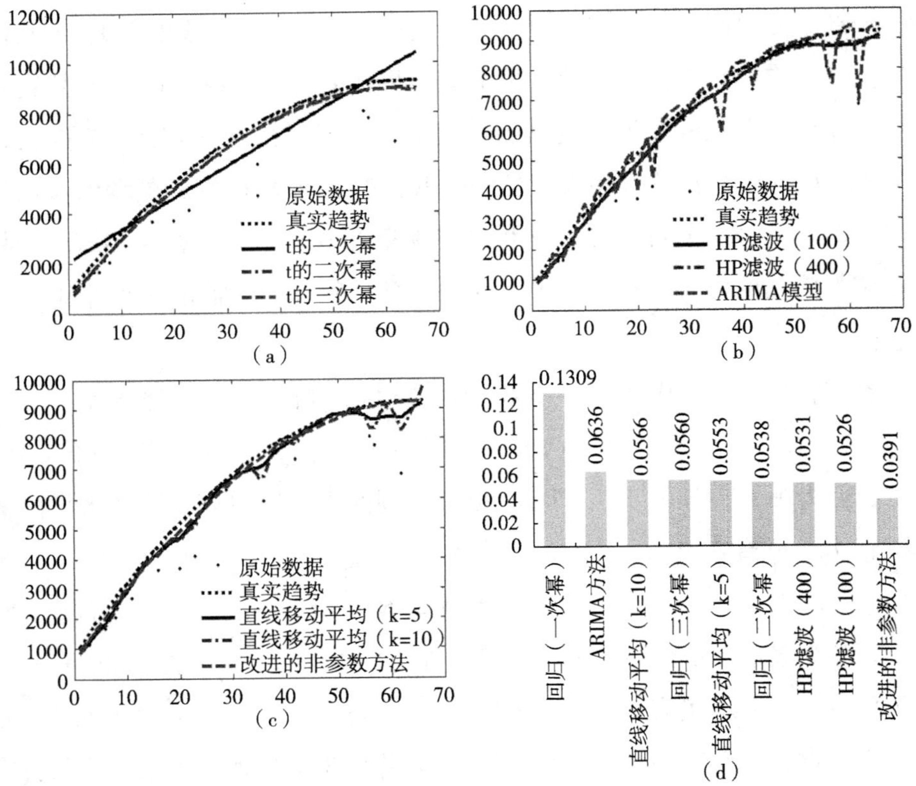

图 6－10　不同方法的趋势估计结果与真实趋势之间的对比

为使对比较为清晰，图 6－10 由（a）、（b）、（c）、（d）四个分图表示。其中（a）图中的回归函数选用了时间 t 的一次、二次和三次幂的方程形式，（b）图中 HP 滤波法惩罚参数选择 100 和 400，（c）图中直线移动平均法中的移动步长选择 5 与 10 进行比较。

从图 6－10 中可以看出：（1）各种方法确实存在表 6－14 中总结的缺陷，例如回归分析法中选择不同方程形式时估计结果具有较大差异，当不知道真实的函数形式时，趋势拟合可能会造成较大偏差（t 的不同阶数），当选择不同参数时，HP 滤波法与直线移动平均法的估计结果也存在差异（100 与 400）。

（2）农作物遭受自然灾害时会减产，在数据上表现为对趋势的负向偏离，受此影响，各种方法的估计值都不同程度地负向偏离于真实趋势（表现为预测曲线位于真实曲线的下方），造成对生产损失风险的低估。

（3）通过计算各种方法的平均预测误差率（AFER）可知，当回归分析方法选择不恰当的方程形式时（t 的一次函数），AFER 在所有方法中最高，达到 13.09%；ARIMA 方法的 AFER 为 6.36%，仅低于一次回归方法，说明“过度拟合”［如图 6－10 中的（b）图所示］，会造成与真实趋势的“过度偏离”；直线移动平均法、HP 滤波法和回归分析法的高次方程形式，AFER 均在 5% 左右。而我们后面提出的非参数加权局部线性估计法的估计结果显示：平均预测误差率仅为 3.91%［如图 6－10 中的（d）图所示］，表明所提出的方法对趋势具有更高的估计精度。

二、种植业生产风险估计方法的改进

模型的评价分析结果表明，现有模型方法在精准拟合真实单产数据趋势方面存在明显不足，对损失的估计结果极易造成偏差。因此，需要基于农作物单产的数据特征对现有方法进行改进，提出更准确的单产趋势拟合及损失估计方法。

（一）估计方法的改进思路和数学推导

事物时间上的联系性及其连续、渐进的变化特性是能够对其进行趋势估计的哲学基础。因此，农作物单产数据时间上的联系性及其连续、渐进的变化特性成为趋势估计方法的共同依据。但是利用该依据进行趋势估计必须解决三个问题：（1）虽然知道数据是连续的和渐进变化的，但变化的具体形式是未知的，因此估计过程中存在函数形式的选择问题，如回归分析法中的模型形式就较难确定；（2）尽管农作物单产数据存在时间上的关联性，但关联的紧密程度具有“远疏近密”的特征，因此估计过程中存在不同时点权重的分配问题，如直线移动平均法中的步长以及HP滤波法中参数的选择等就比较关键；（3）单产统计数据已经包含了灾害损失的影响，分析结果表明，受灾害损失的影响，各种估计方法都不同程度地负向偏离于模拟真实趋势的数据生成过程（见图6－7），因此需要考虑如何降低该影响，更准确地拟合真实趋势。

为解决上述问题，我们尝试将非参数的相关理论应用在趋势估计方法中，并依据农作物单产的数据特征对估计方法进行改进，优化趋势预测效果，得到更精确的损失估计。非参数回归的一般形式如式（6－39）所示，其中 $\hat{m}(x)$ 表示 x 处的单产趋势的估计值。

$$y_{trend} = m(x) + \varepsilon \tag{6-39}$$

借鉴直线移动平均法的思想，即在合适的时间段内，单产趋势近似为线性模式，利用非参数估计法中的局部线性回归理论得到估计值，如式（6－40）所示。

$$\hat{m}(x_0) = (X^T W_k X)^{-1} X^T W_k Y \tag{6-40}$$

上式中 $X_i = (1,(x_i - x_0))^T$，$X = (X_1, X_2, \cdots, X_N)$，$W_k$ 的定义如式（6－41）所示，其中 $K(\cdot)$ 为核函数。

$$W_k = diag\left[K\left(\frac{x_1 - x_0}{h}\right), K\left(\frac{x_2 - x_0}{h}\right), \cdots, K\left(\frac{x_N - x_0}{h}\right)\right] \tag{6-41}$$

从 $\hat{m}(x)$ 的估计公式可以看出，该估计方法的实质是加权最小二乘法，权重由核函数确定。利用该方法的优点是：不必事先假定单产趋势的函数形式，并且通过非参数估计的相关理论选择最优带宽，能够在估计过程中对各样本点赋予更合适的权重，提高趋势估计的准确度和稳定性。

然而，当被估计点的非常邻近处存在外在冲击时（即发生自然灾害且造成产量损失时），非参数局部线性估计中的权重设置方法会赋予冲击值较高的权重。进而，趋势值的估计将会受到影响，造成估计偏差。因此，需要对非参数局部线性估计中的权重设置方法进行改进，降低外在冲击对趋势拟合的影响。

对农业生产而言，农作物单产水平由劳动力特征、机械化水平以及种子、化肥、灌溉、农药等多种生产要素综合决定，这些生产要素受农业生产技术水平、种植习惯等多种因素影响，在一定时间范围内不会发生跳跃性的变化，所以农作物单产水平在没有外在因素冲击的情况下将保持稳定和连续的趋势。尽管农业政策改革和农业技术进步会对农作物单产水平造成一定影响，但政策与技术的推广和应用需要一定的时间，是渐进的过程，一般不会造成单产水平的突变；进一步而言，即使政策和技术改革采取"硬着陆"的方式（如土地政策改革），使农业生产跃进到一个新水平，进而农作物单产趋势发生突变，但次数也非常有限，突变过后农作物单产将回归于稳定的增长趋势。因此，农作物单产水平的突变主要是受自然灾害的影响，我们可以将农作物单产波动率的倒数作为权重，进行非参数加权局部线性估计，降低自然灾害对单产趋势的影响，具体操作如下：

定义农作物单产的波动率如式（6－42）所示。

$$\delta_i = \frac{|y_{i+1} - y_i|}{y_i}, i = 2,3,\cdots,N \tag{6-42}$$

以该波动率的倒数为权重，根据加权最小二乘法（WLS）和非参数局部线性回归的相关理论进行推导，可得非参数加权局部线性估计值如式（6－43）所示。

$$\hat{m}(x_0) = e_1^T (X^T W_k W_\Delta X)^{-1} X^T W_k W_\Delta Y \tag{6-43}$$

其中，$W_\Delta = diag[w_1, w_2, \cdots, w_N]$，$w_i = \frac{1}{\delta_i}$，$i = 2,3,\cdots,N$，$w_1 = \sum_{i=2}^{N} \delta_i / (n-1)$。

（二）与现有方法的比较

采用上文仿真模拟真实数据的生成过程（DGP），利用 Matlab（2015b）编写程序，在最大损失比例（q）分别为 0.2、0.3、0.5 的情境下［分别对应图 6 - 11 中的（a）、（b）和（c）分图］，模拟不同估计方法（参数为 100 的 HP 滤波法、二次方程形式的回归分析法、移动步长为 5 的直线移动平均法、ARIMA 方法以及非参数加权局部线性估计法）的平均预测误差（*AFER*）随自然灾害发生概率（*p*）的变化情况。图 6 - 11 中的（a）、（b）和（c）分图分别给出了模拟 500 次时，各估计方法的 *AFER* 均值变化情况。

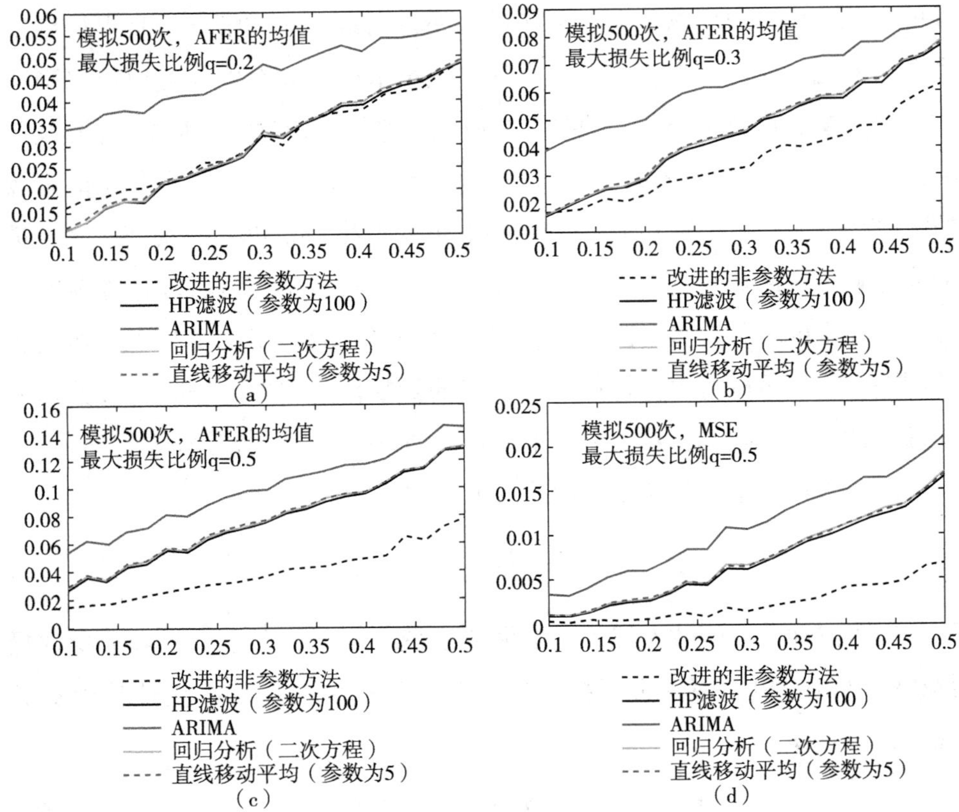

图 6 - 11　不同情境下不同方法平均预测误差的对比

从图 6 - 11 中得到如下结论：

（1）通过对比图中的（a）、（b）、（c）三个分图可知，最高损失比例 q 越大，所有方法的 *AFER* 也越大，但相对而言，非参数加权局部线性估计法要小于其他方法的平均预测误差，并且 q 越大，非参数加权局部线性估计方法的优势越明显。

（2）从 *AFER* 曲线的斜率可以看出，自然灾害发生的概率 p 越大，所有方法的 *AFER* 也随之增大，但非参数加权局部线性平均预测误差的增长速度要低于其他方法。

（3）回归分析法、直线移动平均法和 HP 滤波法的 *AFER* 差异不大，但 *ARIMA* 模型的预测结果与真实趋势相差较大，说明若过度追求对可观测数据的拟合优度，ARIMA 模型则会造成对真实趋势的严重偏离，并低估损失风险。

（三）改进方法的稳健性检验

为考察非参数加权局部线性估计法结果的稳定性，定义 *AFER* 的均方误差，如式（6－44）所示，其中 *mean* 表示均值运算，*var* 表示方差运算。

$$MSE = mean(AFER)^2 + var(AFER) \qquad (6-44)$$

图 6－11 中的分图（d）描述了当 $q=0.5$ 时，各估计方法的 *MSE* 随 p 值的变化情况。从中可以看出自然灾害发生概率 p 越大，所有方法估计结果的 *MSE* 也随之增大，但改进后的非参数方法要优于其他方法，并且 p 值越大，该方法相对于其他方法的精确度越高。

种植业灾害损失估计方法直接影响到种植业的风险评估，进而影响到风险区划、保费厘定、保费补贴比例、农户缴费额度、保险机构保障额度的确定等一系列影响种植业风险管控水平的关键问题。因此，实现农业保险从“粗放”向“精准”转变，从根源上探索提高农业保险的绩效水平的政策、路径和措施，必须选择和优化种植业灾害估计及风险评估方法。

第六节　本章小结

本章利用“熵权—TOPSIS”方法，将政府、农户和保险机构三个维度的评价结果进行综合，得到我国农业保险的综合绩效水平。在绩效评价的基础上，结合我国种植业的发展形势，从保费补贴方案优化、保险机构承保方案优化以及种植业灾害损失估计方法优化三个方面设计了农业保险的绩效提升路径，并模拟了绩效提升的效果。主要结论如下：

1. 我国农业保险的绩效水平整体较低，2019 年全国总体的绩效水平为 50.35%，并且各省份之间存在较大差距（最大值是最小值的 5.4 倍），绩效水平最高的省份为 98.74%，绩效水平最低的省份则仅为 18.38%。该结果表明我国农业保险的绩效水平存在较大的提升空间，急需设计农业保险绩效提升路径。

2. 通过将保费补贴划分为直接保费补贴和巨灾风险准备金两部分对保费补贴方案进行优化，优化后的方案能减少保险机构用于应对巨灾赔付的资金积累，进而提高保费补贴的杠杆效率和绩效水平。测算结果显示，保费补贴方法优化后，各省政府维度农业保险的绩效得到了帕累托改进，全国总体绩效水平提高了 5.12%，并且保障水平的提升提高了农业保险的灾害赔付额度，进而提高了农户维度的绩效水平，测算结果显示农户维度的全国总体绩效水平提高了 3.67%。

3. 通过构建运筹模型，对各保险机构的承保方案进行优化，优化后的方案能减少空间相关性对农业保险的影响，进而降低保险机构的赔付风险。测算结果显示，第一，保险机构的数量过多或过少都会提高保险市场的风险；第二，在不改变保险机构现有市场份额的前提下，承保区域的优化仍可有效降低赔付风险，使各省保险机构维度农业保险的绩效得到帕累托改进，使全国总体绩效水平提高 4.15%。若综合优化保费补贴方案和承保方案，则能够使全国农业保险的综合绩效水平提高 17.86%。

4. 通过数值仿真模拟对种植业灾害损失风险不同估计方法的优劣进行判断，并在综合现有方法优点的基础上，提出非参数加权局部线性估计法：以农作物单产波动的绝对值为权重，对农作物的单产趋势进行非参数局部线性加权估计，计算农作物灾害性损失结果。仿真模拟真实数据的结果证明，该方法能够更加精准地估计农作物灾害性损失风险。对我国粮食作物灾害性损失风险评估的实例证明，与改进后的方法相比，原有方法可能低估了粮食作物的灾害性损失风险。

第七章 研究结论、政策建议以及研究展望

本章将对前文的主要研究结论进行归纳总结，提出农业保险政策改进的对策建议，并对进一步的研究方向进行了展望。

第一节 研究结论

我们对“如何对我国农业保险进行绩效评价，我国农业保险绩效水平如何，影响农业保险绩效水平的因素有哪些，如何设计农业保险绩效提升路径”等问题进行了深入分析和研究，主要得到如下结论：

结论一：我国农业保险需以“风险管控”为切入点，将政府、农户和保险机构通过“风险管控”统一到同一绩效评价系统中，通过测度农业保险绩效实际值与理论值的差距进行绩效评价。风险管控在农业保险中具有核心地位，风险管控在农业保险对农业生产、农户收入水平、农村信贷等方面具有重要作用，政府、农户和保险机构等参与主体通过风险管控的链接作用形成一个有机整体，风险管控能够作为构建不同维度农业保险绩效评价指标的基础。

结论二：对政府维度的绩效评价宜选择安全风险管控水平为目标，评价结果显示，我国农业保险对种植业提供的风险保障水平仍然较低，其主要影响因素是保费补贴资金的效率。对政府维度的绩效评价应以安全风险管控水平为评价目标，并选择风险保障水平作为具体的评价指标。结果显

示我国农业保险的风险保障水平总体较低，且各地区存在较大差异，很多省份尚未实现农业经营成本的全覆盖。保费补贴对农业保险保障水平具有显著的正向作用，但是随着保障水平的提高，保费补贴的作用越来越小。

结论三：对农户维度的绩效评价宜选择收入损失风险管控水平为目标，评价结果显示，我国农业保险对农户灾害损失的补偿作用有限，其主要影响因素是农业保险排除度较高。根据农业保险的赔偿额度与灾害损失之间的差距测度农户维度农业保险的绩效水平，结果显示，我国农户维度农业保险的总体绩效水平不高，且各地区的绩效水平存在较大差异，个别省份的绩效水平在90%以上，大部分省份的绩效水平则在50%以下，农业保险的发展程度是影响农户维度绩效水平的关键因素。通过对我国农业保险排除度的空间特征进行研究，农村居民人均可支配收入、人均受教育程度、农业产值占GDP的比例、保险资源状况以及少数民族聚集地区等因素都对农业保险的排除具有显著影响。

结论四：对保险机构维度的绩效评价宜选择赔付风险管控水平为目标，评价结果显示，我国农业保险面临着远高于非农财险的赔付风险，其主要影响因素是种植业风险的特殊性。从赔付风险来看，我国保险机构维度农业保险的整体绩效水平为81%，各省份的绩效水平存在较大差异，实证结果表明种植业灾害损失的空间相关特征显著提高了我国农业保险的赔付风险。

结论五：我国农业保险的整体绩效水平不高，并且存在明显的区域差异，保费补贴方案和保险机构承保方案的优化是提升绩效的有效路径。我国农业保险的绩效水平整体较低，2019年全国总体的绩效水平为50.35%，并且各省份之间存在较大差距。保费补贴方案优化，可以使政府维度全国总体绩效水平提高5.12%，同时农户维度的全国总体绩效水平提高3.67%，承保方案优化可使保险机构维度全国总体绩效水平提高4.15%，并且各省绩效水平的变化满足帕累托改进原则。

除上述主要研究结论和优化方法的设计外，我们对农业保险绩效评价的一些研究方法和结果还可以用于种植业风险和保险的其他相关研究中，主要包括：（1）根据蒙特卡洛模拟结果，估计小样本非正态分布数据的基本统计量，非均匀布点的信息扩散模型更加有效；（2）通过对种植业风险空间相关性的概念、性质及其对农业保险影响的数理分析可以进一步用于定量测度种植业的风险特征，有利于更科学地进行种植业风险区域的划分，为保费补贴等政策的制定提供依据；（3）通过分析我国种植业生产和灾害损失的特征，设计了估计种植业灾害损失的非参数局部线性加权方法，数值仿真结果显示该方法能够有效提高估计精度，有利于实现“精准”风险管控，可为提升农业保险绩效提供方法基础。

第二节 政策建议

从绩效评价的过程和结果可以看出，很多省份农业保险尚未实现直接物化成本的全覆盖，较低的保障水平限制了农业保险对种植业生产的风险保障作用，同时农户从农业保险中得到的收入损失补偿也极其有限。现阶段影响农业保险保障水平的主要原因是保费补贴资金的使用效率较低，未转化为有效的保障水平，同时农户的风险意识和对农业保险的满意程度较低，使得农户主动参与农业保险的积极性不高，农业保险除事后补偿作用外，对种植业结构、粮食产量、要素投入以及技术采纳所产生的影响很小。

因此农业保险的改进对策之一是，采取更加灵活的、多种形式的政府支持政策，尽力提高补贴资金的杠杆效率，使有限的财政资源最大限度地转化为风险保障水平，同时，利用多种途径增强农户的主动参保意识，使农业保险在现代风险管理中发挥更加全面的作用。具体措施如下：

1. 差异化推行保费补贴政策，提高财政补贴资金的使用效率。保费补贴是农业保险存在和发展的基础，从绩效评价结果看，我国农业保险保障水平未达到成本全覆盖的原因主要是补贴规模和资金使用效率有待提高。我国地域广阔，各省、自治区、直辖市的农业发展状况及自然条件各不相同，种植业所面临的风险也存在较大差异，因此农业保险的补贴标准与补贴比例不应“一刀切”，应因地制宜，综合考虑种植业风险特征和财政收支状况，实行差异性补贴政策。对于保险覆盖率已经较高，保费补贴对保障广度的推动作用效率较低的区域，应该重点研究如何利用保费补贴促进农业保险的“提标”和“增品”，从保险深度的维度增加农业保险的保障水平，同时建立健全农业保险保费补贴资金监管机制，加强保费补贴资金管理，提高财政资金的使用效率。

2. 在优化保费补贴政策的同时，加大税收优惠支持力度。近年来大家的关注点多集中在保费补贴政策上，对税收优化政策关注较少。我国财政部和国家税务总局对农业保险的税收优惠主要是减免营业税，另外对本年保费收入的25%的大灾准备金免征企业所得税，而且企业所得税税基按照应纳税所得额的90%进行折扣。该政策与美国的税收优惠政策相比还有一定差距，美国为推动和支持农业保险的发展实行特殊的税收优惠政策：根据《联邦农作物保险法案》，联邦农作物保险公司（FCIC）的所有财产的所有税收都享受免征的优惠，同时免征私营农作物保险机构保险合同的税收和提供的再保险的保险公司的税收，即美国的农业保险除正常的业务经营成本外，没有其他任何的税收负担。因此为降低农业保险机构的经营成本，国家对农业保险应给予更多的税收优惠政策，例如提高大灾准备金的免税额度，减免农业保险代办员的个人所得税等。

3. 拓宽培训和宣传途径，提高农户的教育水平和风险意识。尽管农业保险的改革成效最终要看是否满足了农户的愿望和需求，但由于现阶段种植业风险呈现多样化和复杂化的特点，如果农户自身的教育水平较低，不能识别和管理风险，就会对农业保险持无所谓的态度，造成调研中出现“农户不知道自己购买了农业保险”的现象，势必影响到保险效果的发挥。提高农业保险的绩效水平，需要提高农户的主动参与度，通过多种途径对农户进行风险教育培训，同时保险机构在开展保险业务的过程中，积极利用现代宣传手段扩大种植业风险和保险的知晓率，提高农户的风险意识和利用农业保险进行风险管理的愿望。

从绩效评价的过程和结果还可以看出，农业保险保费收缴、勘察定损和赔付支出的特殊性（承保地域分散、农户文化水平和风险意识较低）以及种植业风险的特殊性（空间关联性及大灾易发性），使农业保险承保机构面临更大的成本支出和赔付风险。为降低经营风险和获取利润，保险机构必将提高保费或降低保额，造成农业保险实际保障水平的低下。因此，在农业保险政策改进过程中，应从建立大灾分散机制、优化市场结构以及提高保险精算水平等方面降低承保机构的经营风险，进而提高农业保险的绩效水平。具体措施如下：

1. 建立和完善农业保险的大灾分散机制，采取多种手段降低农业保险机构的赔付风险。任何一家保险公司都只有有限的保障能力，而农业保险中更大的赔付波动和更高的巨灾风险指数，导致农业保险机构面临更高的运营风险，当没有有效的手段将保险机构的风险进行再次转移和分散时，就会造成农业保险保障体系的崩溃。保险机构一旦破产将直接影响农业保险制度的可持续性，因此2007年以来，“中央一号文件”中已经多次提出要“建立农业保险大灾风险分散机制”。一是在国家层面建立由财政支持的大灾风险分散制度，消除农业保险经营机构的顾虑，使其能够积极创新保险产品，为种植业改革服务。二是在企业层面鼓励和要求农业保险机构积极利用现代金融手段，如“保险+期货（权）”模式进行风险分散，同时借鉴国外融资模式，例如美国World Cover的P2P模式，有效利用社会力量承担农业风险。三是利用金融市场，开发适合区域农业发展水平、农业产业结构特征、自然变化特征的保险衍生产品，推动具有选择性风险转移特征的巨灾风险证券化，降低个人与社会组织进入巨灾风险债券市场的准入门槛，构建能够让巨灾债券自由变现、流通的二级市场，减少投资者风险。四是积极利用国际资本市场分散风险，我国再保险市场刚刚起步，仅仅依靠国内资本市场分担风险的能力不足，应积极与世界知名基金与发行机构在境外资本市场进行融资，与国际市场对接。

2. 严格农业保险经营准入制度，优化保险机构承保方案。随着社会政府机构简政放权的呼声越来越高，我国银保监会逐步简化甚至取消对财产保险公司进入农业保险经营的行政审批权限，进入农业保险的门限逐步降低，并且在保费补贴力度不断加大的背景下，保险机构有进入农业保险领域，并扩展业务范围和扩大经营区域的内在动力。然而，从我们的研究结果可以看出，农业保险存在比普通财险更大的赔付风险，要求保险机构具有更高的稳定经营能力，否则一旦破产势必给我国的农业生产和发展造成严重的风险损失，因此银保监会在精简审批程序的同时应严格审核保险机构经营农险的资质，同时加强对农险业务经营过程，尤其是偿付能力的监管，降低农业保险机构破产的概率。同时，随着我国农业保险机构的不断增多，市场竞争越来越激烈，各保险公司开始“跑马圈地”，扩大承保区域范围，但是由于农业生产存在系统性风险，不对经营区域进行优化选择，其经营范围越大越可能遭受大范围的巨额损失。从我们的研究结论可以看出，由于我国幅员辽阔，农业保险赔付风险存在较大的地域差异，因此农业保险机构可以通过选择不同的地域组合降低经营风险。

3. 构建农业保险基础平台和服务网络，为保险服务和保险精算提供基础。农业保险政策的改进涉及政府、农户和保险机构等多个参与主体，方案过程中涉及财政、农业等多个行政部门，并且需要考虑各种地区差异，因此是一个系统工程，需要从国家层面进行顶层设计。农业保险政策的改革是从“粗放”走向“精准”的过程，需要政府出台和完善相关的法律法规，不断规范和监控农业保险改革的方向；需要政府鼓励和支持在农村构建更加完善的保险服务体系，真正实现“承保到户、定损到户和理赔到户”，提高农户的满意程度和参加农业保险的积极性和主动性；需要政府搭建农业保险平台，实现统计信息、气象设施、行业培训以及人力资源的共享，为农业保险的改革和发展提供基础。

第三节 研究展望

从我们的研究来看，绩效评价是农业保险政策改进的前提和基础，对我国农业的改革和发展具有重要现实意义。然而，限于作者的能力和时间问题，我们对农业保险绩效评价的研究还存在一些不足，在今后的研究过程中，还可以从以下几个方面进一步完善和深入。

1. 农业保险对三个参与主体的影响具有交叉作用，三个维度之间的绩效水平是相互影响和相互制约的，我们侧重于对三个参与主体分别进行绩效评价，通过综合三个维度的绩效水平得到整体绩效评价结果，较少考虑三者之间的相互影响和博弈情况，经济理论基础较为薄弱。在进一步研究中除研究各个维度绩效水平的影响因素外，需更加深入地研究三个参与主体相互之间的影响，促进多维度绩效水平提升的协同性。

2. 农业保险政策的改进需要在绩效评价的基础上设计全面的可行方案，我们主要侧重于对农业保险的绩效评价，在农业保险政策改进的研究上，主要从保费补贴方案的优化、市场上最优保险机构数量和最优承保区域的选择以及种植业灾害损失风险评估方法三个方面进行了模拟仿真，没有对农业保险政策改进进行全方面的综合考虑。在后续研究中，需更加深入研究农业保险绩效水平提升的方法和路径，加强对农业保险政策改进及可行性的研究。

3. 农业保险的绩效评价和政策改进需以精确的统计数据为基础，但由于部分数据无法获取，研究中只能选择替代性统计指标（如农业和种植业相关统计指标），并且尽管我们在研究过程中利用各种方法搜集相关统计资料，并对不同渠道获得的数据进行对比核查，但仍不免存在误差，造成绩效评价结果与真值的偏离。若能获得更详细和更精准的统计数据，以我们的研究思路和方法为基础，将得到更具实践指导意义的绩效评价结果。

参考文献

［1］白雪梅．教育与收入不平等：中国的经验研究［J］．管理世界，2004（6）：53－58.

［2］卜振兴．我国农业险经营效率的评价研究——基于动态数据包络模型［J］．上海金融．2014（5）：23－28.

［3］柴智慧，赵元凤，徐慧．农业保险的低保障水平与产品同质化问题研究——以内蒙古为例［J］．保险理论与实践，2017（9）：95－106.

［4］陈盛伟，牛浩．市场竞争下农业保险发展速度的实证分析——基于山东省16地市的面板数据［J］．农业经济问题，2017，38（5）：46－54.

［5］初文丽，崔果．农户农业保险需求影响因素分析——基于16省农户的调研［J］．农业展望，2017（10）：113－116.

［6］邓国，王昂生，周玉淑．粮食生产风险水平的概率分布计算方法［J］．大气科学学报，2002，25（4）：481－488.

［7］邓国取．中国农业巨灾保险制度研究［D］．杨凌：西北农林科技大学，2006.

［8］邓磊．政策性农业保险模式研究［D］．北京：对外经济贸易大学，2005.

［9］樊丰，刘小春．农业保险对农民收入的稳定效应——来自省级面板数据的实证检验［J］．江苏农业科学，2017，45（10）：327－330.

［10］方首军，黄泽颖，孙良媛．农业保险与农业信贷互动关系的理论分析与实证研究［J］．农村金融研究，2012（7）：60－65.

［11］冯鸿雁．财政支出绩效评价体系构建及其应用研究［D］．天津：天津大学，2004.

［12］冯文丽，董经纬．农业保险功效研究［J］．浙江金融．2007（5）：33－38.

［13］冯文丽．我国农业保险市场失灵与制度供给［J］．金融研究，2004（4）：124－129.

［14］付小鹏，梁平．政策性农业保险试点改变了农民多样化种植行为吗［J］．农业技术经济，2017（9）：66－79.

［15］顾银宽．信贷风险、信用机制与农业保障的地方政府行为［J］．改革，2009（5）：75－80.

［16］郭军，孔祥智．我国政策性农业保险主体利益协同度分析［J］．华中农业大学学报（社会科学版），2016（2）：30－37.

［17］郭军．我国农业保险排斥现状、诱因及影响分析［D］．武汉：华中农业大学，2014.

［18］郭树华，蒋冠，王旭．中国农业保险经营模式的选择研究［M］．北京：人民出版社，2011.

［19］黄崇福．自然灾害风险分析与管理［M］．北京：科学出版社，2012.

［20］侯玲玲，穆月英，曾玉珍．农业保险补贴政策及其对农户购买保险影响的实证分析［J］．农业经济问题，2010，31（4）：19－25.

［21］黄琦，陶建平，张红梅．农业保险市场结构、空间依赖性与农业保险条件收敛研究［J］．中国管理科学，2017，25（5）：25－32.

［22］黄亚林．农业保险对农户生产行为的影响及对策探讨［J］．当代经济管理，2015，37（6）：86－89.

［23］黄延信，李伟毅．加快制度创新推进农业保险可持续发展［J］．农业经济问题，2013（2）.

［24］黄英君．中国农业保险发展机制研究：经验借鉴与框架设计

[M]. 北京：中国金融出版社，2009.

[25] 黄颖. 我国农业保险保费补贴的绩效评价——基于2009—2013年省际面板数据的DEA实证分析 [J]. 西南金融，2015（5）：32-35.

[26] 黄正军，黄亚丽. 政策性农业保险的经济分析——以农民对待风险的行为效果为例 [J]. 重庆文理学院学报（自然科学版），2008（3）：67-70.

[27] 姜会飞. 农业保险费率和保费的计算方法研究 [J]. 中国农业大学学报，2009，14（6）：109-117.

[28] 李传峰. 公共财政视角下我国农业保险经营模式研究 [D]. 北京：财政部财政科学研究所，2012.

[29] 李丹，倪闻阳，刘从敏，杨朝博. 新型农业经营主体政策性农业保险购买意愿影响因素剖析 [J]. 财会月刊，2016（26）：95-99.

[30] 李丹. 农业风险与农业保险 [M]. 北京：高等教育出版社，2017.

[31] 李慧，王春峰，李博，谷园园. 我国省际体育文化旅游节事资源支撑能力评价 [J]. 统计与决策，2018，34（15）：111-116.

[32] 李景波，佟国光. 农业保险的信贷支持效应分析 [J]. 农业经济，2011（9）：42-44.

[33] 李军，段志煌. 农业风险管理和政府的作用 [M]. 北京：中国金融出版社，2004.

[34] 李军. 农业保险的性质、立法原则及发展思路 [J]. 中国农村经济，1996（1）：55-59.

[35] 李赛男，于光军，赵丽霞. 内蒙古农业保险政策对农民收入保障水平研究 [J]. 北方经济，2013（21）：54-55.

[36] 李士森，任金政. 我国政策性农业保险转移支付效果及空间差异研究 [J]. 保险理论与实践，2018（2）：1-12.

[37] 李文芳. 湖北水稻区域产量保险精算研究 [D]. 武汉：华中农

业大学，2009.

［38］李心愉，赵景涛，刘忠轶．我国农业保险开展效率研究——基于企业和区域的视角［J］．江西财经大学学报，2015（2）：69－80.

［39］李真真．我国农业保险财政补贴的效率研究［D］．郑州：郑州大学，2014.

［40］梁来存．政策性农业保险的政府保费补贴额度的测算［J］．统计与决策，2012（20）：148－151.

［41］梁平，梁彭勇，董宇翔．我国农业保险对农民收入影响的经验研究［J］．管理现代化，2008（1）：46－48.

［42］廖朴．财产保险对长期经济增长的促进作用研究——基于保险的风险转移与补偿功能视角［J］．保险研究，2015（6）：32－46.

［43］林宝清．论保险功能说研究的若干逻辑起点问题［J］．金融研究，2004（9）：19－24.

［44］林杰．保险与农业信贷供求的“帕累托改进”［J］．福建金融，2008（6）：18－22.

［45］刘布春，李茂松，储玉军．种植业政策性保险补贴需求测算与分析［J］．中国农业科技导报，2009，11（6）：111－117.

［46］刘布春，梅旭荣．农业保险的理论与实践［M］．北京：科学出版社，2010.

［47］刘春梅，李友华．黑龙江省主要农业灾害的技术经济分析［J］．农业技术经济，1998（2）：36－39.

［48］刘莉芬，韩霜．金融排除研究动态及研究前景探讨［J］．现代商贸工业，2010，22（22）：208－210.

［49］刘世强，陈爱东．农作物系统风险实证研究［J］．中国海洋大学学报（社会科学版），2008（1）：48－49.

［50］刘素春，智迪迪．农业保险与农业信贷耦合协调发展研究——以山东省为例［J］．保险研究，2017（2）：29－39.

[51] 刘学文. 中国农业风险管理研究 [D]. 成都：西南财经大学，2014.

[52] 刘蔚，孙蓉. 农险财政补贴影响农户行为及种植结构的传导机制——基于保费补贴前后全国面板数据比较分析 [J]. 保险研究，2016 (7)：11-24.

[53] 刘祚祥，黄权国. 信息生产能力、农业保险与农村金融市场的信贷配给——基于修正的 S—W 模型的实证分析 [J]. 中国农村经济，2012 (5)：53-64.

[54] 龙文军. 农业保险行为主体互动研究 [D]. 武汉：华中农业大学，2003.

[55] 龙文军. 对当前中国农业保险面临的矛盾的认识 [J]. 农业经济问题，2003 (4)：43-46.

[56] 龙文军. 健全农业保险制度研究 [M]. 北京：中国农业出版社，2016.

[57] 卢飞，张建清，刘明辉. 政策性农业保险的农民增收效应研究 [J]. 保险研究，2017 (12)：67-78.

[58] 罗向明，张伟，丁继锋. 收入调节、粮食安全与欠发达地区农业保险补贴安排 [J]. 农业经济问题，2011 (1)：18-23.

[59] 罗向明. 中国农业保险发展模式与补贴政策研究 [D]. 武汉：武汉大学，2012.

[60] 莫衡等. 当代汉语词典 [M]. 上海：上海辞书出版社，2001.

[61] 穆怀中. 社会保障适度水平研究 [J]. 经济研究，1997 (2)：56-63.

[62] 穆怀中. 社会保障水平研究（一）——社会保障水平的“度” [J]. 中国社会保障，1997 (2)：13-15.

[63] 穆月英，陈家骥. 两类风险两种对策：兼析农业自然风险与市场风险的界限 [J]. 农业经济问题，1994 (8).

［64］聂谦，王克，张峭．基于 Copula—ALM 模型的中国农业保险共保体运营效果评估研究［J］．农业展望，2015（4）：23－29.

［65］聂荣，闫宇光，王新兰．政策性农业保险福利绩效研究——基于辽宁省微观数据的证据［J］．农业技术经济，2013（4）：69－76.

［66］聂文广，黄琦．农业保险与粮食产量增长关系研究——来自 31 个省、市、自治区面板数据的实证分析［J］．湖北农业科学．2015（16）：4077－4082.

［67］宁满秀．农业保险与农户生产行为关系研究［D］．南京：南京农业大学，2006.

［68］牛浩，陈盛伟．农业保险与农村信贷合作产品研究［J］．保险研究，2014（12）：32－40.

［69］欧阳越秀，李贞玉．逆向选择、系统性风险与政策性农业保险可持续发展［J］．保险研究，2010（4）：66－71.

［70］潘明清，郑军，刘丽．农业保险与农村信贷发展：作用机制与政策建议［J］．农村经济，2015（6）：76－79.

［71］钱振伟，张燕，高冬雪．基于三阶段 DEA 模型的政策性农业保险财补效率评估［J］．商业研究，2014（10）：58－64.

［72］任金政，李士森．我国农业保险绩效评价研究综述及展望［J］．管理现代化，2016，36（6）：127－129.

［73］任金政，李士森．我国农作物灾害性损失风险的估计：方法选择与改进［J］．保险研究，2017（5）：75－84.

［74］尚颖，贾士彬．基于 DEA 实证分析的保险专业代理机构经营效率研究［J］．湖南社会科学，2012（1）：161－163.

［75］施红，李佳．基于 DEA 的中国农业保险机构运作效率的实证研究［R］．中国农业保险发展报告，2012：248－262.

［76］舒尔茨．改造传统农业（梁小民译）［M］．北京：商务印书馆，1999.

[77] 宋明哲．现代风险管理 [M]．北京：中国纺织出版社，2003.

[78] 粟芳，许谨良．保险学 [M]．北京：清华大学出版社，2011.

[79] 孙克姆·霍姆斯．公共支出管理手册 [M]．北京：经济管理出版社，2002.

[80] 孙朋，陈盛伟．山东省农业保险与农民收入关系的实证分析 [J]．山东农业大学学报（社会科学版），2011（3）：82-87.

[81] 孙祁祥．保险学（第六版）[M]．北京：北京大学出版社，2017.

[82] 孙晓杨，郑军．农业相互保险制度环境的"三重维度"——中国与法国的比较及启示 [J]．中国农村经济，2017（6）：84-95.

[83] 谭偲凤，陶建平，蔡勋．我国农业保险市场供给侧结构变动的门限效应分析 [J]．农业现代化研究，2017，38（5）：834-842.

[84] 谭湘渝．农业产业化、系统性风险与农民收入损失的风险测度 [J]．统计与决策，2006（19）：76-77.

[85] 唐德祥，周雪晴．农业保险影响农民增收的内在机理分析——基于中国1982—2012年的经验数据 [J]．江苏农业科学，2016，44（3）：470-474.

[86] 唐德祥，周雪晴．中国农业保险有效需求的影响因素研究——基于2007—2013年省际面板数据的实证检验 [J]．南方金融，2015（6）：60-67.

[87] 庹国柱，王国军．中国农业保险与农村社会保障制度研究 [M]．北京：首都经济贸易大学出版社，2003.

[88] 庹国柱，张峭．论我国农业保险的政策目标 [J]．保险研究，2018（7）：7-15.

[89] 庹国柱，朱俊生．对我国政策性农业保险制度几个重要问题的探讨 [C]．北大CCISSR论坛，2005.

[90] 庹国柱，朱俊生．试论政策性农业保险的财政税收政策 [J]．经济与管理研究，2007（5）：47-50.

［91］庹国柱．打造农险 2.0 版本需要突破的瓶颈问题［N］．中国保险报，2017－05－09（004）．

［92］庹国柱．中国农业保险发展报告：2013［M］．北京：中国农业出版社，2013．

［93］汪必旺．农户经济风险与政策性农业保险分析［D］．北京：中国农业科学院，2011．

［94］王阿星，张峭．内蒙古鄂尔多斯市农业保险需求实证分析［J］．农业经济问题，2008（s1）：103－108．

［95］王国军，王冬妮，陈璨．我国农业保险不对称信息实证研究［J］．保险研究，2017（1）：91－100．

［96］王克，张峭．农业生产风险评估方法评述及展望［J］．农业展望，2013，9（2）：38－43．

［97］王克，张峭．我国东北三省主要农作物生产风险评估［J］．农业展望，2008，4（7）：23－29．

［98］王克．中国农作物保险效果评估及相关政策改善研究［D］．北京：中国农业科学院，2014．

［99］王谦．政府绩效评估方法及应用研究［D］．成都：西南交通大学，2006．

［100］王晓军，康博威．我国社会养老保险制度的收入再分配效应分析［J］．统计研究，2009，26（11）：75－81．

［101］王绪瑾，席友，龙云飞．中国寿险市场的特征、矛盾和对策研究［J］．保险研究，2011（12）：60－69．

［102］韦剑锋．农业再保险方案的选择［D］．武汉：华中农业大学，2010．

［103］魏世勇，贺书平．一个有关保险定价的数学模型［J］．武汉轻工大学学报，2008，27（1）：87－88．

［104］温利民，张林娜，张美．方差相关保费原理下风险保费的非参

数估计［J］. 江西师范大学学报（自然版），2015（4）：355－359.

［105］吴永辉. SCP 范式对农业保险的启发［J］. 合肥工业大学学报（社会科学版），2009，23（2）：50－54.

［106］西爱琴，邹宗森，朱广印. 农业保险对农户生产决策的影响：一个文献综述［J］. 华中农业大学学报（社会科学版），2015（5）：66－71.

［107］肖宇谷，王克，王晔. Bootstrap 方法在农业产量保险费率厘定中的应用［J］. 保险研究，2014（9）：21－28.

［108］邢鹂，黄昆. 政策性农业保险保费补贴对政府财政支出和农民收入的模拟分析［J］. 农业技术经济，2007（3）：4－9.

［109］邢鹂，钟甫宁. 粮食生产与风险区划研究［J］. 农业技术经济，2006（1）：19－23.

［110］邢鹂. 中国种植业生产风险与政策性农业保险研究［D］. 南京：南京农业大学，2004.

［111］徐磊，张峭. 中国农业巨灾风险评估方法研究［J］. 中国农业科学，2011，44（9）：1945－1952.

［112］徐敏，姜勇. 中国保险排除度空间集聚与差异：空间计量经济实证分析［J］. 南方金融，2013（11）：90－95.

［113］徐倩，谢勇，戴维周. 基于健康经济学视角的中国医疗保障水平分析［J］. 财经研究，2003，29（12）：45－49.

［114］徐少君，金雪军. 农户金融排除的影响因素分析——以浙江省为例［J］. 中国农村经济，2009（6）：62－72.

［115］许荣，赵昶，赵粲钰. 政府自然灾害救济与农业保险市场发展关系研究——基于中国省际面板数据的实证证据［J］. 保险研究，2016（12）：74－84.

［116］鄢姣，赵军. 中国农业风险评估——基于 H－P 滤波分析与非平衡面板数据的实证研究［J］. 江苏农业科学，2014（9）：409－412.

[117] 杨大光，陈美宏．农村金融风险分担及补偿机制研究［J］．经济学动态，2010（6）：39－42.

[118] 杨晓煜，鞠荣华，杨汭华．河南省小麦保险费率厘定研究［J］．中国农业大学学报，2012，17（3）：171－177.

[119] 杨雪美，冯文丽，刘亚妹．我国农业保险信息不对称问题研究［J］．技术经济与管理研究，2011（4）：111－114.

[120] 叶明华，胡庆康．农业风险的区域相关性与农业保险的协调优化——以1978—2009年粮食主产区水旱灾害为例［J］．江西财经大学学报，2012（5）：50－57.

[121] 叶明华．中国农业保险的赔付风险：风险测度与应对策略——基于1984—2012年农业保险与财产保险赔付率的滤波分解与比较［J］．经济问题，2015（4）：92－97.

[122] 叶明华，朱俊生．农业保险微观效用与粮食安全的关联度［J］．改革，2017（9）：76－86.

[123] 叶涛，聂建亮，武宾霞．基于产量统计模型的农作物保险定价研究进展［J］．中国农业科学，2012，45（12）：2544－2551.

[124] 袁辉，谭迪．政策性农业保险对农业产出的影响效应分析——以湖北省为例［J］．农村经济，2017（9）：94－100.

[125] 袁祥州，程国强，黄琦．美国农业保险财政补贴机制及对我国的借鉴［J］．保险研究，2016（1）：76－86.

[126] 张驰．农业保险参保行为对农户投入的影响［D］．北京：中国农业科学院，2017.

[127] 张浩，李前进，吴莹．农业保险与农村信贷互动机制研究［J］．上海金融，2010（3）：87－90.

[128] 张洪涛．保险学（第四版）［M］．北京：中国人民大学出版社，2014.

[129] 张静，张智慧，李小冬，等．基于熵权的TOPSIS法的港口军事

运输能力评估［J］. 清华大学学报（自然科学版），2018，58（5）：494－499.

［130］张峭，李越，郑茗曦. 农业指数保险的发展、应用与建议［J］. 农村金融研究，2018（6）.

［131］张峭，王克. 农作物生产风险分析的方法和模型［J］. 农业展望，2007，3（8）：7－10.

［132］张峭，王克. 我国农业自然灾害风险评估与区划［J］. 中国农业资源与区划，2011，32（3）：32－36.

［133］张峭，王克. 中国农业风险综合管理［M］. 北京：中国农业科学技术出版社，2015.

［134］张峭，徐磊. 构建大豆产业风险管理体系，提高产业组织化程度［J］. 中国食物与营养，2008（1）：11－13.

［135］张伟，黄颖，易沛. 政策性农业保险的精准扶贫效应与扶贫机制设计［J］. 保险研究，2017（11）：18－32.

［136］张艳萍. 我国保险排除度空间差异及其影响因素分析［J］. 金融理论与实践，2013（2）：93－96.

［137］张燕，潘胜莲. 我国农业保险的现实困境及趋向选择——以区域化发展为视角［J］. 金融与经济，2010（1）：68－71.

［138］张跃华，施红. 补贴、福利与政策性农业保险——基于福利经济学的一个深入探讨［J］. 浙江大学学报（人文社会科学版），2007，37（6）：138.

［139］张跃华，史清华，顾海英. 农业保险对农民、国家的福利影响及实证研究——来自上海农业保险的证据［J］. 制度经济学研究，2006（2）：1－23.

［140］张跃华. 需求、福利与制度选择［M］. 北京：中国农业出版社，2007.

［141］张祖荣. 我国农业保险保费补贴资金使用效果评价：方法与证

据［J］. 财政研究，2017（8）：101－111.

［142］张祖荣，孙海明，杨红蕾. 农业保险发展中的政府与市场：一个分析框架［J］. 江淮论坛，2017（6）：11－17.

［143］张祖荣. 农业保险的价格构成与保费补贴比例的确定［J］. 财政研究，2012（10）：44－46.

［144］赵君彦，焦晓松，朱玉涛等. 我国农业保险财政补贴效率的综合评价——基于DEA模型［J］. 农业经济，2015（5）：89－91.

［145］赵小静，王国军. 基于聚类法的农作物系统性风险研究［J］. 保险研究，2016（2）：99－106.

［146］郑军，汪运娣. 我国农业保险差异性财政补贴：地区经济差距与财政支出公平［J］. 重庆工商大学学报（社会科学版），2017，34（3）：1－8.

［147］郑军，杨雪芳. 农业保险的精准扶贫效应：国际经验及启示［J］. 延安大学学报（社会科学版），2018，40（1）：77－82.

［148］郑军，朱甜甜. 经济效率和社会效率：农业保险财政补贴综合评价［J］. 金融经济学研究，2014（3）：88－97.

［149］中国农业保险保障水平研究课题组. 中国农业保险保障水平研究报告［M］. 北京：中国金融出版社，2017.

［150］中国人民银行库伦旗支行课题组. 政策性农业保险在贫困山区实施中的问题及对策建议——以库伦旗为例［J］. 内蒙古金融研究，2016（8）：70－71.

［151］钟甫宁，宁满秀，邢鹂. 农业保险与农用化学品施用关系研究——对新疆玛纳斯河流域农户的经验分析［C］. 经济学，2006.

［152］钟甫宁，邢鹂. 粮食单产波动的地区性差异及对策研究［J］. 中国农业资源与区划，2004，25（3）：16－19.

［153］周稳海，赵桂玲，尹成远. 农业保险发展对农民收入影响的动态研究——基于面板系统GMM模型的实证检验［J］. 保险研究，2014

(5): 21 - 30.

[154] 朱俊生，庹国柱. 中国农业保险制度模式运行评价——基于公私合作的理论视角 [J]. 中国农村经济，2009 (3): 14 - 19.

[155] 祝国平，刘吉舫. 农业保险是否支持了农业信贷？——来自全国 227 个地级市的证据 [J]. 农村经济，2014 (10): 77 - 81.

[156] 祝仲坤，陈传波，冷晨昕. 市场结构如何影响了农业保险规模——基于 2007—2013 年的省际面板数据 [J]. 保险研究，2016 (2): 120 - 127.

[157] 祝仲坤，陶建平，陶爽. 中国农业保险机构的经营效率与影响因素研究 [J]. 农业现代化研究，2015 (4): 610 - 616.

[158] 祝仲坤，陶建平. 农业保险对农户收入的影响机理及经验研究 [J]. 农村经济，2015 (2): 67 - 71.

[159] 卓志. 论保险职能与功能及其在我国的实现和创新 [J]. 保险研究，2004 (1): 2 - 5.

[160] Milton Boyd, Jeffrey Pai，易细纯，等. 加拿大农业保险的经历和经验 [J]. 中国农村经济. 2007 (2): 72 - 76.

[161] Ahsan S M, Ali A A G, Kurian N J. Toward a Theory of Agricultural Insurance [Spanish] [J]. Desarrollo Rural En Las Americas, 1983.

[162] Ahsan S M, Ali A A G, Kurian N J. Toward a Theory of Agricultural Insurance [J]. American Journal of Agricultural Economics, 1982, 64 (3): 510 - 529.

[163] Andreas Cebulla. The Final Instance - Unemployment Insurance Going Private? A Study of a Future Social Security Scenario in the UK and Germany [J]. Innovation, 2000 (13 - 4): 389 - 400.

[164] Babcock B A, Hennessy D A. Input Demand under Yield and Revenue Insurance [J]. American Journal of Agricultural Economics, 1996, 78

(2): 416 -427.

[165] Baxter M, King R G. Measuring Business Cycles: Approximate Band - Pass Filters for Economic Time Series [J]. Review of Economics & Statistics, 2006, 81 (81): 575 -593.

[166] Binswanger H P. Collateral Requirements, and the Markets for Credit and Insurance in Rural Areas [J]. Crop Insurance for Agricultural Development: Issues and Experience, 1986: 67.

[167] Bühlmann H. Mathematical methods in risktheory [M]. Berlin: Springer Science & Business Media, 1970.

[168] Carter M R, Lan C, Sarris A. Where and how index insurance can boost the adoption of improved agricultural technologies [J]. Journal of Development Economics, 2016, 118: 59 -71.

[169] Chakrabarty D, Mandal P K, Manna N, et al. Functional disability and associated chronic conditions among geriatric populations in a rural community of India [J]. Ghana Medical Journal, 2011, 44 (4): 150 -154.

[170] Chambers R G. Insurability and moral hazard in agricultural insurance markets [J]. American Journal of Agricultural Economics, 1989, 71 (3): 604 -616.

[171] Chen C C, Chang C C. The impact of weather on crop yield distribution in Taiwan: some new evidence from panel data models and implications for crop insurance [J]. Agricultural economics, 2005, 33 (s3): 503 -511.

[172] Chen Q, Zhang J, Zhang L. Risk Assessment, Partition and Economic Loss Estimation of Rice Production in China [J]. Sustainability, 2015, 7 (1): 563 -583.

[173] Chi Y, Tan K S. Optimal reinsurance with general premium principles [J]. Insurance Mathematics & Economics, 2013, 52 (2): 180 -

189.

[174] Christiansen M, Denuit M. First - Order Mortality Rates and Safe - Side Actuarial Calculations in Life Insurance [J]. Astin Bulletin, 2010, 40 (2): 587 -614.

[175] Coble K H, Heifner R G, Zuniga M. Implications of crop yield and revenue insurance for producer hedging [J]. Journal of Agricultural & Resource Economics, 2000, 25 (2): 432 -452.

[176] Coble K H. Federal Crop Insurance and Farm Programs: Will WTO or Budget Concerns Shape the Debate? (Paper and PowerPoint) [C]. Agricultural Outlook Forum. United States Department of Agriculture, Agricultural Outlook Forum, 2007.

[177] Cooley T F, Ohanian L E. The cyclical behavior of prices [J]. Journal of Monetary Economics, 1991, 28 (1): 25 -60.

[178] Correia I H, Neves J L, Rebelo S. Business cycles from 1850 to 1950: New facts about old data [J]. European Economic Review, 1992, 36 (2 -3): 459 -467.

[179] David K. Backus, Patrick J. Kehoe. International Evidence on the Historical Properties of Business Cycles [J]. The American Economic Review, 1992, 82 (4): 864 -888.

[180] Deal B, John L. The empirical relationship between federally - subsidized crop insurance and soil erosion. PhD dissertation, North Carolina State University 2004.

[181] Devlin J F. A Detailed Study of Financial Exclusion in the UK [J]. Journal of Consumer Policy, 2005, 28 (1): 75 -108.

[182] Duncan J, Myers R J. Crop Insurance under Catastrophic Risk [J]. American Journal of Agricultural Economics, 2000, 82 (4): 842 -855.

[183] F Annan, W Schlenker. Federal Crop Insurance and the

Disincentive to Adapt to Extreme Heat [J]. American Economic Review, 2015, 105 (5): 262 -266.

[184] FSA (Financial Services Authority) In or out? Financial exclusion: a literature and research review [C]. London: FSA, Consumer Research Paper 3, 2000.

[185] Galarza F, Carter M R. Risk preferences and demand for insurance in Peru: A field experiment. 2011. workpaper.

[186] Giné X, Townsend R, Vickery J. Patterns of rainfall insurance participation in rural India [J]. The World Bank Economic Review, 2008, 22 (3): 539 -566.

[187] Glauber J W, Collins K J, Barry P J. Crop insurance, disaster assistance, and the role of the federal government in providing catastrophic riskprotection [J]. Agricultural Finance Review, 2002, 62 (2): 81 -101.

[188] Glauber J W, Collins K J. Risk Management and the Role of the Federal Government [M]. A Comprehensive Assessment of the Role of Risk in U. S. Agriculture. Springer US, 2002: 469 -488.

[189] Glauber J W. Double indemnity: crop insurance and the failure of US Agricultural Disaster Policy [J]. AEI Agricultural Policy Series, 2007: 1 -36.

[190] Goodwin B K, Ker A P. Nonparametric Estimation of Crop Yield Distributions: Implications for Rating Group - Risk Crop Insurance Contracts [J]. American Journal of Agricultural Economics, 1998, 80 (1): 139 -153.

[191] Goodwin B K, Vandeveer M L, Deal J L. An empirical analysis of acreage effects of participation in the federal crop insurance program [J]. American Journal of Agricultural Economics, 2004, 86 (4): 1058 -1077.

[192] Goodwin B K. Problems with market in surance inagriculture [J]. American Journal of Agricultural Economics, 2001: 643 -649.

[193] Harrington J. Liability for pre – contract working – Balancing the risks in technology procurements [J]. Computer Law & Security Review, 2005, 21 (1): 46 – 50.

[194] Hirsbleifer, Jack & Riley, John G. The Analytics Uncertainty Information [M]. Cambridge: Cambridge University Press, 1992.

[195] Horowitz J K, Lichtenberg E. Insurance, moral hazard, and chemical use in agriculture [J]. American Journal of Agricultural Economics, 1993, 75 (4): 926 – 935.

[196] Jennifer E Ifft, Todd Kuethe, Mitch Morehart. Does federal crop insurance lead to higher farm debt use? Evidence from the Agricultural Resource Management Survey (ARMS) [J]. Agricultural Finance Review, 2015, 75 (3).

[197] Jianakoplos N A, Alexandra Bernasek. Are women more risk averse? [J]. Economic Inquiry, 2010, 36 (4): 620 – 630.

[198] Jisang Yu, Aaron Smith, Daniel A Sumner. Effects of Crop Insurance Premium Subsidies on Crop Acreage [J]. American Journal of Agricultural Economics, 2018, 100 (1): 91 – 114.

[199] Johnston A E, Poulton P R, Coleman K, et al. Soil organic matter: its importance in sustainable agriculture and carbon dioxide fluxes [M]. Advances in Agronomy. Elsevier Science & Technology, 2009: 1 – 57.

[200] Keeton K K. The potential influence of risk management programs on cropping decisions at the extensive margin [D]. University of Kentucky, 1999.

[201] Ker A P, Goodwin B K. Nonparametric Estimation of Crop Insurance Rates Revisited [J]. American Journal of Agricultural Economics, 2000, 82 (2): 463 – 478.

[202] Knight T O, Coble K H. Survey of US multiple peril crop insurance literature since 1980 [J]. Review of Agricultural Economics, 1997, 19 (1):

128 – 156.

[203] Knight, Hyneman F. Risk, uncertainty and profit [M]. Houghton Mifflin Company, 1921.

[204] Kramer R A. Federal Crop Insurance 1938—1982 [J]. Agricultural History, 1983, 57 (2): 181 – 200.

[205] Leyshon, A. & T hrift, N. Access to financial services and financial infrastructure withdrawal: problems and policies [J]. Area, 1994 (26): 268 – 275.

[206] Leyshon, A. & T hrift, N. Geographies of financial exclusion: financial abandonment in Britain and the United States [J]. Transactions of the Institute of British Gegraphers, New Series, 1995 (20): 312 – 341.

[207] Leyshon, A. & T hrift, N. The restructuring of the UK financial services industry in the 1990s: a reversal of fortune? [J]. Journal of Rural Studies, 1993 (9): 223 – 241.

[208] Mandira Sarma, Jesim Pais. Financial Inclusion and Development [J]. Journal of International Development, 2010 (4).

[209] Miranda M J, Glauber J W. Systemic risk, reinsurance, and the failure of crop insurance markets [J]. American Journal of Agricultural Economics, 1997, 79 (1): 206 – 215.

[210] Miranda M J. Area – yield crop insurance reconsidered [J]. American Journal of Agricultural Economics, 1991: 233 – 242.

[211] Mishra P K. Agricultural risk, insurance and income: a study of the impact and design of India's comprehensive crop insurance scheme [M]. Avebury, 1996.

[212] Mosley P, Krishnamurthy R. Can crop insurance work? The case ofIndia [J]. The Journal of Development Studies, 1995, 31 (3): 428 – 450.

[213] Müller, Birgit, Johnson L, Kreuer D . Maladaptive outcomes of

climate insurance in agriculture [J]. Global Environmental Change, 2017, 46: 23 - 33.

[214] Nelson C H, Loehman E T. Further toward a Theory of Agricultural Insurance [J]. American Journal of Agricultural Economics, 1987, 69 (3): 523 - 531.

[215] Orden D. Should there be a federal income safety net? [C]. Agricultural Outlook Forum, 2001.

[216] Ozaki A, Inoue Y, Nakajima T, et al. Health - Related Quality of Life Among Drug - Naïve Patients with Narcolepsy with Cataplexy, Narcolepsy Without Cataplexy, and Idiopathic Hypersomnia Without Long Sleep Time [J]. Journal of Clinical Sleep Medicine Jcsm Official Publication of the American Academy of Sleep Medicine, 2008, 4 (6): 572.

[217] Pomareda C, Valdés A. Crop insurance for agricultural development: issues and experience [J]. Southern Economic Journal, 1986, 53 (3): 815.

[218] Porth L, Boyd M, Pai J. Reducing Risk Through Pooling and Selective Reinsurance Using Simulated Annealing: An Example from Crop Insurance [J]. Geneva Risk & Insurance Review, 2016, 41 (2): 163 - 191.

[219] Quiggin J. Some observations on insurance, bankruptcy and inputdemand [J]. Journal of Economic Behavior & Organization, 1992, 18 (1): 101 - 110.

[220] Ramaswami B. Supply response to agricultural insurance: Risk reduction and moral hazardeffects [J]. American Journal of Agricultural Economics, 1993, 75 (4): 914 - 925.

[221] Ravn M O, Uhlig H. On Adjusting the HP - Filter for the Frequency of Observations [J]. Social Science Electronic Publishing, 2001, 84 (5): 371 - 376.

[222] Ricome A, Affholder F, Gérard, Francoise, et al. Are subsidies to weather – index insurance the best use of public funds? A bio – economic farm model applied to the Senegalese groundnut basin [J]. Agricultural Systems, 2017, 156: 149 – 176.

[223] Smith V H, Goodwin B K. Crop insurance, moral hazard, and agricultural chemicaluse [J]. American Journal of Agricultural Economics, 1996, 78 (2): 428 – 438.

[224] Smith, Vincent H. Agricultural Insurance Subsidies: What Should Count and What Shouldn't [J]. New Rules of Trade December San Diego California, 2012.

[225] Sun R, Han W L, Wang X N. Scale and Scope Economies in Chinese Agricultural Insurance Companies [J]. Insurance Studies, 2013.

[226] Tatyana Deryugina, Megan Konar. Impacts of crop insurance on water withdrawals forirrigation [J]. Advances in Water Resources, 2017, Volume 110, December 2017, Pages 437 – 444.

[227] Tronstad, Russell, Emerick, Ma. Romilee, Sall, Ibrahima. U. S. Cotton Acreage Response to Subsidized Crop Insurance, 1995 to 2011 [C]. Agricultural and Applied Economics Association, 2014.

[228] Turvey C. Parametric and non – parametric crop yield distributions and their effects on all – risk crop insurance premiums [C]. University of Guelph, Department of Food, Agricultural and Resource Economics, 1999.

[229] Wang H H, Hanson S D, Myers R J, et al. The effects of crop yield insurance designs on farmer participation and welfare [J]. American Journal of Agricultural Economics, 1998, 80 (4): 806 – 820.

[230] Wang H H, Hanson S D, Myers R J, et al. The Effects of Crop Yield Insurance Designs on Farmer Participation and Welfare [J]. American Journal of Agricultural Economics, 1998, 80 (4): 806 – 820.

[231] Wang H H, Zhang H. On the Possibility of a Private Crop Insurance Market: A Spatial Statistics Approach [J]. Journal of Risk and Insurance, 2003, 70 (1): 111 -124.

[232] Woodard J D, Sherrick B J, Schnitkey G D. Revenue risk - reduction impacts of crop insurance in a multicrop framework [J]. Applied Economic Perspectives & Policy, 2009, 32 (3): 472 -488.

[233] Wright B D, Hewitt J A. All - Risk Crop Insurance: Lessons from Theory and Experience [M]. Economics of Agricultural Crop Insurance: Theory and Evidence, Springer Netherlands, 1994: 73 -112.

[234] Wright B D, Hewitt J D. All risk crop insurance: lessons from theory and experience [M]. California: California Agricultural Experiment Station, 1990: 202 -285.

[235] Wu J J. Crop Insurance, Acreage Decisions, and Nonpoint - SourcePollution [J]. American Journal of Agricultural Economics, 1999, 81 (2): 305 -320.

[236] Yang X, Yuan L, Wei B, et al. Evaluation of the crop insurance management for soybean risk of natural disasters in Jilin Province, China [J]. Natural Hazards, 2015, 76 (1): 587 -599.

[237] Ye T, Liu Y, Wang J, et al. Farmers' crop insurance perception and participation decisions: empirical evidence from Hunan, China [J]. Journal of Risk Research, 2018, 20: 1 -14.

[238] Young C E, Vandeveer M L, Schnepf R D. Production and Price Impacts of U. S. Crop Insurance Programs [J]. American Journal of Agricultural Economics, 2001, 83 (5): 1196 -1203.

[239] Zhang Q, Wang K. Evaluating production risks for wheat producers in Beijing [J]. China Agricultural Economic Review, 2010, 2 (2): 200 - 211.